「言問橋の星の下で」正誤表

2025.2.6

箇所（頁：行）	誤	正
P15：1	多摩霊園	多磨霊園
P15：2		
P15：7		
P15：8		
P15：13		
P15：15		
P17：1		
P18：4		
P242：2		
P33：1	東京の舞台	東京の部隊
P54：5	多摩全生園	多磨全生園
P54：6		
P263：2		
P274：1	菊池大司教様	菊地大司教様

言問橋の星の下で

北原怜子と蟻の街

澤田 愛子 著

まえがき：今、北原怜子を語ることについて

敗戦後間もない頃、「蟻の街のマリア」とメディアに呼ばれていた北原怜子という若い女性がいたことをご存知だろうか。年配の方なら、「あゝ、あの方ね」とか「映画で見たわ」とおっしゃる方もおられよう。

日本は戦争に負け国土は焦土と化し、絶望と飢餓が社会を覆っていた。兵士と民間人合わせて三百万人もの戦死者を出し、生き残ったとしても、多くは家族を失い、家も仕事も失って皆茫然自失していたあの時代だ。いたるところに浮浪者と言われる人々がたむろし、たまに日銭を稼ぐと、安い酒に酔いつぶれ、苦しみを忘れようとしていた。浮浪児と呼ばれた戦災孤児たちも道行く人に食べ物をねだったり、靴磨きなどをして日銭を稼ぐと、闇市で薄い雑炊をかき込み命をつないでいた。

都会の駅はそうした人々や孤児たちの格好のねぐらとなっていた。特に東京大空襲で焼失を免れた上野駅の地下道は家なき人々が夜を過ごす格好の場所でもあった。外で野宿をすれば冬など凍死の危険性が高まるが、地下道に逃れれば少なくとも命を脅かされずに一夜を明かせるので、夕闇が迫る頃、浮浪者や浮浪児と呼ばれ社会から蔑まれていた大人や戦災孤児たちは地下道目指して集まってきた。その数、最盛期で二千人。狭い地下道にそれだけの人が集まると、出入口を除いて、さすが冬でも凍死する危険性はなかったが、地下道の空気は汚れ、人々が垂れ流す排泄物や腐った食べ物の臭気が入り交じり酷い悪臭を

放っていたという。中には上野の地下に辿り着けても、飢餓からそこで命の尽きる人々も多数見られた。当時の新聞にはそうした悲惨な光景が毎日のように報じられていた。

浮浪者の中には集団で橋の下や、川の岸辺、鉄道のガード下等に仮小屋集落を作り、何らかの手段で日銭を稼ぎながら、とにかく助け合って生きていこうという人々もいた。当時、仮小屋集落は都会のあちこちにできていたが、本書の主役である「蟻の街」と称された集落もその一つであった。

絶望と極貧のこの時代は、一方で、GHQの指導の下、民主化を急ぐ社会にあって、社会的混乱が人々を追い詰めた時代でもあった。凶作や、高い失業率、ハイパーインフレ等未来の暮らしに絶望した人々からは自殺者が相次ぎ、凶悪犯罪も多発した。当時の日本は、まさに先の見えない暗いカオスの時代であった。

そんな時代に彗星のように現れたのが北原怜子という一人のうら若い病弱な女性であった。妹のミッションスクールへの入学を機にクリスチャンとなった彼女は、ひょんなことから当時困窮する日本人への救援活動に奔走していたポーランド人修道士ゼノと出会い、蟻の街というバタヤ部落に導かれた。そこから彼女の人生は一変する。

大学教授の父親を持ち、良家のお嬢さんとして当時ですら何一つ不自由のない生活を送っていた彼女は、やがて蟻の街の子供たちの世話をするために言問橋（こといばし）にほど近い隅田河畔のそのスラムに通うようになる。そこは当時ですら、普通の人は近づかないとされる場所で、社会からは「虫けら同然」と蔑まれていた人々の集う集落でもあった。朝から酒を飲む男たちもいるその部落で、怜子はやがて自らバタヤになるつもりでバタ車を引き始めた。

最初は「金持ちのお嬢さんの道楽だから、見ていてご覧、そのうち飽きて来なくなるから」と冷ややかに見ていた蟻の街の人々も、病弱な体を押して通い続ける彼女に次第に見方を変えるようになっていく。そして紆余曲折はあるが、ついには蟻の街の住人になり、人々を心から愛し、そこを微笑みの街に変えてしまった。そして自分の命を捧げ尽くして二八歳の若さでこの世を去ったのである。

こんな生き方をさせたのは彼女が物好きだったからだろうか。それとも、彼女がそういう趣味の人だったからなのだろうか。いやそのどちらでもない。そのような生き方を可能にしたのはひとえに彼女の信仰の故であった。妹のミッションスクールへの入学を機に、怜子はカトリックのメルセス宣教修道女会を知り、一人のスペイン人の修道女に導かれて受洗。そのシスターを生涯の師とするようになるが、そこで学んだ「人々の救いのために自分の命を犠牲にする」というメルセス修道会の創立の精神に深く影響されたからだと言われている。「人々の救いのために自分の命を犠牲にする」生き方は、つまるところ、イエス・キリストの生き方そのものでもあったわけである。イエスは神の子でありながらその地位を捨てて、惨めで貧しい人間となってこの地上に生まれ、福音を説き、愛を教え、自らの犠牲と死をもって罪深い人間を救ってくださったのである。

彼女はこのイエスの生き方を真似ることこそ自分の人生の生き方であると深く悟り、蟻の街という当時社会から「虫けら同然」と蔑まれていたバタヤ部落に入り込み、そこの人々を愛し抜き、自分の命を捧げ尽くすことによってこのイエスの生き方を人生において完成させたのである。

北原怜子の生き方は、多くの人々に希望と光を与え、キリスト者の模範になるものとしてカトリック教会は二〇一五年に、怜子に日本人で初めて「尊者」の称号を与えたが、さらに現在その上の「福者」を目指した動きもあり、日本の教会はローマの使徒座（教皇庁のこと）の決定を待っている段階である。

私がなぜ今北原怜子の生涯を書こうと思い至ったのか少し述べてみたい。

戦後の混乱期を経た日本社会はその後の奇跡のような繁栄を得て、二一世紀の今、再び先行きの見えない不安と混とんの中に沈んでしまったように見える。もちろん、戦後のあの酷い時代のようではないが、経済、政治、社会のあらゆる側面に歪みが生じ、その歪みに対処できぬまま右往左往し希望を見失っているようにも感じる。

そんな中で、新自由主義思想等の台頭と共に、弱肉強食思想が再びこの社会で幅を利かせるようになった。それに伴い貧富の差が拡大し、人々の心もすさみ始めている。この社会のすさみの中で、人々はともすれば思いやりを失い、他者に無関心になるか、一部の人は貧しく弱い人々をターゲットにネットで誹謗中傷を繰り返している。戦後、今日の日本社会ほど他者の不幸に冷淡な時代があっただろうか。戦後間もない頃のあの混乱と極貧の時代も、今に比べれば、もっと互いへの関心や連帯の感覚が人々の間に芽生えていたように感じる。

こんな時代に私は北原怜子という戦後の混乱期を生きた一人の女性の生き方を紹介することによって、今の日本社会に未来への一つの希望と一つ道を提示することができるのではないかと願っている。他者への無関心さと冷淡さが覆う中で、人と人との絆を取り戻すことがどれほど重要か、とりわけ貧しく小さな人々のもとに行き、彼らと共に留まり労苦を分かち合うことが、どれほど社会に寛容さと希望を与え、温かな未来への扉を開くことになるか、改めて伝えてみたいと思ったのである。

本書は二部構成である。第一部では北原怜子の生涯を辿る。これまでも数人の方々が北原怜子の伝記本を刊行された。したがって重なる部分は当然あると思うが、拙書では、取材で得た新情報を交えて、私なりの特色を生かした評伝にしたい。また事実に即して時間的な経緯などもできるだけ正確に辿りながらその生涯を展開していきたい。さらに怜子の死後の蟻の街の歩みや怜子の列福調査の経過なども付加しておきたい。

第二部は「自分と北原怜子」と題して、これを二つの部分に分ける。前半は「現場が秘めた記憶を辿る」と称して、北原怜子が浅草花川戸の自宅から言問橋の近くにあった蟻の街までどこをどのように歩いて行ったのか、実際にその道を歩いてみることによって、現場が秘めた当時の記憶を辿ってみたい。また、東京大空襲の惨劇の現場でもあった言問橋の史実にも触れてみようと思う。

後半は「北原怜子は自分にどう見えたのか」と題して、私が関係者に聞き取りを行った談話をもとに、現代に生きる人々が北原怜子をどう理解し、その精神をどう生きようとしているのか紹介する。さらに、日本の教会からバチカンに送られた北原怜子の「列福調査報告書」から、関係者の証言の一部も抜粋して紹介したい。

「これほど人を愛し、これほど人を泣かせた乙女があったろうか」。これは一九五八年一二月、怜子の死後間もなく劇場公開された五所平之助監督の「蟻の街のマリア」（松竹）という映画のポスターに記されていた言葉である。むやみに感傷的になるのはよくないとは思う。しかし、これは事実なのだ。私に関して言えば、北原怜子ほど心を揺さぶられた女性はこれまでいなかった。
さあ、皆様と共に実際に戦後の日本を生きた北原怜子の心の旅路を辿ってみよう。

二〇二四年一月七日　福岡今宿にて
澤田 愛子

目次 〈言問橋の星の下で ― 北原怜子と蟻の街 ―〉

第二章　蟻の街との出会い、最初のクリスマス

第三章　通いバタヤ怜子の献身と試練

第二部　自分と北原怜子

プロローグ：多摩霊園の墓前を訪ねて

多摩霊園改札口で一〇時に友人と待ち合わせをしていた。もう一週間前から東京に来ていた。北原怜子と蟻の街関連の取材をするためだった。そして今日は最後の日。北原怜子が好きだという友人と怜子のお墓参りをすることにしていた。

まだ若干肌寒さを感じさせる三月中旬、春のまぶしい陽光が朝から注いでいた。昨日まで忙しい取材日程をこなし少し疲れていたので、今日はゆっくりと怜子について思いを馳せてみたいと楽しみにしていた。

怜子のお墓のある多摩霊園には京王線で直接行かれると事前にネットで調べておいた。ホテルを出て新宿まで行き、そこから京王線に乗り調布で普通列車に乗り換えれば多摩霊園駅に着くという。学生時代は東京に住んでいたので多少慣れているつもりで、あゝ、京王線かと簡単に考えていた。調布で普通列車に乗り換えたのはいいが、普通列車ならどんな列車に乗っても霊園駅に行くと考え、橋本行きに乗ってしまった。ところが列車内の行先案内に霊園の名前はなく慌てて途中で降りた。人に聞くと京王八王子行きの普通列車でなければ霊園には止まらないとわかった。ようやく正しい列車に乗り、待ち合わせ時間のぎりぎりに多摩霊園駅に着いた。

駅から霊園までは徒歩では一・八キロもあるので、事前に調べておいたタクシーで行くことにした。その前に駅近くの花屋でお墓にお供えするお花を買った。多摩霊園内の詳細な地図をある方から送っていただいていたので、それを運転手に見せ、北原家のお墓のある一二区一種二五側のできるだけ近くまで行ってほしいとお願いしたら、快く承諾してくれた。なにしろ、北原家のお墓の位置が非常に分かりにくいと多くの人から聞かされていたからだ。

タクシーは広大な霊園内の通路に入り、北原家のお墓のある区画のごく近くまで連れて行ってくれた。そこからなら、いかに方向音痴の私でもわかる。拍子抜けのように簡単に着けたことをまず神と怜子に感謝した。

北原家のお墓は、数段の石段を上っていくと正面に「北原家之墓」と書かれた墓石があり、その向かって右側に横向きになった「霊名エリザベス・マリア北原怜子之墓」と記された墓石があった。さらに「北原家之墓」の左側には「和　高木」と記された長姉の墓石もあった。また北原家の墓の敷地内には、「墓誌」として怜子の次姉の北原悦子、兄の北原哲彦、父親のザカリヤ北原金司、母親のエリザベス・マリア北原媖の名前と死亡年月日、享年の記された石板も建っていた。

案内板に沿って区画近くの水汲み場に友人がお花を供えるための水を汲みに行った。そして三つの墓石にそれぞれ備わっている花瓶に持参してきた小さなお花を差した。

するとひと組の見知らぬご夫婦がやってきた。聞くと、私の住む福岡市から少し前にこちらに引っ越してきたという。そして、北原怜子が好きで、こちらに来てからは、頻回にお墓にお参りをしているということだった。それにしても、なんという偶然だろうか。きっと怜子が会わせてくださったに違いないと確信した。しばらく話をしてからご夫婦は帰っていった。

少し落ち着いたので、私たちは墓石の前でそれぞれ沈黙のうちに祈った。多摩霊園の広大な敷地を冷気を含んだ三月の風が軽やかに吹き抜けていった。太陽の光を浴びながら、霊園の木々が風に揺れてキラキラ輝き音を立てていた。静かなお昼時であった。

私は心の中で怜子と語った。

敗戦から五年たった昭和二五年、敗戦後の混乱が多少は落ち着いてきたとはいえ、まだ駅や通りには家も家族も仕事もすべて失った人々が着の身着のままでたむろし、浮浪児と言われた戦災孤児たちが通行人から食べ物をねだっていた。焦土になったこの日本で、飢えと絶望が支配する中、それでも生きていかねばと人々はいたるところに焼けトタンで掘っ立て小屋を建て、ある人々は日雇いに行き、また道端の屑を拾って日銭にしていた。極貧が当時の日本を覆っていた。人々は絶望と闘い、貧しさから脱しようと必死であった。

そんな時、怜子さん、あなたはあえて、貧しい人々の中でも最も貧しく蔑まれていた人々の暮らすバタヤ部落へと一人赴いて行ったのです。誰かから勧められたわけでもなく、良家の子女であることすら脳裏に浮かぶことなく、最も蔑まれ見捨てられていた人々の仲間になるためにだけ赴いて行ったのです。人々が極貧から抜け出そうと懸命になっていた時代に、あなたは裕福な身分を脱ぎ捨て、自ら極貧の中へと突き進んで行ったのです。それはあなたが信じてしまった神の子イエスの生き方を真似ようとしたがためであったのです。

怜子さん、これから私はあなたの物語を始めたいと思っています。それは、この日本に、私がこんなにも心を揺さぶられた女性がかつていた事実を、二一世紀のすさみきった荒野のような今の日本の人々に証しするためでもあります。

霊園の空気は静まりかえり、沈黙が周囲を支配していた。友人も何かを感じ考えていた。私たちは互いに押し黙ったまま多摩霊園の北原怜子の墓を後にした。

第一部　北原怜子の生涯

第一章　蟻の街と出会うまで

誕生、そして子供時代

北原怜子の誕生

北原怜子は昭和四年（一九二九年）八月二二日に東京市豊多摩郡杉並町馬橋一五五番地（現東京都杉並区阿佐ヶ谷南一丁目五の三）に北原金司と北原媖《えい》の三女として産声を上げた。その日は当時のカトリックの典礼暦で、聖マリアの汚れなきみ心の祝日でもあった。後の怜子の聖母マリアへの特別な信仰を暗示しているようであった。怜子の上には姉二人のほか兄一人がいた。三番目に生まれたこの女の子を父親は怜《さと》子《こ》と名付けたが、それは賢く真理を悟る子になるようにとの願いから付けたものだった。その前年に一家は父金司の東京帝大経済学部への入学を機に北海道から東京に引っ越してきたばかりであった。

時は関東大震災から六年ほど経過していたが東京はまだ混乱の内にあった。しかし、北原家が居を構えた東京西部は比較的落ち着いていた。大正時代が急遽終わり、前年の昭和三年には昭和天皇の即位の礼が執り行われた。その前年には昭和の金融恐慌が吹き荒れ、社会は大震災後の混乱ともあいまって不穏な空気に覆われつつあった。そんな中でも、父金司は経済学の勉強に余念がなかったし、母媄は得意であった針仕事で家計を支えて一家は穏やかな日々を過ごしていた。

怜子のその後の歩みを辿る前に、怜子の父親と母親はどんなルーツを持つ人たちであったか少し見てみよう。

怜子の両親

怜子の父北原金司のご先祖は神官であった。平安時代栄華を誇った藤原一族に政敵として睨まれたのが菅原道真であった。道真を疎んだ藤原氏は彼を九州の太宰府へと流刑に処したのであったが、その時お供をしたのが藤原北家《ほっけ》の流れをくむ人だった。彼は太宰府に下って藤原姓を捨て北野姓に転じて代々神官となり、後に肥後（今の熊本県）に下って太宰府末社の菅原天満宮を守る神官となり北原と名乗るようになった。これが北原金司の遠い先祖であった。四代目の祖先から分家となって北原金司に至り彼は一四代目だという。現在は神社守をしている北原辰雄氏が本家なのだが、本家先代の北原年行氏が後継の男子に恵まれず、金司の青年期に彼の弟か金司を養子にと望まれたという。しかし金司は神官になることを望まず断った。(1)

金司の父親である北原芳松も神社を捨て、既に明治年間に熊本を出て北海道に渡っていた。そこで彼は土地投機が成功して広大な不動産を持つ資産家となった。金司はその北海道の北見という道東の町で、明治三二年（一八九九年）三月二六日に北原芳松の長男として誕生した。寺子屋時代から菅原天満神社の神官には当然の職務であった手習いを通した学問への情熱を祖先から受け継いでいて、勉強好きな青年に育った。資産家であった父親は金司に広大な土地を任せたかったが、金司は断って大学受験を目指し、反対を押し切って東北帝国大学農科大学（今の北海道大学）の農学部に入学した。父親は怒って金司を勘当した。

北海道大学は明治八年（一八七五年）にマサチューセッツ農業大学のウィリアム・スミス・クラークが創立した札幌農学校が始まりだった。彼は有名な「少年よ、大志を抱け」という名言を残した人で、夢を描いて新しいこの大地に集まってきた学生たちの心の支えとなっていった。

金司は父親に勘当されたものの、周辺の人たちに支えられながら勉学に励んでいった。その一方で、「遠友夜学校」という貧しい未就学の子供たちに勉強を教える塾でボランティアの教師も続けていた。初代校長は新渡戸稲造博士で、有島武郎が先生をやっていたこともある有名な私塾であった。金司はここでキリスト教の精神に触れ、キリスト教の知識も身に付けていった。この夜学校は一切無給であることが決められていて、また教師は北大生でなければならなかった。金司は在学中一貫してこの学校で奉仕をした。

金司は親に勘当されながらも我が道を貫いたことや、キリスト教系の夜学校で励んだボランティア体験が神官の祖先をもちながら、キリスト教的精神や自由への素養をもたらし、後に怜子の歩む道への理解を育んでいったことは容易に解せられるのである。

金司は勉学やボランティア活動に励み学生生活を送るうちに、人から紹介され北見の資産家の次女松村媖と会う。この人が後に怜子の母親となるのである。松村家も和歌山からの移住者であって、父親は樹木に覆われた山を購入し材木の商売で財を成し資産家となっていた。二人は付き合い、大正一一年（一九二二年）一月三一日に結婚。金司が二三歳、媖が二〇歳の時であった。媖は活発で明るい娘で針仕事が得意、そのため針仕事で収入を得、金司の学生生活を支えたという。

媖の末の妹はプロテスタントのミッションスクールである北星女学校の教育を受けていて、媖も間接的に妹を通してキリスト教的な雰囲気に馴染んでいた。怜子の両親が後に怜子の歩む道を寛大に許し支えることができたのも、両親が若き日に、北海道の地でこうしてキリスト教の雰囲気に接していたことが大きく働いたものとみられる。

二人の結婚の翌年である大正一二年（一九二三年）には関東大震災が起こるが、金司の学生生活には直接影響はなく、金司は勉学を続けた。金司は農学博士号を受け、さらに法学部に移籍し、昭和三年（一九二八年）には法学博士号も授与された。そして同年金司は東京帝国大学経済学部に入るために妻子を連れて東京に引っ越した。その時、父親が亡くなり、その遺産でまとまったお金が入ったため、東京多摩の杉並町に家を購入した。その間、夫婦には二人の娘、和子と悦子、そして長男哲彦が生まれていた。そして引っ越した翌年の昭和四年に怜子が誕生したのである。

軍事色の強くなった幼年期から国民学校時代

怜子が杉並町馬橋の自宅で誕生した二年後の昭和六年（一九三一年）金司は東京帝大から三つ目の博士号である経済学博士の学位を授与されている。しかし、世の中の空気が徐々に不穏になってくる。世界恐慌で多くの企業が破綻したが、日本は軍国化を強め大陸に侵略を開始。米国や英国はそれに反対し貿易で制裁を試みるようになった。金司はそういう空気の中で政治にかかわるよりは研究者の道に進むことを決断し、ひたすら研究にまい進するようになる。

この年、北原家の次女である悦子がたった七歳で夭折した。父親である金司によれば元気な子であったそうだが、ある時、子守の背中から転落し、硬い道路に背骨を打ちつけ、それがもとで脊椎カリエスを発症、当時としては最高の治療を受けさせたにもかかわらず亡くなってしまった。悦子はそんな病のために学齢期に達しても学校にも行けなかったが、陽気で明るく、妹の怜子を可愛がりいつも遊び相手になってやっていたという。悦子が亡くなったとき怜子は二歳だったが、姉の死に落胆し、床の間に安置されていた遺骨の前で、姉に読んでもらっていた絵本の頁を括り姉に話しかけていたそうだ。金司によれば亡くなった姉とまるで対話をしているようであったという。(2) 亡くなった幼い姉への思慕の思いが、後に怜子に妹肇子ができた時、強い愛情となって注がれることになったのではないだろうか。

さらにこの年には、満州事変が勃発し、世の中の空気はいっそう緊迫したものになっていった。翌年、怜子は三歳であったが、家の近くのバス停で飛び出し、バスに跳ねられるという交通事故を体験した。当時既に東京の人口は増えており、列車の運行だけではもはや対応できなくなり、各地にバス路線が開通していた。怜子をはねたバスの運転手は慌てて怜子を抱きかかえて北原家に飛び込んできた。金司はとりあえずの応急処置を求めて近所の内科開業医に来診を求めたのだが、その医師はさっと診ただけで一週間も寝ていれば大丈夫だと言って、両親が求めたレントゲン写真も撮らずに帰ってしまったという。傍らで心配そうに覗き込んでいた人のよさそうな運転手の今後を気遣い、金司は寛大な処置をとった。後に国民学校に入ってから撮ったレントゲン写真では、怜子の腰椎には骨折した形跡が見つかり、一応くっついてはいたが、体の成長と共に支障をきたさないか親の心配はずっとつきまとった。あの時、なぜ無理を言ってでもレントゲン写真を撮ってもらわなかったか、金司は後々までも後悔した。

昭和八年に（一九三三年）に入ると、欧州では一月にヒトラーがドイツ首相に就任、ドイツは恐怖のナチ時代に入っていく。二月には国会議事堂放火事件なども起こり、ナチ政権は独裁制を強めていった。一〇月にドイツは国際連盟を脱退したが、その年、日本も国際連盟を脱退し、両国は世界で孤立を強めていった。

こうして日本は軍事色一色となっていくが、昭和一〇年（一九三五年）四月に北原家は杉並区松ノ木町一一八五番地（現松ノ木三丁目）に引っ越した。そこは家から富士山を眺められる武蔵野の一等地だった。家屋は二階建ての新築で青と赤と青磁色の屋根瓦を持ち、壁は白く塗られたおしゃれな家だった。また花や樹木に覆われた広い庭もついていた。四季の色とりどりの花に覆われたその家は、近所からは「お花屋敷」と呼ばれるようになっていく。金司は思い切ってお金をはたいてその家を建てたということだった。

この年、怜子は杉並区立第六国民学校（今の小学校）に入学した。六歳だった。怜子は自宅の花々が咲き乱れる庭で近所の子供たちと賑やかに遊んだ。どちらかと言えば、ミツバチの女王的存在で小さな子への面倒見がよく、争いを好まず温順な子供であったそうだ。子犬のペットを飼っていて膝に乗せて嬉しそうにしていたという。当時、怜子の家の庭は近所の子供たちにとっても大切な遊び場であっただろう。戦局が進むにつれて、食料確保の目的で、公園や通りの一角など次々と菜園に変貌していき、子供たちは遊び場を奪われていったからである。

昭和一一年（一九三六年）に入ると、有名な二・二六事件が起こる。欧州ではスペイン内戦が勃発し、ドイツではナチ政権の勢力が拡大し、ヒムラーがナチ親衛隊（SS）長官に就任したりしている。ベルリン五輪も八月に開催され、ナチ政権は権勢を内外に誇示した。また一一月には日独防共協定が調印された。翌昭和一二年（一九三七年）には日独伊防共協定が調印され、日本は戦時下社会一色になっていく。翌昭和一三年（一九三八年）には、日本国内に国家総動員法が施行された。欧州ではユダヤ人迫害がいよいよ本格化し、この年の一一月、ドイツ国内ではホロコーストの幕開けを告げる「水晶の夜」事件が生じている。(3)

国民学校に入学してから、怜子は一日も休まず六年間出席し、皆勤賞を受けている。金司が言うには、特に病弱な様子もなく体格も普通であったそうだ。時局は緊迫化し、騒然とする中で、怜子は子供らしい夢を追う小学校時代を過ごしたのである。贅沢は厳禁とされ、「欲しがりません、勝つまでは」が合言葉になっていた時代だったから、怜子もいろいろなものを我慢しなければならなかっただろう。ただ入学と同時に、手習いを旨とする神官を祖先に持つ家柄もあって、怜子は同じ町内にあった小谷祖堂書塾に通い、書道を学ぶことになった。学校の学び以外に、書道に上達するという目標を持つことで、我慢を強いられる生活であっても、日々の生活には張りが出たことと思われる。

長崎の聖コルベ記念館の展示室には、怜子が国民学校時代に書いて優秀作品として表彰された「竹とんぼ」という書が展示されている。この塾で書道を学んだことは、後日怜子が父親の文部省に提出する書類書きを手伝った時や、蟻の街で、東京都と交渉する書類を作成した時などに大いに役立ったものとみられる。怜子の遺品として多数遺されている手紙のコピーを見ると、その美しい筆跡に驚くばかりであるが、戦時下の子供時代に習った書道がその後の人生にそのような形で役に立ったのである。

その後、小谷書塾は戦争に応召されることによる塾生の減少や小谷師自身が病没したことによって自然閉鎖に至り、怜子もそこを去らねばならなくなった。

楽しみや贅沢が子供にすら禁じられたこの時代に、書道以外にもうひとつ、怜子の生活に花を添えたものがピアノのレッスンだった。国民学校入学後四年経過した昭和一四年（一九三九年）、怜子は音楽に興味を持ち始め、林憲男氏に師事してピアノを学び始めた。既述したように、前年の昭和一三年には「国家総動員法」も施行され、いよいよ楽しみは厳禁とされ、ピアノも当時の世相からすると贅沢とされてはいたが、学校教育の一環として特別に許してもらっていたという。厳しいピアノのレッスンに通ううちに、怜子はピアノにのめりこみ、国民学校卒業後は国立音楽学校の普通科に進学したいと希望するようになる。それに対して、両親は音楽で生計を立てていくのは容易ならざることであり、まずは高等女学校に行き、普通教育を受けて基礎を固めてから自分の道を決めればいいと諭し、怜子はそれに従うことになった。そして、怜子は自分の希望を譲った代償としてホフマンのドイツ製ピアノを買ってもらい、それを愛用したのである。さらに、怜子は高等女学校の選定も父母に委ねることにした。

太平洋戦争勃発、桜蔭高等女学校へ

日本は大陸に侵攻し続け、国家総動員法が施行された。国全体が戦時下の緊張下にあって、「贅沢は敵だ」と子供ですら楽しみが禁じられた時代に怜子は児童期を過ごしたわけだが、そんな緊張下にあっても、花でいっぱいの自宅の庭で近所の子供と遊んだり、書道塾に通ったり、ピアノのレッスンに夢中になったりで、それなりに充実した六年間を過ごしたので、やはり当時としてはそうとう恵まれた境遇だったと言えよう。父親は大学に職を得て家計は安定し、音楽学校に進むのを諦めた代わりに高価なピアノを買ってもらい、家で思う存分練習をすることができた。まさに文字通りの良家の子女であった。このピアノが後の蟻の街の子供たちとの接触の中で大いに威力を発揮することになる。

昭和一六年（一九四一年）三月、一二歳の怜子は杉並区立第六国民学校を卒業し、四月に桜蔭高等女学校に進学した。それは両親が選んでくれた良家出身の優秀な子女の集うお嬢さん学校で、しつけの厳しいことでも有名であった。

そんな中、前年の昭和一五年に日独伊三国同盟を結んだ日本は一六年一二月八日、ハワイ真珠湾を先制攻撃し、ついに太平洋戦争が勃発する。長引く日中戦争が容易に決着がつかぬ中、日本軍は東南アジアに侵攻を続け、国際社会から厳しい制裁を受けていたが、とりわけ米国からの石油の禁輸措置は国家にとって致命的であった。その打開を目指し、結局米との破滅的戦争に突き進んだのである。国力の差から勝ち目がないとも思われたこの戦争は、当時の軍部の中にすら、無謀すぎるという声もあったが、それでも開戦へと突き進んでしまったのである。真珠湾奇襲攻撃の勝利の報が流れた時、国民は拍手喝采して喜び合ったという。当時の日本はこんな社会であった。

隣組・バケツリレー・相互監視社会の中で

怜子が桜蔭高女に通い始めた年の一二月に太平洋戦争が勃発したのであるが、最も青春を謳歌してしかるべきこの時期に、怜子は自由も何もない日本の暗黒時代の只中に置かれたのである。既にこの年の四月から六大都市は日常物資の配給体制に変わり、食料始め日常生活のあらゆる必需品が隣組と呼ばれる相互監視組織を通して配られることになった。この隣組はそれ以前から組織され、太平洋戦争の前年の昭和一五年には組織数が既に一二〇万を超えていたと言われる。(4)

隣組は相互監視の役割も果たしていたので、日頃から人間関係をよくしておかないと、食料品も手に入らず生活に支障をきたすということになった。隣組の集会は出席が義務付けられ、出ないと処分を科され、電球を外され没収されたほか、その氏名が次の町内会報で公表された。集会では出征兵士の見送りなども行われたが、翌年の昭和一七年に入ると夏頃から必須訓練として防空・防火演習が行われ、昭和一八年にかけてそれが盛んに行われるようになった。誰かが病弱の故に欠席すると、「非国民」「穀つぶし」のレッテルを貼られ、食料品その他の配給まで止められた例もある。

防空・防火訓練では、男は高齢その他の理由によって兵役に召集されない人が大部分であったが、鉄兜を着用することになっていて、女性は防空頭巾にもんぺ着用で非常袋をぶら下げる決まりになっていた。そして号令の下に、「米英撃滅、イチ、ニ、サン！」というかけ声と共にバケツリレーをしたり、火たたきの訓練をした[5]。当時、国民はたとえ空襲で家屋が燃えても、逃げるのではなく、まず鎮火に努めよと厳命されていて、こんな訓練が必須になっていたのである。後の大空襲を思うと、このような訓練はまるで子供の遊びのようなもので役に立つはずもなかったが、当時は誰も異を唱えることなど不可能な社会であった。国民の命をなんと軽視した国家護持の軍政であったことか。

昭和一八年頃からは空襲が近いという政府の判断で、防空壕がいたるところに造られるようになり、公園や広場のみならず、道路上にも無蓋式の防空壕があちこち造られた。これもその目的は国民の退避ではなく待機であったから、当時の国民の命は政府によって単に国防の道具のように扱われていたと言っても過言ではない。

さて、話を北原家に戻してみよう。北原家の戦時中の役割は次のようなものであったという。父金司は応召するまでは大学で勤務することが許されていたが、地区の警防団の副団長でもあったため、常に鉄兜の中に副団長の制服と制帽を押し込めて背広で出勤していた。そして警戒警報と共に、さっそく着替えて杉並の担当地区に飛び出して行ったという。また怜子の兄の哲彦は大学生であって学徒動員で軍需工場に駆り出されていたが、それ以外の時は父金司をよく補佐して警防団で活躍し、地域の人々に褒められるまでになった。怜子の母媖は隣組の警備防災に努め、怜子は女学校に通う傍ら、昭和一七年に生まれた妹の肇子の世話をし、警報が鳴った時には肇子を連れて防空壕に誘導した。肇子《ちょうこ》はまだ幼く防空壕で良く眠ってしまったという。和子は高木一郎と結婚していたが、一郎は学徒動員で中国に転戦中、東京の舞台に中隊長として戻され、家から部隊に出勤する陸軍大尉になった。怜子の姉の和子も姨と同様に隣組の警備防災に当たっていたという。

金司はそのうち予備役に編入替えとなって動員され家を空けることになった。父不在の家族はいよいよ各自責任を感じ、それぞれの役割を熱心に果たした。昭和一九年の年末になると、空襲が頻発し、北原家は家財道具を知人の立川の奥地の家まで疎開させ守ろうとしたが、怜子のピアノだけは、運搬困難でやむを得ず杉並の家に残すことにした。しかし、昭和二〇年五月、六月と東京西部の激しい空襲にもかかわらず、北原家は奇跡的に消失を免れピアノも無事であった。

戦時下の女学校生活、危機一髪だった旋盤工怜子

さて、怜子の話に戻そう。桜蔭高等女学校に通い始めたことはいいが、太平洋戦争勃発で社会も暮らしも戦時色一色になったこの時代、怜子はどんな女学校生活を送ったのであろうか。もちろん、当時は隣組組織にしっかりと組み込まれた相互監視社会であったから、怜子も学校の休みの日には防災防空訓練に出てバケツリレーだとか、竹やり訓練などもさせられていたことだろう。ことに、父親が訓練の責任者の警防団副団長であったし、兄哲彦も警防団で父親を助けていたので、怜子も頑張らざるを得なかったと考えられる。ただ、どんな心境であったかというと、怜子は後の手紙でもこの時代のことをほとんど語っていないのでよくわからないが、従順でおとなしい性格故、彼女なりに義務を果たしていたものと思われる。

しかし授業が可能であった時期は、派手で贅沢なことは固く禁じられた時代であったし、校風がしつけの厳しさでも有名だったので、目立たぬ女学校生活ではあったが、それなりに学校生活を楽しんでいたものと考えられる。お花屋敷と呼ばれた家で授業や隣組の訓練のない時には、目立たぬようにピアノの練習もしていたと考えられる。これは怜子にとって辛い時期のよい気分転換になったものと思われる。

そのピアノは同級生が歌唱の発表をする際には大いに役立ち、怜子は進んで伴奏を志願したという。彼女と桜蔭時代の同級生が現在も健在であり（二〇二三年時点）、九四歳の今も声楽家として活動しておられるのだが、その方が「怜子さんは私の最初の伴奏者でした」と私の友人に宛てたメールで語っておられる。その方のメールをここで紹介しよう。

「北原さんとは昭和一七年から二一年まで旧制女学校で同じクラスでした。彼女は背が高く細くて、物静かな人でした。私が学校の講堂で歌った時、伴奏は北原さんでした。そして何かの記念に彼女がノートに書いてくれたのは、二人で神保町の楽譜屋さんに楽譜を探しに行った時は、楽しかったですねということでした。それは確か『荒城の月』の楽譜だったと記憶しています。その後、北原さんは蟻の街に身を投じられ、子供たちにオルガンを弾いておられたのですね。彼女は、あれから歌い続けている私の最初の伴奏者です」。

このようにして、怜子の女学校生活は戦時中でもそれなりに続いていったのであるが、昭和一九年に入り、戦局が厳しくなってくると、来るべき本土への本格的な空襲に備えて学童疎開が始まり、また軍需工場の人手不足から学徒動員の指令が下り、怜子たちの女学校も授業を打ち切り、軍需工場の勤労奉仕へと追いやられていったのである。怜子は好きなピアノの練習もこの時点で諦めざるを得なくなった。

怜子や桜蔭の生徒たちはこの年の五月、三鷹市にあった中島飛行機工場に動員され、一五歳になった怜子はそこで旋盤工として勤労奉仕に従事した。当時の桜蔭の女性校長は生徒たちが動員されている各工場を回り、「お国のために、学校の名誉のためにがんばってほしい」と訓示を垂れていたという。(6)

当時正規の工員はさまざまな理由で欠勤が相次ぎ、人手不足のために需要に供給が追い着かず、学徒たちが動員されたのであるが、工場に残っていた工員も、ちょっとでも警戒警報のサイレンが鳴れば、いち早く裏の竹やぶに避難してしまう始末であった。しかし怜子ら桜蔭の生徒らは、その熱心な校長からギリギリまで避難しないように命じられていて、従順な彼女たちは訓示を守っていたがために危ない目に遭ったのである。

昭和一九年も暮れに近づくと、東京はB29が上空を頻繁に旋回するようになり、とりわけ怜子らの中島飛行機工場は幾度となく敵機に狙われる羽目になったが、その都度うまく切り抜けていた。しかしついにその日がやってきた。一二月三日のこと、怜子は旋盤機の取り付け作業中であった。すると突然、窓の外から機銃掃射を受けたが、怜子はとっさの判断で取り付けられた旋盤機の下にもぐって、間一髪命拾いをしたのである。敵機が去ったあと、その旋盤機を見ると、黄色い煙に包まれていたという。ほんの一瞬の機転が怜子の命を奇跡的に救ったのである。その日、怜子は無我夢中で帰宅しショックのあまり自宅でしばらく静養しなければならなくなったという。この出来事はおそらく怜子のその後の人生に大きな影響を与えたことと思われる。当時、怜子はまだキリスト教とは出会っていなかったが、奇跡的に救われた命を何か世の中に役立つもののために使いたいと願ったに違いない。

当時の日本の軍需工場はこんなにか弱い女学生たちの勤労奉仕に頼らざるを得ないほど疲弊し末期状態を呈していた。若年の女学生といえども、いっぱしの工員並みに昼夜三交代で働かされ、不衛生な工員布団で仮眠させられることもしばしばであったために、戦後、学校に復帰した時、動員された生徒らは不衛生や過労から結核などの感染症に次々と罹患し、若い命を落としていった。ついに生き残ったのは怜子以外に一人しかいなかったと父親は述懐している。(7) 怜子も後に肺結核に罹患していることが判明したが、この学徒動員時代に感染したものか否か定かな記録は残っていない。

東京大空襲、原爆投下そして敗戦

昭和二〇年（一九四五年）に入り、東京は米軍のB29による空襲が激しさを増すようになった。世界を見れば、同盟を結んでいたイタリアが一九四三年の九月八日に無条件降伏し、ナチ・ドイツも敗色が濃厚で、欧州の東方一帯を占領していたがソ連軍にどんどん西へ追われていて、四五年一月二七日には、悲惨を極めたユダヤ人大虐殺（ホロコースト）の象徴でもあったアウシュヴィッツ強制・絶滅収容所がソ連軍によって解放された。その時まで生き残っていた抑留者らは、解放直前に、後に「死の行進」と呼ばれるようになったドイツ国内のベルゲン・ベルゼン強制収容所他へと徒歩での移動を強制させられていた。ヒトラーは同年四月三〇日に自殺、ついにナチ・ドイツは五月七日に無条件降伏をする。

その前に攻勢を強める連合国は、四五年二月四日から一一日までチャーチル、ルーズベルト、スターリンがクリミア半島のヤルタで重大な会談を持った。スターリンはそこで、対日参戦の了承を取り付け、代わりに南サハリンと千島をよこせと主張した。ところが、この重大なヤルタ会談の情報は当時、天皇にも日本政府にも届いてはいなかった。ちょうど同時期に重臣近衛文麿が上奏文を携え天皇に拝謁し、「もはや日本の敗戦は確実であるので、一日も早く戦争終結を決断してほしい」と直訴した出来事もあったが、聞き入れられなかったという。(8) もしヤルタ会談の内容が日本に伝わっていたら、近衛提案が受け入れられ、その後の悲惨極まる東京大空襲も、広島と長崎への原爆投下もなかったかもしれない。

そして東京大空襲がやってくる。三月一〇日深夜に、東京の東部下町地区一帯にB29三〇〇機が襲来し一七〇〇トンの焼夷弾を落とし街々を焼き尽くした。詳細は後の頁で触れることにするが、死者と行方不明者を合わせて一〇万人を超える犠牲者を出すことになった。後に近くに蟻の街が作られることになる言問橋はことのほか惨状を極めた。この隅田川にかかる大橋はその日の深夜の惨劇の中心地となった。したがって、蟻の街のストーリーはこの戦争や東京大空襲とは切っても切れぬ関係があるのである。

当夜、怜子のいた杉並からも東の空が大火災で赤く染まっているのを見ることができたであろう。怜子たちはそれを見て眠れぬ夜を過ごしたに違いない。空襲はこれで終わったのではない。B29はその後もたびたび襲来し、東京全域や近隣県を焼きつくした。特に北原家のあった杉並が襲撃されたのは五月に入ってからであるが、怜子たちはどんなに恐ろしい日々を送ったことだろうか。幸いにもお花屋敷と呼ばれた北原家の瀟洒《しょうしゃ》な二階建て家屋は奇跡的にも消失を免れ、荷物疎開で運搬することはできずに家に残しておいた怜子の大事なピアノも無事だった。怜子は心から安堵したに違いない。

B29による空襲は日本全土に及んだが、日本はそれでも戦争をやめることができずにいた。日本はさらに悲劇の沖縄地上戦を戦い、ついに広島と長崎への原爆投下という未曽有の惨劇を体験してようやく敗戦を決意、無条件降伏することになったのである。昭和二〇年八月一五日、終戦の玉音放送をある人々は直立不動で、ある人々は地面にうなだれ泣き崩れながら聞いた。大部分の日本人は日本が負けるなど、およそ想像すらできなかったからである。情報が極めて制限され、大本営発表しか聞かされてこなかった社会の怖さを改めて痛感する。

焦土の中で復学、父の病と兄の死

敗戦後の九月、一六歳になった怜子は桜蔭高等女学校に復学した。度重なる空襲や過酷な学徒動員による勤労奉仕で病気になって亡くなった級友たちも大勢いたことだろう。そんな中でも、再び元気に勉強できる身になったことを怜子は心から喜んだ。

戦争がようやく終わり、東京始め日本の街々は焦土と化していた。激しい空襲で家を焼かれ、肉親を失い、仕事も失った人々は茫然とした表情で通りにたむろしていた。ある人々はとにかく今日一日を生きていこうと、焼けトタンを集め掘っ立て小屋を建てて生活し始めていたが、敗戦前から始まっていた激しい飢餓が日本を覆っていて、あちこちで餓死者が続出した。コメの配給は戦後も続いたが、分量を減らされたうえ、遅配、欠配が続いた。都合の悪いことに、敗戦のこの年は大凶作で収穫高は平年の六割強、加えて、九月の枕崎台風の襲来で実を付けた農作物が根こそぎやられてしまった。こんな時に、海外から大挙として戻ってきた引き揚げ者が食料不足に拍車をかけた。この食料不足と飢餓の問題は、戦後しばらく日本の抱える最も深刻な社会問題になった。

そんな混乱の中、人心はすさみ、盗みやかっぱらい、横領など犯罪が多発した。殺人事件などの凶悪犯罪も頻発した。一方で、掘っ立て小屋すら建てられない人々は浮浪者として行倒れになったり、上野駅の地下で夜を明かし、厳寒期には凍死者が続出した。当時の上野駅地下の惨状などについては当時の新聞が詳しく書いている。さらに、親を失った戦災孤児たちは駅や路上で食べ物をねだって野良犬のように生きていた。

戦争が終わると、父金司は復員し、高木一郎も復員した。怜子の兄の哲彦も動員から解放されたが、日本の勝利を信じて学校の教練や学徒動員、さらに警防団活動に励んできたので、その敗戦がよほどこたえたのか、日々意気消沈し気力を喪失していた。その上、これまでの過労が重なって肺炎になり、阿佐ヶ谷の河北病院に入院してしまった。金司も九月というのに異例の寒気によって急性肺炎となり、同じく河北病院に入院となった。

敗戦直後の日本は病院といえども薬剤も極度に不足し、治る病気も致命的な結果を招いた時代でもあったが、金司の場合、警防団時代の知り合いの薬剤師が、自分のためにドイツから直輸入した貴重なダイアジンという薬物を気前よくプレゼントしてくれたので、それを注射して奇跡的に命を取り留めた。しかし、哲彦は生きる気力を喪失したうえ、肺炎も重くついに若い命を落としてしまった。まだ二〇歳であった。

兄哲彦の死は怜子に大きな悲しみを与えた。慕っていた姉悦子を幼くして失い、長姉の和子は嫁いで家にいなくなって以来、兄の存在は心の支えでもあったが、その兄も逝ってしまった。何を頼りに生きていったらいいのか、怜子は途方に暮れたであろう。この戦争について怜子はどう思っていたのだろうか。後の手紙を見ても、ほとんどそれについては触れていない。ただ、戦争がもたらした不自由さや悲しみについてそれを精一杯受け止め、その中で自分のできることをして生きていこうと思っていたのではないだろうか。

女学校も終わりに近づき、怜子は自分の進路を考えた。この兄の死や、また父親がドイツの薬で重病から奇跡的に生還したことなどによって、怜子は音楽の道ではなく、次第に保健医療関連の分野に関心を深めていった。さらに、時代が時代であったから、一人でも生きていけるようにと何か資格を持つことを希望し、以前からシュヴァイツァー博士の生き方に感銘を受けていたことも手伝って、怜子は薬剤師を目指し、当時としては女子の最高教育機関の一つだった昭和女子薬学専門学校（現昭和薬科大学）に進学することを決断した。それは両親の願いとも一致するものであった。直面する現実の厳しさが音楽の道も、女子がよく選ぶ文学の道も捨てさせ、あえて理系の道を選ぶことにさせたのである。

昭和女子薬専時代の怜子

昭和女子薬専入学、引き揚げ三家族、食糧危機

昭和二一年三月、怜子は桜蔭高等女学校を卒業し、四月、昭和女子薬学専門学校に入学する。その時怜子は一六歳だった。哲彦の死で寂しくなってしまった北原家だったが、母娯の三人の妹の三家族が大陸から引き揚げてきて、北原家に長期滞在を希望したので、金司は寂しくなった我が家が賑やかになるのもいいことだとして、寛大にも受け入れた。幸い家は広かったので、三家族を泊める場所はあったが、寝具や食料等への配慮は容易ではなかったという(9)。

特に食料調達が問題であっただろう。当時は極度に食料が不足していた時代で、飢餓が蔓延し、特に都会の人間は着ているものを田舎に行って食料と交換し飢えをしのいでいた。一枚、一枚、着物を脱いで食料に変えていく。こういう生活を当時の言葉で「たけのこ生活」と呼んだ(10)。父親が大学教授という安定した職業についていた北原家のような家庭ですら、三家族と同居するのは容易ではなかっただろう。おそらく北原家と引き揚げ三家族はよく話し合い、できる部分で負担し合うということをやっていたのではないか。それにしても娯の妹の三家族は非常に恵まれていたと思われる。一般的に、引き揚げ者とその家族は、引き揚げ後に、住む家も仕事もなく、どん底の暮らしを余儀なくされていた。この食料危機では、二

一年五月一九日に皇居前に三〇万人が集まり、有名な食糧メーデーが開かれ、老若男女が口々に怒りを爆発させたのである。(11)

絶望と混乱と社会変革

とにかく、敗戦後数年間は非常に混乱した時代であった。いたるところに闇市が立ち、多少金のある人たちはそこで飢えをしのいだし、当時浮浪児と呼ばれていた戦災孤児も、闇市を手伝って報酬として食べ物を貰っていた。食べ物にありつけない弱い浮浪児は道端で見捨てられて死んでいったが、そのそばを大人たちが平然と通り過ぎて行った。食糧危機は翌年米作が豊作に転じたのと、海外からララ物資等の支援物資が大量に入ってきて徐々に改善されていくことになった。

しかし、GHQの指導監視下で、社会体制は激変し世の中はめまぐるしく変わり、混乱を極めた。世の中はハイパーインフレに襲われ、そこから脱するための新円切り替えも行われたがあまり効果がなく、GHQが昭和二三年、経済九原則を打ち出し、翌年米国主導のドッジラインが実施されるまでインフレは終息せず、庶民の暮らしは赤貧に近く非常に苦しい状態であった。(12)

この時代はさらに、社会がそれまでの軍国主義国家体制から、GHQ主導のもと民主主義社会へと変貌の過程にあって激変した時代でもあった。治安維持法が廃止され、特高や軍国主義者らの公職が追放された。婦人参政権も導入され、労組の結成が奨励された。さらに財閥が解体され、農地改革も行われた。また日本の戦争を精神的に支えた国家神道が廃止され、軍国主義的教育も廃止された。それに伴い教育改革がなされ、教育制度は六・三・三・四体制に一変した。何よりも、これらの改革の支柱ともなるべく新憲法が昭和二二年（一九四七年）五月三日に施行されたことが大きい。この憲法の最大の目玉は九条で戦争を放棄したことであった。

しかし、人々は敗戦で生きる目標を喪失し絶望していた。多くの人は家も仕事も失い、飢えに苦しみ、GHQが主導した民主的体制への根底的な移行についていけず、その価値観の激変に眩暈《めまい》を覚えながら、その日の命をつなぐのに精いっぱいであった。

今、戦後七九年経過して、未だにこの国の人々に民主主義が根付いていないと言われるのは、敗戦後の我が国のこのような混乱に寄るところが大きいのではないか。さらに、現在戦争放棄を宣言した憲法九条が脅かされてもいる。世界情勢の激変や、様々な政治的混乱の中で、我が国が戦争に突き進んだ時の軍国主義に郷愁を覚える勢力が政権政党で力を持ち、盛んに憲法改正を訴えている現状があるからである。

焼失した学び舎で：仮校舎、行商、新しい友人

怜子は兄哲彦を失った悲しみと戦争で受けた心身の負荷に耐えながら、四月から世田谷の用賀にある昭和女子薬専に通い始めた。と言っても、校舎は空襲で焼失してしまい、旧陸軍の衛生材料倉庫を獲得し、そこで実験や実習をしたが、実験器具もほとんどなく、苦慮したという。そこで教員と学生で実験用器具を購入する資金集めのための運動をした。例えば、怜子らは、ベルツ水や石鹸を作り、さらに製薬会社から薬品を安く卸してもらって、授業が終わるやそれらを行商するために街に出て行き、売って資金にした。

昭和女子薬学専門学校での集合写真、後列左から二人目が怜子

こうした経験は後に蟻の街の生活でも生きることになる。

敗戦直後の学校生活は何もかもなく不自由だったが、赤貧と混乱の中でも若い人々は解放感に溢れ、自由を満喫した。薬専は全国からお嬢様が集まっていたが、特に地方から来た女学生の中には派手に化粧をし、近くの大学から男子学生が迎えに来て、早退する人たちも多数いたそうだ。怜子はそういう女性やみだらな男子学生を見るたびに、それとは別に何か清く美しいものに憧れる気持ちが強くあったという。しかし、だからと言って、決して真面目一方の堅苦しい女学生ではなかったようだ。怜子は当時演劇や映画に興味があって、級友によれば、実験を途中でうまく抜け出して、演劇を見に行くこともたびたびあったそうだし、映画を見過ぎて、お小遣いが足りなくなり、姉から借りることもあったという。決して派手な振舞ではなかったが、この時期の怜子は、一見、ごく普通の女学生であったと言えよう。

父親金司の書類作成の仕事を手伝ったのもこの頃だった。金司の友人が急死したため、金司は彼の専門学校開設の仕事を引き受け、死別した金司の父親の相続財産から大金を支払って専門学校開設に努力した。そのために北原家の家計を切り詰めなければならなくなったが、金司は失った我が子に代えて多数の子弟を育成する運命が授けられたものと解釈し、この仕事をなし遂げた。さらに教育制度の改変によって、この専門学校を大学とするために教員組織の準備をなし、複雑な申請書類を作成し文部省に提出し審査を受けなければならなくなった。急ぎの要件で、印刷屋に依頼する時間もない時は、謄写版を一台買って、教員が作成する原稿を原紙に切って印刷したが、その仕事の大部分をなしたのは怜子だった。こんな時に、書道塾で鍛えた怜子の美しい文字が役に立った。この浄書や書類作成も、後の蟻の街での東京都とのやり取りに威力を発揮することになる。こうしてみると、すべては後の蟻の街での奉仕に運命づけられていたのかもしれない。

この頃、怜子には新しい友人ができていく。横浜の友人とはとても親しくなり、一緒に外人墓地に行ったり、図書館で本を読んだり、また山手を散歩したりした。一方北海道出身の友人にも心を寄せて世話をした。彼女は幼くして両親を失い、親戚に支えられ、家庭教師をしながら学校に通っていたが、その家庭教師として迎えてくれていた家庭が空襲で焼け出され、その時途方に暮れていた。既述したように、時は敗戦直後で、国土は焦土と化し、絶望と飢えが人々を打ちのめしていた。怜子はその人を自宅に連れてきて寝起きさせ、三か月一緒に通学したが、それ以上の同宿を両親に願った時、食糧事情が許さず、両親は怜子に諦めてもらうしかなかった。怜子はそのことで沈み切っていたという。北原家も大陸から引き揚げてきた三つの家族を引き受けていて大変だったのだ。

北海道は両親の故郷でもあり、怜子は北海道に特別の愛着を持っていた。よって、北海道出身のその友人に関心を持ち、境遇を非常に心配して何とか助けたいと思っていたのだろう。蛇足ながら、この本を書いている私も、北海道に特別な愛着を持っている。教員生活で、二度北海道に住んだことがあり、特に二回目は怜子の両親の出身地でもある北見に在住していた。冬は厳寒であらゆるものが凍てりつくが、北見の白く輝く自然は美しく、人心の温かさと共に、強く印象に残っている。

清らかなものへの憧憬とキリスト教入信

清さへの憧れ

父親の家系が神官であったこともあって、おそらく、幼児の頃から神社の話などは聞かされていたのだろう。怜子は神社に行くたびに白装束の巫女の姿に憧れを抱くようになっていた。そのすがすがしく清純なたたずまいは深く彼女の心を捕らえて放さなかった。だから戦争が終わり、薬専に入り、同級生たちが解放感から派手な化粧をして男性たちと付き合う姿を見ても、少しも心を動かされることもなく、ますます清浄で美しいものに心を惹かれていくのであった。

その時、親しくなった横浜の友人とはよく外人墓地に行ったり、図書館に行って本を読んだり、山手を散歩して静かに語り合うようになった。街中の混乱した焼け跡の風景とは異なって、その辺りは静寂で心を落ち着けて今後の人生を語り合うには最適であった。いつも通る山手の通りにはカトリック教会があったが、心惹かれるものを感じながら、なかなか入れないでいた。

ところがある日のこと、試験前の忙しい時でもあったが、その教会の前を通ったら、たまたま門が開いていて、一人の人が入って行くところであった。怜子は「私たちも入ってみない？」と友人に言って、思い切って中に入って行った。そこで初めて怜子は聖母マリアのご像を目にする。それまで巫女の姿に憧れていた怜子はより強いものに引き付けられるのを感じたというが、その感情はその時だけのもので終わってしまったという。

卒業試験も終わって卒業式を近くに控えた日、同様に横浜から通っていた友人が幸せそうに一人はしゃいでいたので、「何があったの？」と根ほり葉ほり聞くと、彼女は山手のカトリック教会に通っていて、「本当に幸せだ」と打ち明けた。その時、怜子は何だかしゃくに触ってその人と張り合いたい気持ちになったが、それは怜子も憧れる美しいものと出会った友人へのジェラシーからであったと述懐している。その美しいものの正体が何だかわからないままに、友人の幸福感に妬みの感情を起こしていた、そんな自分を情けなく思う怜子だった。

妹肇子の光塩女子学院初等科入学を機に怜子、キリスト教に接近、要理を学ぶ

怜子が可愛がっていた妹肇子は昭和二四年（一九四九年）四月に東京杉並の高円寺にある光塩女子学院初等科に入学することになった。妹の光塩入学は、両親と相談しながら怜子が決めたものだった。その年の三月、昭和女子薬専を卒業した怜子はどこかに就職するのではなく、妹の通学にしばらく付き添うことになった。杉並の松ノ木の自宅からだと同じ杉並の高円寺にある光塩女子学院は通学しやすかったのだろう。それと、そこがミッションスクールで、その雰囲気に触れてみたいということも、怜子の心を惹き付けたのかもしれない。

光塩女子学院は昭和六年（一九三一年）、スペイン系のカトリック女子修道会であるベリス・メルセス宣教修道女会（Mercedarias Misioneras de Bérriz, MMB）が光塩高等女学校として設置認可を受けた後、その修道会の創立者である福者マドレ・マルガリタによって開校された学校で、昭和二二年には光塩女子学院と改称された。初等科（小学校）、中等科（中学校）を置き、翌年には高等科（高等学校）も設置された。またその後幼稚園も開園されている。

妹肇子の光塩初等科の入学式の日、光塩では一人の校長が初等科から高等科まで担当するが、当時の校長、カルメン・ドチャオ・エロリアーガが、「縁あって、今から一二年間、お預かりすることになりました」と挨拶したという。それが怜子に感銘を与えたと父金司は記している。このように、小学校から高校まで一貫して教育に責任を持つ姿勢というのか、その在り方に、日本にはそれまでないものを感じて感動したのであろう。

怜子は毎日、幼い肇子を連れて光塩に行き、下校時まで待っていることが多かった。途中で用事があって帰る時も、下校時にはまたやって来るのであった。当時光塩の高校生で後にメルセスのシスターになった方が、妹の送り迎えをする怜子の姿をよく見かけていて、次のように語っている。

「私は光塩女子学院の高校生でした。怜子さんは昭和女子薬学専門学校を卒業なさって時間があったらしく、当時の様式の大きな玄関で妹さんの送り迎えをする怜子さんの姿をよく見かけました。おとなしい方でしたから、私たちが騒いでいるのを見ても、黙ってにこやかにほほ笑んでいらっしゃいました」(13)

光塩がカトリックのミッションスクールであるのは十分承知していた怜子だから、学校の聖堂に時々入ってそこの聖母像を見て、山手の教会で初めて見て覚えたような強い感動を再び味わっていただろうし、聖堂から漏れ聞こえるオルガンや聖歌の響きに幸せな感覚を覚えたこともあっただろう。また、校内を行き来する白い修道服に大きな黒いベールを付けた修道女の姿(14)も見て、その美しさと荘厳さに憧れの念を喚起されていたかもしれない。

そして五月のある日、肇子が日曜日の光塩のミサに行く時、怜子もたまたまついていったのだという。その時、日本人の修道女で公教要理（カトリック要理）を教えているシスターに会って、怜子が七五三の頃から憧れていた巫女さんに感じた以上の引力を感じ、怜子は拭いきれぬキリスト教への思いを募らせ、自分もキリスト教を勉強してみたいと強く思うようになっていったのである。

やがて七月に入って間もない時、怜子の気持ちを誰かから聞いた副校長のマドレ・アンヘレスがやってきて「お望みなら公教要理を教えてさし上げますのでおいでなさい」と怜子を誘った。怜子は願ってもない幸運さに喜びでいっぱいになった。怜子は毎日肇子に付き添って光塩に行っていたが、午前一〇時になると、修道院に行って、副校長のマドレ・アンヘレスから公教要理を受けることになった。この出会いは怜子のその後の人生に決定的な影響を与えるものになった。

マドレ・アンヘレス

怜子は当時の呼び方で「公教要理」と称したキリスト教について、カトリックの立場からの神髄をマドレ[15]・アンヘレスから学び始めた。イエス・キリストの生涯と福音について、旧約と新約聖書について、カトリック教会の起こりとその発展について、教会の主なシステムや教皇制について、キリスト教徒として生きることの意味と重要性について、また現代世界の問題等々について、マドレと共に要理の頁をめくりながら学ぶうちに、怜子には、その教えが心の中に染み込んでくるように感じられた。

それと共に、これまで知らずに憧れていた純粋で清らかなものが、実は無条件の愛に包まれた唯一の神なるお方であることもわかってきた。その神なるお方は、イエス・キリストとして貧しく惨めな人間の姿を取り、この地上に受肉なさり、私たちに人生をどう生きていったらよいのか、イエスの歩みを通して示してくださっているように感じた。何という光だろうか。何という幸せだろうか。その教えは全編、神と人への愛に貫かれていた。ことに、イエスのようなへりくだった生き方を通して、隣人を、ことに貧しく見棄てられた人々をどう愛していったらよいのか、具体的に示してくださってもいた。そして最後に十字架上で亡くなり復活されたことによって私たちに永遠の命への道を約束してくださったのである。

メルセス会のマドレ・アンヘレスと受洗した怜子 1949年10月30日

怜子は幸せいっぱいの気持ちで、毎日アンヘレスの言葉に耳を傾けた。白い修道服に身を包んだアンヘレスの威厳ある清らかな姿や、やさしさに満ちたその微笑みに魅了されながら、

「この教え、本物だわ、私も洗礼を受けてキリスト教徒になりたい」と強く願うようになっていった。

マドレ・アンヘレス（Maria Angeles Fernandez de Aguirre）は一九〇七年二月一九日にスペインのビルバオ市で誕生した。一九二九年九月二四日にベリス・メルセス宣教修道女会に入会。スペインで誓願を立て、会の第二回目派遣宣教修道女として昭和一三年（一九三八年）九月一八日に戦争の空気が色濃く漂う日本にやってきた。東京の修道院に配属され、日本語を学びながら教育に携わる準備をした。戦時中は外国人故いろいろな困難を体験したが、怜子が肇子に同伴して光塩に通うようになった昭和二四年には光塩女子学院の副校長職を務めていた。

この頃は第二バチカン公会議よりもだいぶ前の時代であったが、アンヘレスは既に貧しい人々に強い関心を持って活動していたと当時の教え子は述べている。既述したように、戦後間もない頃の日本はあらゆる側面で混乱の時代であり、焦土化した街にはいたるところに掘っ立て小屋が立ち並んでいた。それすらなかった人々は浮浪者として地下道や駅、通りなどにたむろしていた。激しい飢餓が広がっていて、極貧のなか、絶望の空気が支配していた。そんななか、アンヘレスやメルセスの修道女たちは食べ物や衣類をもって施設やスラムを慰問し、教会の大きな祝日には困窮する人々を修道院に招いてご馳走してもてなした。復活祭などの大きな祝日に、貧困者を修道院に招いてご馳走でもてなすのは、当時ばかりか、現在も欧州の修道院では普通になされている習慣であって、私も欧州のある修道院に滞在していた時、そうして招かれた貧困家族と一緒に食事をしたことがある。

一九六二年に第二バチカン公会議(16)が始まると、アンヘレスはローマに行き、公会議の新しい息吹に触れて大変感化されたそうである。公会議後のカトリック教会は貧しい人たちにも目を向けようという気運に満ちるようになるが、アンヘレスも以前にも増して、その種の活動に邁進した。当時光塩の高校生として担任であったマドレ・アンヘレスと日常的に接していて、その後メルセス会のシスターになった方は次のように私に語ってくれた。

「マドレ・アンヘレスは公会議後、日本に戻ってこられ、神学生たちを促してバタヤ部落に通わせていました。私はその頃高校生でしたが、マドレ・アンヘレスや神学生に誘われ、そのような場所を訪れたことがあります。私が行った家は、バタヤ部落を出て独立した暮らしを始めたばかりの家族で、本当に粗末なバラック小屋でした。しかし、私は怖くて家の中に入ることができませんでした。家の中は暗かったし、いろいろなものが雑然とぶら下がっていました。とても印象に残っています。その時の体験はその後の私の生活の原点になったと感じています。また、ある時には、学校の体育館にテーブルを並べてご馳走を置き、近隣の貧しい人たちをもてなすこともしていました。そのお手伝いを私たち生徒がやっていたのです」

又、アンヘレスをよく知る別のメルセスのシスターは次のように語る。

「マドレ・アンヘレスには、公会議前からもともと正義と平和を求める心があったと思います。アンヘレスは当時としては珍しい地区の民生委員さんとの関りがあって、正義と平和の問題に関心を寄せるようになりました。私は、正義と平和の問題や活動にとってアンヘレスは日本の草分け的な存在だと思っています。北原怜子さんの本を書かれたグリン神父様(17)がある時私に『マドレ・アンヘレスがいなかったら、北原怜子さんは生まれていなかった』とおっしゃっていました」

アンヘレスはこのように社会の日陰に追われている人々に深い愛情を抱いていろいろな活動を活発にしていたが、ハンセン病者の国立療養施設である多摩全生園にもたびたび訪問し、ゼノ修道士にも会っていた。私も二〇代の頃、個人的にアンヘレスを知っていて、たびたび会っていたが、ある時、多摩全生園を訪れた時、ちょうど慰問中のアンヘレスに会ったことがある。当時、恥ずかしながらハンセン病者に対して恐れを持っていた私は、その時、アンヘレスが、通常は立ち入れない病舎への訪問をされると聞いて、「すごい人だな」と感服した記憶がある。アンヘレスは些細なことでくよくよ悩む私に対して、じっと目を見つめ、ニッコリしながら「今、悩んでいますね」と言われたことがある。気持ちが見えてしまわれる方だなと痛感したが、その言葉にすっと安心して心が楽になる私であった。

その後、アンヘレスは日本での四八年の働きを終え、一九八六年（昭和六一年）七月初めに母国スペインに帰国、ベリス・メルセス宣教修道女会の発祥の地であるベリスの修道院で到着後まもない七月一八日に死去された。享年七九歳だった。

アンヘレスがベリスに到着したのが死の一五日前だった。ギリギリまで日本に滞在し、日本人に命を捧げ尽くして天に召されたのである。それはまさにメルセス会修道女の「友のために命を捧げる」第四誓願の実現のような死でもあった。

怜子受洗、修道会入会への渇望

話を怜子に戻そう。怜子はアンヘレスから毎日キリスト教の教えを学んでいたが、その後アンヘレスが体調を崩し箱根の湯本で静養することになって、一時中断せざるを得なくなった。当時、怜子は公教要理を極めたいという激しい熱情に駆られていたので、副校長から教えてもらえないと知ると、いっそう学び続けたいという渇望が沸き、クラスがなくても毎日一〇時にはメルセスに通い続けていたという。それを聞いた修道院の院長は代わりにアメリカ人の修道女を送り怜子は一通りのコースを終えることができた。

通常はコースを終えて一年たたないと洗礼を受けることはできないと聞いていたが、受洗への渇望の強い怜子は、要理を終えた直後の昭和二四年一〇月三〇日「王たるキリストの祝日」に司祭からの特別許可で、メルセス会の聖堂で受洗した。怜子は純白の花嫁が着るようなドレスに身を包み、白いレースのベールを被って洗礼式に臨んだ。将来イエス・キリストの花嫁である修道女になることを夢見た上での服装だった。怜子は洗礼時に貰う霊名をエリザベトにした。怜子に洗礼を授けたのは神言修道会のアルベルト・ボルト神父で、その霊名はボルト神父の母親の霊名エリザベトから貰ったのだという。さらに、その二日後の一一月一日の諸聖人の大祝日に、怜子はマリアという堅信名で堅信の秘跡も授かった。怜子はその時二〇歳だった。

怜子の受洗を両親は寛大な心で許した。金司は北大生の頃、「遠友夜学校」でのボランティア活動でキリスト教的精神に触れているし、母媖も、北海道時代、末の妹がキリスト教系の女学校を卒業しており、普通の人よりはキリスト教に理解があった。しかし、この後の怜子の徹底した献身的な歩みをその時は想像することもできなかったに違いない。

怜子は受洗後、何か社会に貢献することをしたい、いや、するべきである、それが信者としての責務であると考えるようになったが、それには、霊名の聖人であるハンガリーの聖エリザベトの生き方をボルト神父から聞いていたことも一部影響していたかもしれない。聖女エリザベトはハンガリー王の娘で方伯夫人でもあったが、夫が亡くなったあと、すべてを捨てて貧しい人々のところに赴き、自らも貧困者と同様な生活をしながら若くして世を去った女性であった。(18)

しかし、それにもまして怜子は公教要理の学びをメルセスの修道女から受ける中で、イエス・キリストがそうであったように「友のために命を捨てるまでの愛」の実践を第四誓願として神と教会に誓うメルセス会の精神に深く引き寄せられていったことが大きく影響したと思われる。

何か社会のために貢献したいという思いの手始めに、怜子はメルセス修道院内のサンタ・マリア会に入会してベビーホームの慰問をしたり、教理用の紙芝居の絵を描くなどの奉仕もしたが、何か物足りなさを感じてしまうのであった。怜子はそれよりももっと徹底した献身の道を望むようになっていた。

怜子は受洗し堅信も受けた頃より、一生を神に捧げるためにメルセス修道会に入って修道女になることを「がむしゃらに望むようになった」と父金司は述懐している。(19)幼い頃よりあこがれ続けた清らかさを身にまとい、威厳があって優しく微笑みを絶やさず、遠い異国に来て、福音を告げ知らせながら命を捧げる愛に生きる修道女たち、特にマドレ・アンヘレスの神々しい姿が目に焼き付いていたに違いない。その姿を思うたびに、怜子の胸は高鳴るのであった。

メルセス会の起こり：ペドロ・ノラスコと身代わりの愛、そして宣教修道女会

ここで怜子が強く憧れたメルセス会について説明しておかなければならない。レコンキスタという言葉をご存知だろうか。イベリア半島で八世紀頃から始まり、一五世紀まで続いたキリスト教徒による国土回復運動のことを言う。当時イスラム教徒に支配されていた半島をキリスト教徒が自分たちの手に取り戻そうと戦ったのだが、その中で、多数のキリスト教徒たちが捕虜としてアフリカに拉致されて行った。そこでキリスト教徒をイスラム教徒の手から身代金で買い戻そうという運動が起こったのであるが、メルセス会はその運動の中で生まれた修道会であった。

メルセス会の創立者聖ペドロ・ノラスコ（フランス語ではピエール・ノラスク）について説明しておきたい。ペドロはピレネー山脈のフランス側の村で一一八〇年に生まれたが、幼き日にバルセロナに移住した。父は商人だったためキリスト教徒とイスラム教徒の間を自由に行き来し両者の仲介役を果たしていた。若き日のペドロは父に同伴しイベリアの各地を巡っていたが、その中で、イスラム教徒に拉致され捕虜となったキリスト教徒が、身代金が支払われないために奴隷となって悲惨な状況にあることを知り、深く心を痛め、生涯を懸けて彼らを買い戻そうと決意するのであった。

ペドロはさっそく捕虜になったキリスト教徒の買い戻しに全財産と一生を捧げる青年たちを集めて活動したが、この団体はまだ俗人からなる同志会のような存在であった。しかしペドロたちの精力的な活動にもかかわらず、救出できない捕虜の数は増える一方だった。同志会ができて一五年後の一二一八年八月一日の深夜、伝承によれば聖母マリアがペドロに出現し彼らの活動を励ましたという。聖母マリアから励ましを受けたペドロは同志会を修道会にすることを決意し行動した。それで、同年八月一〇日バルセロナの司教座聖堂で聖アウグスチノ会則によるメルセス修道会が誕生することになった。メルセスとはスペイン語で慈しみを表すmercedからきている。

修道会となったメルセス会は各自が捕虜買戻しのために信徒に呼びかける形で働いたが、そのうち、身代金が足りない時は、メルセス会士自身が身代わりの人質となってアフリカに赴き捕虜を取り戻すことをやった。つまり奴隷状態に置かれている捕虜を、自分が行って代わりの人質になることによってその人を救出するというすごいことをやってのけたのである。まさに聖書が語る「友のために命を投げ捨てる愛」（ヨハネ15の13）を実践したのであった。メルセス修道会は一二三五年一月一七日に教皇グレゴリウス九世によって正式に修道会として認可された。ペドロ・ノラスコは一二四五年五月にバルセロナの本部修道院で死去し、一六二八年、教皇ウルバノ八世によって列聖された。ペドロ・ノラスコの在世中にメルセス会員は一〇〇人を超え、買い戻した捕虜の数は三九二〇人に達したという。

イベリア半島のイスラム教徒とキリスト教徒の戦いは一五世紀に終わり、歴史は大航海時代に入って行く。すると、メルセスの修道士たちは新大陸に向かった。同時期、今度は働く修道士たちを祈りで助ける女子の修道会が誕生した。一五四〇年、女子のメルセス会が観想修道会としてスペインのベリスという小さな村で誕生した。

一九世紀に入ると、教会が観想修道会も祈り以外に教育などの使徒的活動をすることを勧めていたために、ベリスの修道院も女子の寄宿学校を始めた。

マドレ・マルガリタと宣教修道女会誕生

二〇世紀の初頭、その寄宿学校にピラールというビルバオ生まれの一九歳の少女が入学した。ピラールは後に女子のメルセス観想会に入会し修道名マルガリタを名乗るようになる。この人が後にベリス・メルセス宣教修道女会を創立する福者マドレ・マルガリタ・マトゥラナである。

彼女はメルセス会の寄宿学校でまず教え始め、校長も務めたが、一九一四年、たまたま学校にインドと中国で働いている宣教師が訪れ、宣教のために祈ってほしいと修道女たちに頼んだのである。海外進出という時代のうねりもあって、これを契機に女子の観想メルセス会は宣教の方向に大きく方向転換することになった。一九二六年九月一九日、六人からなる最初の宣教修道女たちが中国の蕪湖に旅立った。それ以後、中国以外にミクロネシアでも修道院を創立するまでになり、観想会から宣教会へと変革していくことが不可避となった。そして、一九三〇年五月に観想会の女子メルセス会は、マドレ・マルガリタを創立者として正式にベリ

ベリス・メルセス宣教修道女会
創立者:マドレ・マルガリタ

ス・メルセス宣教修道女会に衣替えし認可されたのである。

光塩女子学院との関連で言えば、一九二八年、南洋諸島への宣教旅行の途中で立ちよった東京で、マドレ・マルガリタは学校創立の必要性に触れ、一九三一年光塩高等女学校が設置された。その落成式にはマドレ自らが参列している。その高等女学校は戦後既述したように光塩女子学院となって今に至っている。

マドレ・マルガリタはその後病に侵され一九三四年七月二三日、スペインのサンセバスチャンで帰天、享年五〇歳であった。そしてその聖徳が評価され、二〇〇六年、生誕地ビルバオのカテドラルで列福された。

メルセス会には、すべての修道会に共通する通常の清貧、貞潔、従順の三つの誓願のほか、第四誓願があるのだが、それはメルセス会の創立者聖ペドロ・ノラスコの身代わりの愛の精神を受け継ぐものである。現在メルセス宣教修道女会の修道女たちは三つの誓願のほか次の第四誓願を立てる。

「相手が生きるために、自分の命を与えるために、自分の命を失う危険性があっても、必要な場合、兄弟姉妹のために宣教の使命を全うすることを誓います」[20]

この精神のもとに、メルセス宣教修道女会の修道女たちは、兄弟姉妹の苦しみや悲しみ、希望、喜びに同伴し分かち合いながら、神への奉献生活に毎日を捧げているのである。

怜子がアンヘレスほかメルセスのシスターから公教要理を学ぶ過程で、このメルセスの命を与える愛、つまり必要ならその愛のために命を捨てても構わないという精神も学んで、この道を深く生きるためにはどうしたらいいのか考え、できれば修道女になって社会貢献したいという情熱を燃やしていったことは十分考えられるのである。

修道院入りを希望し萩に実地検分、そして病に伏す

父金司はあくまでも子供の自主性を尊重して怜子の洗礼を許したが、父親は、怜子のカトリック入信の動機が、学徒動員も伴った戦時中の厳しかった生活の心身の疲労に加えて、頼っていた兄哲彦の急死に打ちのめされた心の支えとして信仰を求めたのだと解釈していた。さらに受洗した彼女が「がむしゃらに修道院入りを希望した」のもその延長線上で考えていた。[21] 確かに苦しかった当時の混乱期に、怜子は心の支えを求めていたのかもしれない。しかし幼い頃から清らかなものに憧れ続け、メルセスとの出会いによってついにそれが神であることを発見した怜子は、単に苦しい時期の心の支えのみならず、何かそこにそれ以上の真実を見出して受洗し修道院入りを求めていたものと思われる。

彼女は徹底した社会貢献を求めてメルセス会への入会を希望し、光塩女子学院のシスターに相談したことであろう。受洗後しばらくして、怜子は萩に新しく設置されたメルセス会の修道院を訪ねてみることを決断し、この時期出かけている。

萩には明治三六年に「修善女学校」と改称された萩婦人会の経営する女学校があったが、昭和二三年に学制改革によって中学校・高等学校を持つ「萩女子学園」になっていた。設置母体も萩婦人会から「学校法人萩女子学園」に移行した。しかし、間もなく「萩女子学園」は経営不振に陥り、萩カトリック教会のヴィエラ神父に依頼して経営を引き継ぐ女子修道会を探すことになった。なかなか名乗り出る修道会は見つからなかったが、最終的にメルセス会が「萩女子学園」を受け入れることになった。こうして「萩女子学園」は東京の光塩女子学院の姉妹校「萩光塩学院」として昭和二七年（一九五二年）に誕生した。中学校と高等学校が併設され、昭和三〇年には男児も受け入れる小学校と幼稚園も設置した。東京の光塩と違って「女子」が抜けているのもこのためである。(22)

しかし怜子が訪れた昭和二四年（一九四九年）当時はまだ萩光塩学院は開校されていなかった。では何のために怜子は萩まで実地検分しに行ったのだろうか。おそらくメルセス会が引き受けるために、既にシスターが数人行ってそこで準備をしていたものと思われる。その移行期に怜子は萩のシスターの家に行ってシスターたちと接触を図ったのだろう。萩光塩の初代校長になるシスターKが、後に蟻の街を決定的に離れた怜子を受け入れようとしたのも、この時の怜子を評価していたからであると言われている。

怜子はその時、将来萩光塩となる学校でシスター教員として教えることを夢みたに違いない。しかし、怜子の体には既に病魔が巣くっていた。萩でしばらく過ごした頃より体調を崩し高熱を発し、帰京するや三週間も寝込んでしまったのである。修道会に入会するには、原則として受洗後三年経過していることが求められているが、怜子はまだ受洗したばかりであったので、萩のシスターからはこの間、体を治すように求められたものと思われる。

第二章　蟻の街との出会い、最初のクリスマス

お花屋敷から浅草花川戸への引っ越し

父金司の救急搬送

それは怜子がカトリックの洗礼をメルセス会で受ける昭和二四年の一〇月三〇日の少し前のことだったろうか。戦後の学制改革の中で、金司は専門学校を代表する文部省の大学設置委員の一人として、忙しく実地調査などをしていた。ある日名古屋への実地調査から帰宅した時風邪をひき自宅で休んでいた。一〇月にしては陽気が非常に寒かったという。ところがちょうど知人の消防署の人が訪ねてきたので、火鉢を応接間に運んでもらって炭火を起こして対応した。金司は風邪気味のせいもあって、火鉢の上に両足を乗せてその人と話したのだが、そのうち一酸化炭素中毒になったのか、意識をなくしてしまった。それで、

そこにいた消防官の彼が慌てて救急車を呼び河北病院に担ぎ込まれたのである。意識不明の状態は八時間も続き、その後回復したが、既に浅草の花川戸に嫁いでいた怜子の長姉の和子が慌ててやって来て、とても心配なので「うちの隣に来ないか」と懇願した。和子は履物問屋に嫁いでいたのだが、その裏に空き地があるので、そこに家を建て引っ越して来ないかと誘ってみたのである。和子にしてみれば、終戦直後に哲彦が亡くなり、父親は重い肺炎から奇跡的に回復したものの、怜子も病弱で、心もとなかったのだろう。自分のそばに家族がいれば何かと目を向けやすく安心できると思ったに違いない。金司は妻媖や怜子とも相談し、花川戸の和子の隣に家を新築し引っ越すことを決断した。

浅草花川戸への引っ越し

浅草花川戸への引っ越しと言っても簡単ではない。和子の店の隣に家を新築するのに時間はかかり、実際北原家が杉並のお花屋敷から花川戸に引っ越したのは翌年の昭和二五年九月であった。その間、怜子は既述したように萩への旅行をしているが、帰る時、病気になって、帰宅後三週間も療養することになった。病気が快復すると、修道院に入りたいという希望を持ちながら、相変わらず妹肇子の送り迎えで高円寺の光塩女子学院に通い、シスターと話したり、メルセス修道院内のサンタ・マリア会の活動を続けていた。

そして昭和二五年九月、北原家は杉並のお花屋敷から東京の下町である台東区浅草花川戸一丁目四番地の高木商店の裏の一軒家に引っ越してきたのである。まことに摂理的であるとしか言いようがない。怜子が花川戸に引っ越してこなかったら蟻の街との出会いもなかったであろう。ここに神の導きの手を感じる。

当時は敗戦後数年を経た時だったので、怜子のいたお花屋敷は焼失を免れたものの、杉並もあちこちが焼け、惨めな姿を露呈していただろうが、ここ浅草の花川戸に引っ越してきて、家の周辺で見る景色は杉並とは比べ物にならぬほど無残な光景であった。怜子の新しい住まいから道路を隔てて斜め前には、かろうじて外観が焼失を免れた松屋があったが、松屋横の歩道には空襲で何もかも失った浮浪者が身一つでうずくまっていたし、近くの地下鉄銀座線の浅草駅の構内の階段や地下道にもまたその種の人々が一日中たむろしていた。怜子が肇子を連れて出かける時、そんな人々がお腹をすかせた目つきでじっと怜子たちを見つめるのだった。

高木商店の裏は隅田川が流れ河岸は細長い隅田公園となっていて、川には我妻橋や言問橋がかかっている。ことに言問橋は昭和二〇年三月一〇日の東京大空襲の時、惨劇の場となった橋であるが、そのたもとに「蟻の街」が既に存在していたなど、引っ越してきたばかりの怜子には知るはずもなかった。この言問橋の惨劇については第二部で改めて紹介することにしよう。また、私はこの本を書くために取材に行った時、今はない高木商店周辺の街を歩いたり、当時北原家のあった場所から蟻の街の存在した場所まで実際に歩いてみたりもしたので、その時のことも第二部で紹介する。

ゼノとの運命的な出会い

「お嬢さーん、サンタクロースがやってきましたよ」

浅草花川戸一丁目の通りは履物問屋が軒を並べていた。松屋から見て向かって右側が下駄屋の問屋街で左が靴屋問屋街だった。姉の和子の嫁いでいた高木商店は右側の下駄屋問屋街の一角を占めていて、かなり目立つ店だった。使用人も数人いて商売もそこそこ繁盛していた。

あれは、北原家が花川戸に引っ越してきてまだ間もない一一月の中頃だった。怜子はちょうど二階で母親の仕事を手伝っていたが、店の人が「お嬢さーん、お店にサンタクロースのようなおじいさんが来ていますよ」と言いに来た。「え？　いったい誰？」と言って降りて店に行くと、確かに白く長いひげを生やし黒い修道服を身に着けた優しい眼差しの神父様みたいな外国人が立っていた。黒くて大きなカバンからマリア様のご絵や「聖母の騎士」という雑誌やコルベ神父について書かれた小さなパンフレットを出し、店の人たちに説明していた。既に店の人から「ここのお嬢さんは洗礼を受けている」と聞いていたらしく、その外国人は怜子の姿を見ると、

「アナタ、センレイウケマシタカ」と優しく尋ねた。怜子が「はい、メルセス会で去年の一〇月に洗礼を受けました」と答えると、

「ソレ、イイコトデス」と言い、さらにやさしい眼でじっと怜子の顔を見つめながら、「アナタ、童貞様ニナリマスカ」とも聞いてきた。心の中を覗かれたことにびっくりしながら怜子は「はい」と答えた。童貞様とは当時の呼び方で修道女（シスター）のことを意味する。

「ソウ、ソレイイコトデス。マリア様ノオメグミキットアリマス。アナタネ、可哀ソウ人間ノタメ、オ祈リドッサリタノミマス」と片言の日本語で言ったと思ったら矢継ぎ早に、

「オジイサン、イソガシイ。マタキマス。オ祈リタノミマス」と言い捨てて出ていった。

その間数分しかたっていなかった。その外人神父が何のために高木商店に来たのか、怜子にはさっぱりわからなかったので、「何のご用だったのかしら」と店の人に聞いても誰もわからなかった。結局、気の毒な境遇の人のために祈ってほしいと言いに来たのかしらと怜子はいぶかった。

ところがその日の夕方、また例の店の人が怜子の部屋に飛んで来て、「お嬢さん、出てますよ、あのサンタクロースが」と言って、朝日新聞の夕刊を見せた。そこには、「神父さんが一役、〝蟻の街〟に教会を建てる」という見出しのもとに、次のような内容が書かれていた。

「浅草言問橋のほとり、バタ屋の集団部落『蟻の街』に、カトリック神父の援助で教会設立の話が進められている。写真は『蟻の街』を訪れたゼノ神父。長崎市本河内町一九六（注：現在は本河内二―二―一）、聖フランシスコ教会『聖母の騎士』修道院に属するポーランド人、ゼノさん（六一歳）は、さる八月、上京した時に、上野の浮浪者のため篤志家から材木の寄贈を受け、八月一八日、一夜のうちに同園鶯谷寄りに、仮小屋を建設したことがあるが、この仮小屋の様子を見るために最近上京した。『蟻の街』のうわさ

を聞き、在日ポーランド人協会から寄贈されたケーキ箱一〇箱をおみやげに、一一日夜この街を訪れた。『蟻の街』では一〇〇余名が一年近い集団生活を送ってきた結果、『心のよりどころ』を求める気持ちがわき、『教会を建てたい』という希望があった。この話を聞いたゼノさんは、『材木集めに一役買いたい』と申し出た。教会設立に努力しようという話はその場で本決まりとなった。住民たちはバタ屋部落の真ん中にそびえる十字架を心に描いている。ゼノさんの話『明日からでも材木集めに走りたい』」（朝日新聞、1950年（昭和25年）11月14日付け、夕刊）

この「蟻の街に教会を建てる」という話は、後に出てくる蟻の街の先生こと松居桃楼の作った宣伝用の作話だったが、ゼノは本気にしていたし、ましてや、この時の怜子はそんな裏話を知る由もなかった。

「じゃ、ゼノ神父様はあれから蟻の街に行かれたのね。蟻の街ってどんなところかしら？　なんでも、記事によるとバタ屋さんの集落とか。そんなところに教会を建てるって、どういうこと？　はじめからわかっていたら、あの時ゼノ神父様に聞くべきだったわ」

怜子は悔やんだ。あの日、ゼノに言われた「可哀そうな人のためにお祈り頼みます」という言葉と共に、それ以後、蟻の街のことが怜子の脳裏から離れなくなった。

小雨降る師走の夕暮れ時に、蟻の会会長宅、ゼノが見せてくれた惨めな暮らし

それからしばらくたった師走の夕暮れ時のことだった。冷たい雨が降っていた。怜子は電車通りに面し

た高木商店の二階の窓の戸締りをしていたが、ふと窓の下を見ると、黒い修道服を着たサンタクロースのような外国人が急ぎ足で傘もささずに店の前を通り、隅田公園の方に歩いていくのが見えた。「あ、ゼノ神父様だわ！　きっと新聞が報じていた蟻の街に行かれるに違いない。今日こそお供しよう」と怜子は駆けるように階段を降りて、傘もささずに外に出て神父の後を追った。雨のせいか通りはそんなに混んではいなかったため怜子は走りながら神父の姿を探したが、もうどこにも見当たらなかった。ならばいっそのこと蟻の街に行こうと決意し、東武鉄道のガード下をくぐって少し走ってから、ある店で行き方を尋ねてみた。

「あのう、蟻の街へはどのよう行ったらいいのですか」

店の人は少し驚いたように怜子を見つめてから、

「え、蟻の街ですか。なんでもこの近くにあるらしいということは聞いていますが、どこにあるのかわかりませんねえ」

と言って、怪訝な目で怜子を見つめるだけだった。それがどんなところか、このお嬢さんは、はたして知ったうえで尋ねたのだろうか。「まるで人間の世界の外のことを尋ねられたような表情でした」(23)と怜子は振り返っている。

怜子はどうしようかと考えあぐねたが、あの新聞記事を見ればわかるかもしれないと急に思いつき、家に引き返してみることにした。雨は本降りになってきた。

家に戻り先日の新聞を探し出しその記事を改めて見ると、言問橋のほとりの隅田公園に蟻の街があるとわかったので、雨で濡れた衣類を着替えてから、今度は傘をさしてその蟻の街を訪ねてゼノ神父に会ってみようと思った。言問橋のほとりならここから近いはずだわ。怜子は胸の高鳴りを覚えながら隅田川の方に歩いて行った。

隅田公園の入り口に立ってあたりを見回してみると、一二月の雨交じりの冷たい風が川から吹き上げてきた。そんな寒風に身を晒しながら言問橋の方向に怜子は歩いて行った。この辺りは東京大空襲の時に人々が殺到して大変な惨劇が繰りひろげられたところだと何かの本で読んだことがある。今は人影もまばらで静まりかえっている。川の向こう岸のネオンサインだけがやけに派手に周辺を照らしていた。

言問橋にたどり着くとまだそれらしき集落は見えなかったので、もう少し歩いていくと、やがて川岸に板で囲まれた集落が見えてきた。そこは雨の夕暮れ時の薄暗さの中で黒々と不気味に佇んでいた。きっとあそこだわ。何か、別の世界に踏み込んでいくような緊張感を感じながら、怜子は板塀の黒い集落目指して降りて行った。

板塀集落に着くと、崩れかかった塀には不釣り合いな「蟻の街仕切り場」と書かれた立派な看板が目に飛び込んできた。怜子は中を覗いてみると、一人の男性が仕事をしていたので恐る恐る尋ねてみた。

「あのう、あのう、外人の神父様がいらっしゃっていませんでしょうか」

「あゝ、あの白い髭はやしたアメリカさんでしょ」

その人は仕事の手を休めて、なんでこんな時間に、こんなところに若い女性が来たんだという顔で怜子をじっと見つめながら、

「会長の家に行きましたよ」とそっけなく答えた。

「会長さんのお宅って、どちらですか」

「あっちの方ですよ」

怜子は気まずさからそれ以上聞くこともできず、礼を述べてその人が指差す方向に歩いて行ったが、それらしき建物は見つからなかった。今戸橋あたりを三〇分近くうろうろしても見つからない。既にあたりは闇に包まれていた。相変わらず冷たい雨が降りしきっている。

近くに交番があったので、思い切って尋ねると、会長宅というのは元「ボートハウス」として使われていた建物だった。親切なお巡りさんが途中まで案内してくれ、怜子はようやくその建物に辿り着いた。そこは倉庫のような外観だったので見つからないはずだったと怜子は思った。中に入ってもガランとした倉庫で、その隅に小さな座敷があって、そこにゼノ神父と会長らしきベレー帽の男性と見知らぬ学生が座っていたが、怜子の姿を見るとびっくりしたように一斉に視線を怜子の方に向けた。

「オー、アノゲタヤノオ嬢サン！」

ゼノ神父は怜子に微笑みかけ、嬉しそうに会長や学生に紹介した。怜子も何か言おうとしたが、誰かの紹介もなく来てしまったのだし、第一、何のためにここにやって来たのか自分でもよくわからなかった。それで、言いよどんでいると、ゼノはさっきまで話していた地下道の浮浪者の話をたどたどしい日本語で続けた後で胸から時計を取り出すと、

「モウ、オソイネ。ワタシ、コノオ嬢サン送リナガラ帰リマス」と言って立ち上がった。

怜子はほとんど何も言わないうちに、ゼノに連れられ会長宅を後にすることになった。

ゼノはまっすぐ怜子を家に送るのではなく、当時戦争で焼け出された赤貧の人たちが暮らす集落を見せるために、土砂降りではあったが、蟻の街の横を通って、言問橋の下や東武鉄道のガード下を抜ける隅田公園伝いの道を選んだ。言問橋の下にも小さなバタヤ集落があった。来る時その辺りを通った怜子だったが、夕暮れ時で薄暗くなっていたのと、蟻の街を見つけるのに精いっぱいでそこまでは気づかなかった。東武鉄道のガードに近いところには残土の山があって、そこには家を失った人々の掘っ立て小屋が一面に建ち並んでいた。真っ暗だったのと激しい雨で良く見えなかったが、真っ黒な山のような中から点々と淡い灯が漏れてくる風景は異様であって、およそここが東京の中心部に近いところだとは思えなかった。

そんな場所に案内されながらやっとの思いで家に帰る頃には怜子もゼノもびしょ濡れだった。怜子はゼノをストーブのある応接間に通して服を乾かしてもらい、怜子は急いで着替えをした。お茶をもって応接間に戻ると、ゼノは黒いカバンから新聞記事や手紙やいろいろな写真を出して、怜子に説明し始めた。

「オ嬢サン、ゴ覧ナサイ。コノ写真ノヒト、共同便所ニ住ンデイマス。御飯、三日モ四日モ食ベテナイ。可哀ソウデショ。可哀ソウナヒト、今戸ニモ、浅草本願寺ニモ、上野墓地ニモ、上野地下道ニモ、沢山イマス。デモ、東京ルンペンマダイイ。長崎ルンペン、広島ルンペン、モット可哀ソウ。三宮ルンペン、一番可哀ソウ。夜サムイネ。デモ火鉢ナイ。穴ホッテソノ中、火タキマス。デモ、雨フル、デキマセン。アナタ、ドウ思イマスカ」

ゼノはこう話した後、圧倒される思いで聞いていた怜子に、ゼノに宛てられた一通の手紙を見せた。それは一人の男性からの手紙で、そこには、寒い夜に彼が駅で野宿していた時、ゼノから衣類をプレゼントされ、非常に助かったことへの感謝の言葉が書かれていたが、彼は今入院中なので、入院中の彼を見舞ってやってほしいとゼノは頼んだ。それから自らの生い立ちを簡単に話して、雨の中、ゼノは修道院へと戻って行った。

その夜、怜子は眠ることができなかった。外国人があんなに日本の貧しい人たちのために尽くしてくれているのに、自分はそういう人たちが自分の家からごく近いところに住んでいることすら全く知らなかった。ゼノ神父様はもう二〇年も日本人のために懸命に働いてくれているのに、同じ二〇年を私はどう生きてきたか。何という世間知らずのお嬢さんだったことか、と怜子は悔やんだ。カトリックの洗礼を受け、社会貢献への望みを抱き、多少のボランティア活動もしているが、今日、ゼノ様に導かれて家なき人たちの悲痛な暮らしぶりを垣間見た上に、日本各地の実情も聞き、厳しい現実を知ってしまった。知った以上は、その現実に立ち向かっていくことこそ、メルセスで学んだ隣人のために命を捧げる生き方ではないか。

こうしてその夜、一生かかってもやりきれないほどの大切な仕事が眼前に横たわっていることを発見して、怜子は眠るどころか心が熱く燃えていくのを感じるのだった。そしてイエスが、罪人の牢獄を訪問し、困難な旅人を家に泊め、病人を見舞うのは、私にしてくれたことである（マタイ25の40）とおっしゃった意味もこのことだったのかと、怜子は今悟ったような気がした。だから、怜子はゼノが蟻の街の仕事の手助けを早く自分に命じてくれる日の来ることをそれ以後、心から祈ったのである。

ゼノ・ゼブロフスキー修道士

ここで、怜子を蟻の街に導いた重要人物であるゼノ・ゼブロフスキー修道士について簡単にまとめておきたい。この稀有な修道士も最初からそんなに立派な人間であったわけではない。ゼノは、神父と修道士の区別もよくつかない日本のメディアの中では、「ゼノ神父」と呼ばれてきたが、実は一介の労働修道士でしかなかった。彼はミサを挙行できる司祭（神父）ではなかった。

生い立ち：子供時代から職を転々とした青年時代

ゼノ・ゼブロフスキーは本人の記憶が定かではないので生年月日に諸説があるが、コンベンツアル聖フランシスコ修道会の総本部の公式データでは、一八九八年九月二八日である。ゼノは、ロシアに占領されていた時代のポーランド東北部にあるシュロベ村の農家の四男坊として生まれた。当時、学校ではロシア語が強制されていたので、愛国心の強かった村の人々はそれに反発し、子供を学校に行かせず、代わりに村人たちによる秘密の持ち回り学校で教育を施した。しかしこの学校があまり開かれることもなかったので、ゼノはほとんど正式な教育を受けることなく育った。

第一次世界大戦終結後にロシア革命の混乱に乗じてポーランドは独立した。国を守りたいという気風の中でゼノも軍に志願して入隊したが、悪性のできものに苦しみ、結局ニワトリ三匹殺しただけで軍をやめて家に帰った。(24) しかし、すぐに一儲けしたいと野望を抱いて家を出て様々な仕事についたが長続きせず、ある農家で雇われ農夫をしていた時、母親の訃報に接し、死に目にも会えなかったことを酷く後悔した。家に帰りしばらく家で静かにしていたが、やがて鍛冶屋の職人を目指して家を出る。この頃より、ゼノは熱心なカトリック教徒だった母親の信仰の世界に近づきたいと思うようになり、徐々に内省的になっていったという。職場の鉄工所の近くにはちょうどイタリア人の御受難会修道院があったので、そこに出入りをするうちに、修道院入りを望むようになって入会を申し込んだ。しかし拒否されてしまう。

コンベンツアル聖フランシスコ修道会入会、そしてコルベ神父に抜擢され日本へ

しかし、いったん心に湧いた修道院入りの望みを諦めることができず、ゼノはコンベンツアル聖フランシスコ修道会に入会希望の手紙を書いた。やっぱり駄目かと思っていたが、今度は受け入れられ、ゼノは父や兄に気づかれぬように密かに入会手続きを済ませ、一九二五年（大正一四年）五月グロドノの修道院に入会した。その時ゼノは二七歳だった。

そこには後に有名になるコルベ神父がいた。ゼノはそこで司祭にはならず労働修道士の道を選んだ。教育のない自分にはその方が向いていると思ったのと、それまでの転々とした職業体験は修道院でも生きると思ったからだ。確かに、彼に身に付いていた数々の技は修道院で大いに役立つことになった。入会してすぐにゼノは、聖母の騎士誌の編集部のメンバーには配置されたが、床掃除やストーブの掃除などそんな

仕事も多く、しかも修道院はとても貧しく、食事も実に質素なものだった。それはゼノが想定していた修道生活とは大いに異なるもので、もう耐えられなくなった彼はある晩、コルベ神父の部屋のドアを叩いた。コルベ神父は夜遅かったが、彼を優しく迎えてくれた。

「あなたまだ起きてましたか。どうしたのです?」

「神父様、この生活違う。私、家帰ります。私、女中ではないです。こんな仕事するためにここに来たのではありません」

コルベ神父は当時既に結核を患っていてそれほど無理の利かない体にはなっていたが、率先してみんなの嫌がる仕事をしていたし、優しく控えめで修道士たちの模範になっていた。彼の自室も貧しくごくつましい部屋だった。その夜、コルベ神父が新入り修道士であるゼノに何を話したかはわかっていない。しかし、聖母マリアへの信心に支えられた神への奉献の道がどんなにすばらしいものか、こんこんと教え諭したのだろう。この夜を境にゼノのあり方は一変した。修道院の貧しさからくる不便さを受け入れ、喜んでどんな仕事も熱心にするようになっていった。

その後、入会者が増えたことによってグロドノの修道院が手狭になったコルベ神父は、ちょうどワルシャワ近郊に所有する土地の寄贈を申し出る人がいたため、そこに移ることにし、修道院を建設し、そこを「ニエポカラヌフ」(無原罪の聖母)修道院と名付けた。そこは後に非常に大きな修道院となって、ゼノが来日する四か月前の一九三〇年(昭和五年)一月には七〇〇人にのぼる修道士が生活を共にしていた。

ある日、コルベ神父に呼ばれたゼノ修道士は、「殉教を望む気持ちがあるか」と聞かれ、彼は「ありま

中央がコルベ神父、左から二人目がゼノ修道士
(日本に発つ前、ポーランド・ニエポカラヌフ修道院にて 1930年)

す」と答えたら、自分と一緒に日本に行ってほしいと告げられた。なぜここでコルベは殉教を持ち出したのか。おそらくキリシタン時代の日本の大迫害が伝えられていたのだろう。時は既に昭和に入っていて、日本でキリスト教徒が迫害されるという事実はなくなっていたが、それでも見知らぬ遠い東洋の国に行くにはそれだけの覚悟が求められているのであって、そのためにコルベは確認したのだろう。

こうしてゼノ修道士はコルベ神父やヒラリオ修道士と共に一九三〇年(昭和五年)四月二四日に長崎の出島に到着した。ニエポカラヌフ修道院を出てから二か月が経過していた。

長崎での日々と雑誌作り

ゼノ修道士がコルベ神父に同伴して来日したのは一九三〇年四月なので、北原怜子が誕生した翌年ということになる。彼らは日本のキリスト教の故郷である長崎にやってきて、今聖母の騎士修道院がある本河内の丘の上に修道院を建設した。最初期のメンバーはコルベ神父とゼノ修道士とヒラリオ修道士の三人だけだったが、間もなくポーランドからもう数人が加わり、徐々に修道院の礎を築いていった。

当時の日本社会は徐々に軍事色を強めていた時で、昭和六年には満州事変が起こり、国際的非難が強まる中で昭和八年、日本は国際連盟を脱退している。そんな時代だったから、いかに長崎と言えども、西洋人への眼差しは決してやさしいものではなかったであろう。しかし、そのような中にあっても、コルベ神父が真っ先にしたのは「聖母の騎士」という日本語の布教雑誌を発刊して配布することだった。

誰一人日本語のわかる人がいなかった中で雑誌作りは苦労の連続だった。まずコルベ神父がポーランド語で原稿を書き、それを外部の手を借りてイタリア語から日本語に翻訳するという作業を通して、たった一六頁の貧しいものではあったが、すべて日本語の雑誌が出来上がった。到着後わずか一か月目の発刊である。創刊号については、外部の印刷所で印刷してもらった模様であるが。涙ぐましい努力を重ねて、この小さな雑誌が完成したのだ。

当時の修道院の生活はたいへん貧しいものだったが、みんな喜んでその生活に耐えた。食べ物などの差し入れに頼ることもあったのだろう。あまりの赤貧の生活に長崎の人々は彼らを「乞食神父」と揶揄することもあったが、ゼノたちは気にはしなかった、雑誌の仕事以外に、当時のゼノは修道院で掃除や、靴修理、椅子づくり、炊事などもやっていた。職を転々とした過去のキャリアがこんな形で生きたのである。

特に靴の修理は外部の人の分も請け負っていて大変ありがたがられていた。

太平洋戦争に突入し、外国人修道士が他所に追いやられた時、ゼノだけ官憲から修道院に留まることが許されたのも、ゼノ一流の誰とでも親しくなれるキャラクターで相手の警戒心を解いていたのと、当時恐れられていた警官に靴の修理を申し出て、たいそう感謝されたことなどが影響したと言われている。こうして、外国人が「敵性外国人」として一か所に閉じ込められていた戦時中に、ゼノだけは自由に街を歩くことが許されていたのである。このような彼一流のキャラクターは、戦後彼が救貧活動をする時に大いに役立つことになった。

アウシュヴィッツ強制収容所で殉教したコルベ神父

コルベ神父は、二・二六事件などが起こって世の中の空気がいよいよ危うくなってきた一九三六年（昭和一一年）に管区会議に出席するために母国ポーランドに帰国した。帰国後ニエポカラヌフ修道院の院長に任命されるや、新たに日刊新聞も発行し、さらにラジオ放送も手がけるなど、メディアを通した布教にいっそう邁進しようとしていた。

しかし一九三九年九月一日、ナチ・ドイツがポーランドに侵攻し第二次世界大戦が始まってしまう。するとポーランドはまたたく間にナチ・ドイツに占領されてしまった。コルベ師は間もなくして、占領下のポーランドにあって、ゲシュタポに逮捕され、当時ナチによって開設されたばかりのオシフィエンチムにあるアウシュヴィッツ第一収容所（後日、アウシュヴィッツ収容所群の本部収容所となる強制収容所）に移送された。そこでは一六六七〇番という囚人番号で呼ばれ強制労働に駆り出された。既に肺結核を患い高熱にたびたび苦しんでいたコルベが強制労働でどれほど苦しんだかは想像するにあまりある。

そしてある日のこと一つの事件が起こる。コルベ師の属していたブロックの囚人が脱走してしまったのである。ナチの強制収容所では脱走囚が出ると同じブロックに属する一〇人が連帯責任を取らされ処刑されることになっていた。その処刑される一〇人の選別はある夕に行われた。その時の模様を、私にじかに語ってくれた生き残りのポーランド人がいる。彼はその時並ばされていた一人でもあった。

「私たちは点呼広場に並ばされ、親衛隊のボスは極めて気まぐれに、こいつだ、あいつだと処刑される囚人を指差していきました。ある男性が指差された時、彼は大声で叫んだのです。『私が死んだら妻や子供はどれほど悲しむでしょう』と。すると、一人の痩せた男がその親衛隊のボスの前に進み出て、『私は司祭で妻も子供もおりません。私が彼の身代わりになりましょう』と申し出たのです。こんな場合、通常進み出た者は生意気だとしてその場で射殺されてしまうのですが、異例にもその訴えが認められたのですね。不思議なことでした。後に身代わりを申し出た人はマキシミリアノ・マリア・コルベという神父様だとわかったのです」

私にオシフィエンチム市で語ってくれた証言者の目には、その時涙が溢れていた。コルベ神父に命を救われた男性はガヨビニチェックという人でその時四七歳だったが、コルベも同様に四七歳だった。そして、ガヨビニチェック氏はその後この件で有名になり、九四歳で死去した。つまり、コルベ神父の四七年の命を貰って九四歳で亡くなったのである。

ナチのやり方は実に残酷で、コルベを含む一〇人はすぐ処刑されたわけではない。収容所の中のブンカー（刑罰棟）と呼ばれる第一一号ブロックの地下牢に閉じ込められ、餓死刑に処せられたのである。つまり、死に至るまで一片のパンも一滴の水も与えられることなく、真夏の地下牢に閉じ込められ死を待ったのである。

猛暑と息苦しくなるほどの狭い空間に閉じ込められた一〇人は、激しい渇きと飢餓に苦しみつつ息絶えていった。しかし、その地下牢からは罵りの声ではなく、常に讃美歌が聞こえてきたと牢番の看視兵は証言している。コルベ神父は一人ひとりに罪の赦しを与え、その死を看取り最後まで生き残ったため、自分はフェノール注射で殺害された。一九四一年八月一四日のことだった。享年四七歳だった。

普段、ホロコーストを研究している私は四度ほどアウシュヴィッツを訪ねているが、第一収容所のその一一号ブロックの地下牢に降りて行く時は、いつも不気味さに圧倒される。地下牢には幾つかの部屋がある。窓のない真っ暗な牢や、横になるスペースのない立牢という部屋もある。コルベ神父らが殺害された牢は天井近くに地面が見え、そこからわずかな光が入る部屋であったが、全体としては非常に暗く薄気味悪さに満ちている。そこには現在、復活の大きな蠟燭が立てられていて、壁には一〇人の像を刻んだレリーフが掲げられている。(25)

このような数奇な生涯を送ったコルベ神父は後に教会から聖人の称号が与えられ、その祝日は帰天日の八月一四日となっている。怜子はゼノを通してコルベ神父の生き方を知り、メルセスの第四誓願の精神を知った時と同様な感銘を受けていたに違いない。それは友のために自分の命を捨てるほどの愛であり、イエスが身をもって示してくれた生き方でもあった。

戦後の東奔西走、困窮した日本人に手を差し伸べ続けた日々

あまり知られていないが、ゼノは長崎で被爆している。本河内の修道院は山を隔てているので深刻な被害は受けなかったが、戦時中長崎に留まっていたために被爆した。しかし、ゼノはそのことについてほとんど語っていない。それよりも、焦土化した日本で周辺に溢れる困窮した人々の惨めな姿を見て圧倒されていた。飢えと絶望が世の中を支配していた。ゼノはいてもたってもいられず、パンや衣類をもって街に出かけ、道にたむろしている浮浪者にそれを与えた。

特に戦争で親も家族も失った戦災孤児たちを修道院に連れて帰ることもあって、修道院はいつの間にかそんな子供たちでいっぱいになった。修道士たちは自分たちの食料を減らしても孤児たちに食べさせようとした。占領下にあった日本ではいたるところに米軍がいたので、米兵らに頼んで食料を分けてもらったり、時に役所と掛け合って何とか譲ってもらったりもした。役所が難色を示すと、どこで覚えたのか制定されたばかりの児童福祉法を持ち出して説得しようとした。たどたどしい日本語と微笑みで接近するこの外人修道士に、役人はついに折れてしまうのであった。こうして戦災孤児たちの聖母の騎士園が修道院に開設されることになった。後に、ゼノはいろいろな街から孤児を集めて連れ帰ったので、ますます手狭になって園は引っ越しをしなければならなくなった。

ゼノの活動はその後全国展開する。長崎を出ていろいろな街に行くうちに、長崎で見たような困窮者の群れが福岡にも神戸にも、大阪にも、東京にもいろんな街で見られ、とにかく何とか助けたいと東奔西走する日々となったのである。ゼノの日本語はたどたどしかったが、不思議な魅力を持っていて、その愛嬌ある交渉術で、つい相手をその気にさせてしまうのであった。こうして食べ物を集め、衣類を集めて、地下道にたむろする浮浪者に与え、時に材木を集めて、浮浪者のための掘っ立て小屋作りにも精を出した。

その交渉術は新聞記事を利用することでさらに磨きがかかった。新聞記者を呼んでもらい、自分のしている活動を記事にさせ、その記事を交渉で相手を信用させるときの道具として使った。こうしてゼノは「ゼノ神父」としてすっかり国内で有名になっていった。いろいろな街の浮浪者たちの仮小屋集落で、ゼノが来ると人々の表情は不思議に明るくなった。ゼノはそんな集落で、住民を楽しませるために運動会を催した。そのうち国鉄もゼノのために乗り放題のチケットを用意するまでになっていった。

ゼノはまた神を知らぬ日本の人たちに、聖母マリアのご絵を渡して、「可哀ソウ人ノタメ祈リネガイマス」と言って歩いた。たいていは無視され、嘲られ、怒鳴られたりしたが、めげずに歩き続けた。いつかは真剣に受け止めてくれる人を聖母は必ず与えてくれるはずだと信じて。そしてついにその人と巡り合ったのである。それが北原怜子であった。

蟻の街の最初のクリスマス

バタヤ部落「蟻の街」でクリスマスの計画、なぜ？

蟻の街でなぜクリスマスを計画することになったのか。発端は昭和二五年一一月一四日付朝日新聞のあの夕刊記事だった。「神父さんが一役、〝蟻の街〟に教会建てる」のあの記事だが実は裏話がある。

ちょうどその頃、ゼノ修道士は都の民生局の中井保行氏に導かれて蟻の街に出入りするようになっていた。既に全国に展開する彼の窮乏者支援活動は新聞が報じていたので有名だった。世間では「ゼノ神父」と呼ばれていた。その日もゼノが蟻の街にやって来た。クリスマスが近づいていた頃だったたし、「蟻の街の先生」こと松居桃樓はこの有名なゼノ神父が出入りする蟻の街をぜひ宣伝したいと思っていた。

そのためには記者を呼んで新聞のネタにしてもらわねばならない。しかし、既にゼノはたびたび新聞に出ている有名人だったので、「ゼノ神父が蟻の街に来た」というだけでは記者は来てくれないだろう。そこで劇作家の彼は芝居を打つことにした。どうだろう、「バタヤ部落にキリスト教の教会を建てる、ゼノ神父も協力を申し出ている」。これなら記者は動いてくれるに違いない。早速、松居は朝日の知り合いの記者に電話しそれを告げ、早く来ないと神父は帰ってしまうよと伝えた。案の定、面白いと思った記者は飛んで来た。他社よりも先にネタを取りたいのが記者という職業だ。飛んで来た記者に、ゼノは「作り話」とも知らず、真顔で「ココニ教会ツクル、スバラシイデス。ワタシ協力シマス」と記者に話した。

こうして記事になったのが、あの夕刊紙だった。もしその記事が出なかったなら、怜子は蟻の街に行ってみようとは思わなかっただろう。一つの嘘がその後の奇跡のようなストーリーを生んだのだ。神の摂理の不思議さを今更ながら思う。

ではなぜ松居は嘘をついてまで蟻の街を記事にしてもらって宣伝しようとしたのだろうか。昭和二五年、当時はようやく闇市が行政の手によって撤去され、上野駅の地下道からも浮浪者が収容所に強制収容されるという一見秩序を見せ始めた時代にはなっていたが、戦争によってすべてを失った浮浪者の群れは都内でも、ガード下や公園、河川沿岸、線路脇や道路脇、橋の下などいたるところに粗末な仮小屋集落を作りながら、必死に生きようとしていた。人々はそこから日雇いの仕事に出かけ、バタヤとして日銭を稼ぐ人々も現れた。これから説明する蟻の街もそうした集落の一つであったが、見た目だけの復興を急ぐ行政は、戦争による荒廃の象徴でもあるそうした見苦しい集落を焼き払いという残酷な手段によって除去しようと躍起になっていた。

その頃の役人の考えていた「浮浪者対策」とは、浮浪者を助けるのではなく、どうやって浮浪者部落を焼き払うかということばかりだった。「バタヤをしている奴らは、虫けら同様で人間ではない。捕まえて処罰しろ」と公開の席で演説した都議会議員もいたと蟻の街の松居は書いている。(26)

そうした危機的状況にあって、蟻の街の小沢会長や松居は、特別な目的をもって作ったばかりの蟻の街をどうしても焼き払わせるわけにはいかなかった。そこで松居が考えたのが新聞等を通して「蟻の街」を宣伝することだったのである。ちょうど幸いにも外人神父が最近、蟻の街に出入してくれるようになった。当時の日本はまだ米軍等の占領下にあって、日本人一般はアメリカ人に対して恐れにも似た卑屈で複雑な感情を抱いていた。ゼノはポーランド人であったが構わない。当時の日本人にとって西洋人はすべてアメリカ人だった。だからこの人を使って新聞で宣伝してもらえば、焼き払いを逃れられるかもしれない。こうして、松居はとっさに蟻の街に教会を作るという物語を思いついて、まんまと朝日の記者に信じ込ませることに成功したのである。

もともと松居はクリスチャンなど偽善の代名詞のような存在と思っていたので大嫌いであったし、キリスト教自体にも興味などなかった。ただ、西洋人が介入してバタヤ部落に教会を作るということになれば、官憲はキリスト教会の背後に支配者アメリカの影を見て、容易に焼き払いをしなくなるのではないか。そこまでの計算も松居にはあった。

実際大嫌いな教会など作らなくてもいい。その「ふり」をするだけで効果抜群だと読んでいた。ところが、本気にしたゼノがそれ以後、毎日のように蟻の街にやってきては教会建設に向けて、やれ、どう材木を集めればいいのか、やれ、どこから寄付を貰えばいいのかなどとやり始めていたものだから、松居はうんざりの連続だったが、自分が作った芝居なので、ある程度、それらしき顔をして付き合うしかなかった。

時は一二月の初旬だったので、その「ふり」をするための第一段として思いついたのが、蟻の街で大々的にクリスマスをすることだった。それにはゼノはもちろんのこと、小沢会長も賛成し早速実行に移すことになった。そこで準備として誰に手伝わせようかと相談した結果、先日雨の降る夕に、ボートハウスの小沢会長宅に尋ねてきた北原怜子とかいう下駄屋の若い女性にやらせたらどうかということになった。ゼノによればクリスチャンということだし、蟻の会の会長宅に一人で来るような心臓の強い女なので、クリスチャンは嫌いだが、何かやってくれるのではと松居は確信した。

そこで、松居はゼノを同伴してその下駄屋を訪ねてみることにしたのである。

蟻の会の起こりと理念

ここでひとまず、蟻の街の成り立ちや理念について触れておこう。蟻の街というのはいつしかメディアが名付けた名称で、本来は「蟻の会」と言った。この蟻の会は理想に燃えた一種のバタヤ共同体であって、それは創設者の小沢求《もとむ》という男を抜きには語れない。

小沢は栃木県出身。なかなかのやり手で上京後に一儲けして、関東大震災後には浅草の豆成金と言われるほどになった。戦時中はテキ屋のボス甲州屋の顧問をしていて、浅草一帯でヤクザなどから恐れられる存在だったが、中国に渡り土建業を営んだ。中国でも北京総領事楠木中将の懐刀として力を振るいながら、土建業も成功し、有名な紫禁城の修復工事などにも携わった。所用で一時帰国している間に日本は無条件降伏して戦争が終わる。もう中国には戻れなくなった小沢夫妻は東京都建設局公園課に正式な手続きを経て入札した結果、隅田公園のボートハウスの使用権を得て、そこに移り住んだ。東京都緑地協会がいずれ残土を一掃し、美化した挙句にはそこで売店を経営する権利を認めたので、そこに建具も入れ水道も引いて暮らし始めたのだが、協会からはその後何の連絡もなく、持ち金も尽きてしまった。

ボートハウスの近くで言問橋にも近い場所に戦時中高射砲場があったが、そこには戦後同胞援護会(27)が所有する製材工場が建てられた。しかしその建物はほとんど使用されず、空き家になっていて、ルンペンや泥棒らの居場所となっていた。同胞援護会は顧問弁護士の藤田元治に管理を依頼したが、藤田弁護士は多忙からその管理を葛西の漁師の水門屋に頼んでいた。

当時、隅田川の川底にはアサリがびっしり生息していたほか、各種の魚やアサクサノリも取れた。それで、水門屋は仲間の漁師を連れて隅田川にやって来ていたが、彼は製材工場の管理の仕事を受けず、代わりに友人の小関（小松川）を推薦した。彼こそ、後に蟻の会の第一号となる人物で、蟻の会の人は彼を、彼の全盛時代に邸宅が建っていた地名を取って小松川と呼んだ。

しばらくして、小松川老人はボートハウスの小沢と親しくなり、小沢に川底には戦時中リットル瓶を満載した船が沈んでいるはずだ。これを引き上げるだけで一、二年は遊んで暮らせると伝えた。それからというもの、小沢夫妻は毎日船で川に入ると、ガラス片を川底から拾いあげ、これを問屋に売り、二〇〇〇円以上というかなりの金額を手に入れるようになった。

こうして小沢はバタヤの面白さを知ることになる。川を取りつくし、次に小沢がやったのは、今戸橋から吾妻橋まで延々と続く残土の山に埋まるガラス片や銅、真鍮《しんちゅう》、鉄屑を掘ったことだ。敗戦後の日本は資源が酷く不足していたのでこれらはよい値で売れた。さらに、小沢は大掃除時に出るぼろ、空瓶、紙屑、なわ、藁などを拾う方が将来性のあることに気付いた。それで、リヤカーを買いそれらを拾いに出かけることにした。つまり、「掘り屋」から「拾い屋」への転向である。小沢はそれらを問屋に運んで仕切ってもらい金銭に換えた。そのうち、自分らで仕切り場を経営するやり方を少しずつ取り入れていった。

こうして集めた屑の量が増えてくると、それらを保存する場が必要となり、小松川老人が管理する製材工場がバタヤ倉庫へと早変わりしていった。

小沢の仕事が本格化してくると、しだいに隅田公園付近で野宿しているバタヤたちが小沢のもとに集まってくるようになった。こうして屑拾いを家業とする人たちの集団が小沢を中心にまとまってくると、彼らの間で、バタヤだけで搾取のない理想的な仕切り場を作ろうという気運が盛り上がっていった。

ちょうどその頃、台風が関東を襲い二〇〇坪の大製材工場が屋根を残して崩壊してしまった。昭和二四年九月のキティ台風である。敗戦日本は、戦争の痛手以外に次々襲った自然災害にも苦しめられたのである。建物が崩壊すると、崩壊現場から資材を盗みに来る者が後を絶たなくなってしまい、同胞援護会から委託されている藤田弁護士は崩壊建物の管理を小松川老人だけでなく小沢にも依頼してきた。依頼を受けた小沢は早速付近のルンペンやバタヤを集めて崩壊建物のある六〇〇坪の土地に板塀を巡らせてしまった。そして、その板塀の中の崩壊倉庫で見ず知らずのバタヤたちが共同生活を始めたのである。小沢はボートハウスの自宅から毎日そこに通い、バタヤたちと交流し、自分たちで仕切り場を経営する搾取のないバタヤ共同体作りについて仲間たちと語り合うという日々になった。

しかし、そうこうしているうちにさまざまな問題が生じた。とりわけ所有者である同胞援護会との問題もあって、小沢はそこの顧問弁護士である藤田元治の事務所に相談に行くことにした。昭和二五年一月、藤田弁護士の事務所で小沢が出会ったのが松居桃楼《とうる》である。松居はそこで藤田弁護士の手伝いをしていたが、弁護士から紹介されると小沢の話を聞くことになった。運命的な出会いというか、これが松居のその後の人生を一変させることにもなったのである。ここで、松居桃樓その人についても少し紹介しておこう。

松居桃樓は本名を松居桃多郎といって明治四三年三月に劇作家松居松翁の三男として東京に生まれた。早稲田大学政経学部を中退後、松竹に入社。自らも劇作家として松竹の演劇、演芸審議会の委員を務めた後、昭和一七年に日本の占領下にあった台湾演劇協会文芸部長として台湾に渡ったが、日本の敗戦で昭和二一年に帰京した。

その時、母国のあまりの荒廃ぶりに衝撃を受け、生き方を考えるようになったと言われる。そのためか一時期比叡山に籠り天台宗の勉強に没頭し、またある時、上野の寛永寺の春性院住職の二宮守人大僧正から学び得度し僧侶の資格も取得した。ただ、そのまま僧侶になってしまうのではなく、松居は社会の改善運動に興味を抱き、昭和二三年八月には世界連邦建設同盟の結成に参加、その時、藤田元治弁護士と知り合った。同年一二月に藤田が国民平和協会を設立すると、事務局長になって藤田の仕事を補佐することになった。一方、農山村の開拓運動にも関心を抱き、丹沢の開拓地の替地が箱根の仙石原に決定すると、松居は老母や妻と共にそこに移住し農業に専念しようと決意した。

松居が小沢と藤田弁護士事務所で運命的な出会いをしたのは、仙石原に移住するために国民平和協会に辞表を提出する数日前のことだったという。藤田弁護士から紹介された松居は小沢の話を聞いた。え？バタヤが自分たちで仕切り場を経営し共同生活をするのだと？戦後の荒廃したこの国の片隅で、搾取のない平等で相互扶助の精神に満ちたバタヤの理想郷を作りたいのだと? 松居はその計画の斬新さに一挙に魅惑されてしまった。これこそ自分の求めていたものではないか。仙石原移住もすっ飛んで、松居は「ぜひ手伝わせてほしい」と協力を申し出たのである。仙石原引っ越しは老母と妻に先に行ってもらうことにして、松居はしばらく東京に留まることを決意した。

会の名称を決めてほしいと言われた松居はその場でしばらく考えた後に、「蟻の会」とすることで小沢の同意を得た。その趣旨は蟻そのものがバタヤとよく似た生き方をしていること、また蟻は人間社会よりも、理想的な生活共同体を作っていること、さらに、内容に自信があれば会にへりくだった名を付けても平気でいられるはずだからというものだった(28)。

さらに松居はその場で「蟻の会」設立趣意書を一気に書き上げもした。以下はその趣意書の内容である。

「蟻の会とは『人間の屑』とさげすまれている浮浪者同志で互いに励ましあいつつ、自力で更生してゆこうとする会です。

蟻はあんなに小さなくせに、働き者で粘り強く、しかも夏の間にしっかりと蓄えておいて、冬になると温かい巣の中に籠って楽々と暮らします。それに比べると、一日雨が降ってもすぐに飢えなければならないルンペンの生活は、蟻以下ではありませんか。

(中略)

われわれも裸一貫のルンペンに成り下がったとは言うものの、蟻の生活のことを思えば、自分たち自身の更生どころか、祖国日本の更生だってできないはずはないと信じています。我々は蟻のように働き、蟻のように蓄えて、一日も早く共同の楽しい『蟻の家』を持てるようになろうと誓いあいました。『蟻の家』は廃品の集荷場と倉庫を中心に、お互いの宿泊所や食堂を造り、衛生設備を完備し、いろいろの娯楽機関を設け、そのうえ、職業斡旋を行ったり、身の上相談にも応じたいと思っています。現在、東京都には、いわゆるバタヤ（屑拾い）が一五万人いるそうです。そしてこの人々の群がり集まるところは、常に犯罪の巣であり、悪疫の温床として嫌われ恐れられていますが、われわれはみずから模範となって、この『蟻の運動』を正しく繰りひろげながら、必ず近き将来に東京中のバタヤを蟻の会の会員として（中略）楽しい『蟻の家』に住めるようにせずにはおかぬと、心に誓いあっております。

（中略）

われわれはこの運動の名によって一銭の寄付たりともおねだりする気持ちはありません。皆さんが廃品としてお捨てになった品を拾わせていただき、それを整理し更生することによって、廃品の更生だけでなく、社会から見捨てられた人材を更生し、世界の劣等国に転落した祖国を更生したいのです。

（中略）

どうか、われわれがいやしい浮浪者なるがゆえに、貧しい屑拾いなるがゆえにさげすまれることなく、われわれの夢が一日も早く実現されるよう、ご賛同ご協力くださることを切にお願い申し上げる次第です」(29)

こうして「蟻の会」は小沢求を会長として昭和二五年（一九五〇年）一月に言問橋のたもと、隅田川の河川敷に誕生した。小沢に最初にバタヤ稼業を紹介した小松川は蟻の会の会員第一号となった。松居はしばらく藤田弁護士事務所に籍を置き、そこから蟻の会に通っていろいろと事務的作業ほかを手伝ったが、そのうち、通っているようではそこに住むバタヤたちの気持ちを汲めず、共同体作りに支障をきたすことがわかって、同年三月、蟻の会に住み込むことになった。松居桃樓四〇歳の誕生日だった。松居はそこで指導的な立場に立っていたから「先生」と呼ばれることになった。

蟻の会は、そのうちメディアによって「蟻の街」と呼ばれるようになっていった。松居は蟻の会に住み込むようになってから、屑の種類や拾い方をバタヤたちから教えてもらった。

そもそも「バタヤ」とは何に由来することばであろうか。松居によれば、明治になって初めて紙漉《す》き会社ができた時の目論見書に「川端込新」ということばが出てくるという。ここで「込新」とは紙屑のことを言い、川端で「バタ込新を仕切る問屋」のことを「バタヤ」と言ったのだそうだ。[30] また、こんな説もある。大正期に東京府はゴミを河岸に捨てた。ゴミの中の金目の物を「川端物」と呼び、「バタもの」を拾うのでそれが「バタヤ」となったという。[31] 一方、屑の中でもバタヤたちが「ひかりもの」と呼ぶのは銅とか真鍮でとりわけ銅は最も高く売れたという。

屑でも生かせば宝になる。松居は資源回収の意義を誰よりも早く感知し、「人生に廃物なし」[32] はその後の廃品回収運動を支える重要な理念になっていった。今でこそこうした理念は社会に行き渡っているが、当時としては先進的な発想であって取り組みだった。後の頁で触れるが、怜子もこの理念をよく理解し、「屑を生かす」というパンフレットづくりに邁進することになる。こうして見ると、バタヤは、今でいうSDGs（持続可能な開発目標）運動の先駆けを行っていたことになり、当時の人々が見ていたような虫けらたちの卑しい職業では決してなかったのである。

松居はこうして夢と理想をもって自ら屑拾いに出かけ、小沢の相談に乗り、原稿を執筆し、蟻の街の宣伝に努めた。また会員たちの精神的指導者として日常のあらゆる事柄の相談に乗っていたが、メンバーの中にはヤクザ上がりや前科者もいて、朝から酒を飲み、街で騒ぎを起こして警察に逮捕される者もいた。そのたびに松居は「蟻の会の趣意書」をもって、彼らを釈放してもらうために警察に謝りに行くのであった。

蟻の街に第一歩を踏み出した怜子、子供たちと歌の練習

話を元に戻そう。松居はゼノを伴って話に聞いた下駄屋のクリスチャンの娘にクリスマスの準備の依頼をするために花川戸のその店を訪ねた。一二月初旬の晴れた朝だった。その店は履物問屋街のその通りでは目立つ大きな店で、蟻の街からは徒歩で七分から八分の場所にあった。クリスチャンの娘などに頼みごとはしたくなかったが、蟻の街の宣伝になって、官憲によるむごい焼き討ちから守られるのであれば、松居は何でもするつもりだった。

「お嬢さーん、またサンタクロースがやってきましたよ」と従業員は怜子を大声で呼んだ。

「え！ ゼノ神父様なの」と胸を躍らせながら降りて行くと、ゼノと見知らぬ中年の眼鏡をかけた男性が立っていた。

「コノ人、蟻の街ノセンセイ、松居サンデス」とゼノは松居を紹介してからさらに続けた。「コンド蟻の街、クリスマスヤリマス。コドモ一杯イル。アナタ手伝ってクレマセンカ。ミンナヨロコブヨ」松居もそれに続けて、

「ぜひ、やってくださいませんか。蟻の会としいてお願いします」と怜子に頭を下げた。

「はい、もちろんやらせていただきます」怜子は喜んで即答した。そこにいたみんなは「ワー」と歓声を上げた。

「そうですか。よかった。じゃ、いつから来ていただけますか。今日から可能ですか」と松居が聞くので、

「ハイ、すぐにでも」と返すと、松居は「よろしくお願いします」と言って、ゼノと共に忙しそうに立ち去った。その間、わずかに数分の出来事だった。

家族の中で反対する者はいなかった。姉の和子も「怜子さん、よかったわね。願いがかなって」と嬉しそうだった。ゼノを訪ねて小沢会長の家に行き、その帰りにゼノから浮浪者部落を案内されて眠れぬ夜を過ごした怜子は、生涯懸けても達成できないような大きな課題が自分を待ち構えていることを知り、ゼノがいつか自分を使ってくれるようにと祈って待つ日々だったからだ。

怜子は昼食後の午後一時頃、胸をときめかせながら家を出た。後になっても時間を覚えているのは、それが彼女にとって非常に重要な一歩だったからだ。花川戸の怜子の家から蟻の街は非常に近い。私は取材でその道を実際に歩いてみた。その時の体験は第二部で触れるが、そう、徒歩で七から八分くらいだろう

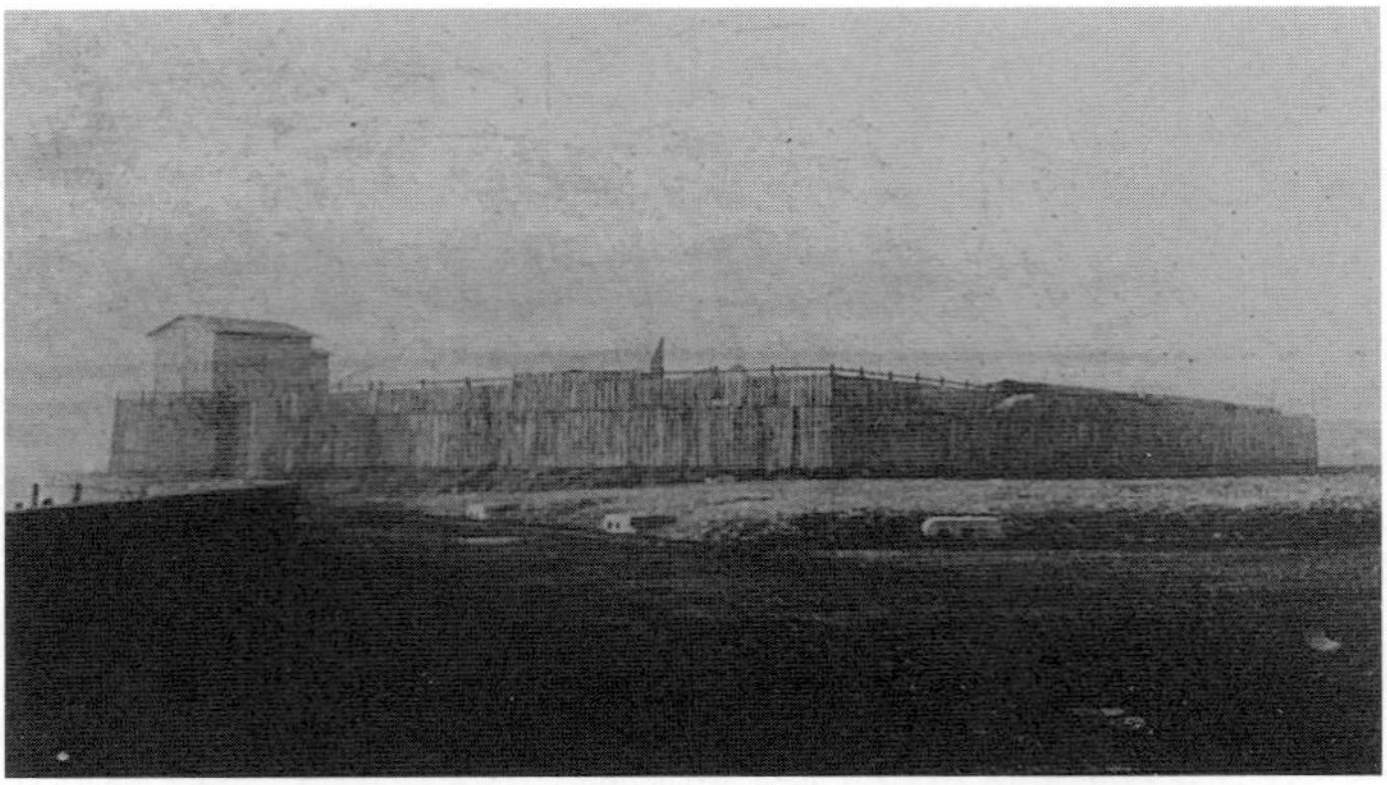

板塀で囲まれた蟻の街全景写真　写真提供：アリの街実行委員会

か。急ぎ足なら五分くらいだろうか。

　怜子が言問橋のたもとまで来ると、師走の冷たい川風が吹き抜けていった。周囲は細長い隅田公園になっているが、終戦から五年たった今も、いたるところに浮浪者たちのバラックが立ち並び、隅田川には各種のゴミも流れていた。師走の冷たい風を全身に受け、怜子はそんな風景を見ながら少し前に見たあの板塀の部落を目指して歩んで行った。未知の世界に入って行くという緊張感もあったが、心には嬉しさが広がっていくのを抑えようもなかった。しかし、その時はまだこの街が自分の運命を変えてしまうなどと思いもつかなかっただろう。

　やがてあの板塀の部落が見えてきた。先日は急いでいたのと雨が降りしきり夕闇も迫っていて良く見えなかったが、今、公園から改めて見下ろすと、そこだけが何か別の世界のように午後の陽光に照らされて、惨めで見捨てられた姿を晒していた。怜子は降りて行き、先日も見た「蟻の会仕切り場」と書かれた入り口まで行き中を覗いた。先日は暗くて内部がよく見えなかったが、蟻の街の内部はゴミの山とか、潰れたような建物群とか、とにかくごちゃごちゃとさまざまなもので溢れていた。

　怜子は勇気をもって入って行った。足の踏み場もないほどだったが、少し行くと広場のような場所があって、五、六人の小さな子供たちが壊れた製材機のそばで、わいわい騒いでいた。怜子の来るのを待っていたらしい。しかし怜子の姿を見ると、パッと逃げ出して物陰に隠れてしまった。しかし、物陰に隠れながら、怜子の方をじっと見つめているのを怜子は感じた。なぜ逃げたの？ 恥ずかしかったのかな？ 怜子はよくわからなかったが、後にわかったのは、その日怜子はそういう場に行くにはふさわしくない真っ赤なコートを着て出かけており、そういう場所にいる大人の中には、外部の人、特に目立つ人が来たら、警戒の目で見るように子供に言い聞かせている人たちがいるためだと知った。

もう二時近い頃だった。やがて高木さんという男の人が来て子供たちを呼び、

「さあ集まって！ 今日からみんなにこの先生が歌を教えてくれます。よく覚えるんだよ」

と、怜子の名前も教えず、飴とビスケットを配りながら言った。小沢会長から「今日、女の神父さんが来るから、その人に子供たちが歌を教えてもらうようにしなさい」とあらかじめ言い付けられていたのだ。その時、坊主ばあさんという高齢女性が、にやにやしながらお菓子欲しさに小屋から出てきたので、「大人も歌を覚えたら飴やるよ」と高木さんは告げた。坊主ばあさんというのは、頭髪にシラミがわき髪を短く

蟻の街のメーンストリート
写真提供：アリの街実行委員会

切っていたのでついたあだ名だった。その後もお菓子欲しさに坊主ばあさんはたびたび歌の練習に加わった。

練習する歌を怜子は聖歌集125番「グロリア」と決めていた。これは有名なクリスマスの聖歌で、その後蟻の街の子供たちの十八番になった。しかし、楽器も何もないところで、怜子が一小節ずつ歌って復唱させても、子供たちは外れっぱなしでついてこれなかったし、中にはふざけたり、逃げ出す子もいて最初は散々だった。そのうち、大きな子供が帰って来て、練習に加わるようになると少しはましなものになったが、怜子はいっそのこと、ピアノのある自宅に連れて行って練習しようと思いついた。

「ねえ、みんな、お姉さんのおうちに来て、ピアノと一緒に歌わない？」

「うわー、すげえ！　お姉さんとこ、ピアノあんの？」

「行こう、行こうぜ」

「みんな虐めるんだもん」「バタヤの子とか、屑屋の子とか言って」

特に歌の好きな守男ちゃんや安子ちゃんなど大喜びでついて来た。蟻の街では野良犬のようにいじけていた子たちも、怜子の家の応接間に入ったとたん、生き生きと、ドタンバタンと大あばれしたり、大声で身の上話や蟻の街の生活を語る子もいた。この変わりようはどこから来たのか。もともと、彼らだって戦争前までは普通の家庭で育った子供たちだった。それが、怜子の家に来て、普通の生活をしていた頃の記憶が急によみがえったのだろう。子供たちは戦争で焼け出され、すべてを失い、生き残った家族に連れられてようやく蟻の街に流れ着いたのだった。

怜子は嬉しそうに飛び跳ねる子供らをピアノの周りに集め、今度は伴奏付きで「グロリア」の練習をした。しばらく練習してから怜子は聞いてみた。

「みんな、ちゃんと学校に行ってる?」首を振る子もいたので聞いてみた。

「行ってないの?」

「だって、みんな虐めるんだもん」すると次々と子供たちは訴え始めた。

「バタヤの子とかクズ屋の子だと言って」

学校に通っているという子も、

「先生だってね、叱る時はバタヤの子だからなと言うんだ!」

「叱るだけじゃないよ。少しできても言われるんだよ。バタヤの子のくせにと!」

「それとね、教室で物がなくなると、すぐ私だと言うのよ」

「せっかくお母ちゃんが買ってくれた新しいクレヨンや鉛筆を持っていくと、それ盗んできたんだろって言うんだもの。いやになっちゃう」

目立つのもいけない、失敗してもいけない、よくできてもいけない。息もつけないほど気兼ねし続けているこの子たちの日常生活がそこにあった。怜子は思わず一人一人を抱きしめてやりたいようないじらしさと怒りを感じて、胸がいっぱいになるのだった。なんとかして、この子たちにもっと楽しい生活をさせてやりたい。怜子はいっそうクリスマスの準備に夢中になった。

お化けの話のクリスマス

クリスマスの準備は順調に進んだ。「グロリア」の聖歌も子供たちは歌えるようになった。そして一二月二四日がやって来た。怜子は妹の肇子を連れて蟻の街に出かけた。

大工が小屋の上に大きな煙突とそこに入ろうとしているサンタクロースの像を作った。また仕切り場の脇に大きな藁小屋を作って、真ん中に生まれたイエスとして本物の赤ちゃんを寝かした。さらにマリア役は小沢夫人が務めた。当日はメディア関係の人たちも取材に来ていた。

五時に鐘を鳴らして儀式は始まった。羊飼いに扮したバタヤたちが籠を背負ってヤギを連れて行進してきた。前科一四犯の岩までもその列に加わっている。ヤギは蟻の街で飼っている本物の家畜だった。藁小屋の両脇には星の冠を付け白い天使服を着た蟻の街の子供たちが並んで「グロリア」の聖歌を合唱した。

仰げや仰げや　　やみに住む人
朝日とのぼりて　メシア来ませり
(くりかえし)
グロリア　インエクシェルシス　デオ（復唱）[33]

まるでクリスマスの野外劇を見る趣だった。すべて怜子の演出によるものだった。今の世の一番貧しいバタヤさんたちが真っ先にクリスマスのお祝いをするという意味を込めた演出だった。ゼノはすっかり感激して、「コレ、ホンモノクリスマスデス。マズシイクリスマスデス」と叫んだ。ところが、肝心の松居がいない。怜子は少しがっかりした。せっかくいいところを見せ、本職の先生にあっと言わせようと思っていたのに、どこに消えてしまわれたのかと怜子はいぶかった。

儀式が終わって、参加者たちは通路に並べてある長い机に向かった。蜜柑、せんべい、スルメなどが山盛りに並べてあった。今からパーティーが始まる。しかしゼノは六時に帰ってしまい、先生はまだ帰ってこなかった。それにその夜、寒風が吹いていたので、怜子は子供たちにお菓子を持たせサンタクロースの屋根の下の小屋に逃げ込んだ。そこで子供たちと思いきり楽しい夜を過ごした。

クリスマスに関連した話をいろいろとし、今から肇子にイエス様誕生の紙芝居をさせようとしている時だった。急に停電で真っ暗になってしまった。その時だった。それまで怜子によそよそしく振舞ってろくに口もきいてくれず、名前も呼んでくれなかった久ちゃんという中学生の男の子が突然「先生！」と言って怜子に取りすがって来たのだ。蟻の街で初めて「先生」と呼ばれた瞬間だった。それにつられてほかの子たちも口々に「先生、怖い」と言ってすがって来た。特に、この久ちゃんにはずっと手を焼いていたので、怜子は深い感動が全身を貫くのを感じた。この一点だけでも、今夜蟻の街でクリスマスをやって本当によかったと怜子はしみじ

初めてのクリスマスで煙突に入るサンタクロースの像

み思うのだった。

久ちゃんの父親は浅草界隈の有名な興行師で劇作家でもあった。家庭も複雑で、一番上の久ちゃんは母親の連れ子で、下の子は父親の連れ子、末の子が二人の間にできた子供だった。どうして蟻の街に来たかというと、借金が莫大なものになり、借金取りから身を隠すためだった。そのためか、父親は今戸あたりまでしか出かけず、屑拾いは主に久ちゃんがやって稼いでいた。稼ぎが少ないと父親から酷く叱られていたが、弟たちも一緒になって久ちゃんを攻め石を投げつけ意地悪をした。久ちゃんが怜子によそよそしく振舞っていたのは、そんな複雑な家庭環境も影響していたのだろう。

しかしその夜、停電の中で彼は怜子を「先生」と呼び、頼ってきたのだった。ほかの小さな子供たちも彼に習って、口々に「先生、怖い」と言ってすがって来た。怜子は幸せいっぱいの気持ちになってとっさに思いついて子供たちに尋ねた。

「じゃ、何かお話をしましょうか。何の話がいい？」

「お化けの話、お化けの話がいい」

そんな声が一斉に上がった。怜子はお化けの話なんかまったくしたこともなく、知らなかったが、いかにも怖そうな話を創作して語り聞かせた。クリスマスの夜の停電時のお化けの話以来、久ちゃんはすっかり怜子になつき、ほかの子供たちともいっそう親しくなることができた。その夜、もし怜子が何か教訓めいた話やむつかしい話をしていたら、子供たちはそれほど怜子に心を開くこともなく絆も生まれなかっただろう。それまで話をしようとしても、紙芝居を見せようとしても、素直についてこなかった子供たちがその夜を境にして一変して怜子に信頼を寄せるようになったのである。子供とは、人間とは不思議なものだと思う。

この夜のクリスマスを子供はもちろんのこと、大人まで喜んでくれた。小沢会長は怜子らが帰る時、「今後もここに来て子供たちの面倒を見てやってほしい」と頼みながら、礼として怜子と肇子の両方の袖に蜜柑をいっぱい入れてくれるのであった。

松居はクリスマスが済んだ頃帰って来て、嬉しそうな子供たちから様子を聞き、「怜子さんもなかなかやるね」と怜子を褒めた。クリスマスなど本当はどうでもいい松居は、この日のことをすっかり忘れていて、仲間との忘年会に興じていたのである。

第三章　通いバタヤ怜子の献身と試練

寒風に身を晒し、見捨てられた人々に心を寄せて

家なき人々への奉仕―ゼノに同伴して

大成功だった蟻の街のクリスマスを終え、怜子は幼い妹肇子と共に高揚感に浸りながら家路についた。停電の中でのお化けの話があれほど子供たちの心を捕らえるとは予想もしてなかった。上から目線でえらそうにむつかしい話などしなくてよかった、その思いに心が満たされていた。あのお化けの話で蟻の街の子供らは怜子が自分たちの世界の大人だったんだと安堵し、あんなにも心を開いてくれたのだろう。怜子はその夜、幸福感に浸りながら眠りについた。こうして昭和二五年一二月二四日夜の降誕祭は過ぎていった。

蟻の街のクリスマスの翌日つまり二五日、この日がご降誕の祝日であったが、ゼノが二つの大きな紙袋を抱えてやって来た。

「オ嬢サン、カワイソウノルンペンイルトコロ、タクサンアルネ。今日ワタシイク。アナタ、一緒ニキマセンカ」

「はい、喜んで」

北原家の裏木戸を出ると道路の向こうが隅田川に沿って細長い隅田公園になっている。対岸の真正面はアサヒビールの建物で、夜はネオンサインが川面を染める。高木商店が面している花川戸の電車通りを隔てたところには空襲で延焼したが、かろうじて外観が残った松屋がある。その松屋の軒下には日が暮れるといつも常連の浮浪者が一〇人ほどやって来て、菰《こも》を被って寝るのだ。またその軒下の前の歩道は夜になると、当時はパンパンと呼ばれていた街娼婦たちが客引きを始めるのでその辺りは有名な場所となっている。これは終戦後の日本では当たり前に見られた光景だった。高木商店から右へ行くと、東武線のガード下があって、そこも深夜になると一〇人以上の浮浪者が空箱を衝立代わりに並べて、その陰で青カン（野宿）を始める。

その日、ゼノはまず、隅田公園の残土の山（戦災の焼け跡の土を捨てて山状になっていた）に怜子を連れて行った。当時の隅田公園は公園とは名ばかりで、そんな残土の山が東武線のガードの上に届くほど積み上げてあった。その山の頂や中腹には、空き箱や古トタン、菰などで組み立てた一坪前後の掘っ立て小屋が何十件と建ち並んでいた。先日、ゼノに案内され雨の夜に見たものだが、今日こうして見ると、その惨めさが如実にわかる。

「コンニチハ、オ母サン、元気デスカ」

「あゝ、元気だよ」

「オジイサン、今日キルモノタクサンモッテキタ。アナタ、ナニホシイデスカ」

「持ってきたもの、ありったけ置いてきなよ」

「家族ナンニンデスカ」

「子供がうんといて、着るものも食べるものも困ってるんだ」

はじめて訪れた怜子にも、その女性がまったくの嘘をついているとすぐわかったが、ゼノは何もかもわかったうえで、嫌な顔一つせずに、欲しいという品を分けてやった。

集まって来た人たちにゼノが聖母マリアの話を始めると、「神も仏もいるもんか」と怒鳴って自分の小屋に帰ってしまった男性がいた。ゼノは顔色も変えずに、彼の小屋に行って何か必死に話しかけていたが、そのうち、男性は「わかりました。あなたのような立派な人が信じる神様なら間違いないです。私も信じたい」と言って泣いた。ゼノはそこの部落の人の年齢や氏名を知りたいと言って質問を始めたが、誰も自分以外の人のことには関心がなく、答えてくれなかった。そこで、改めて夜怜子が行って調査することになった。

その日は、ほかにも言問橋の下の小規模の仮小屋集落や、今戸中学そばの隅田川に臨んだ無縁仏の仮埋葬墓地の上の集落なども訪ね、いったん家に帰って昼食を済ませて、午後は東本願寺の地下にあるルンペン集落に行った。そこは蟻の街の三倍ほどもある大集団で数百人が身を寄せていたが、水も電気もなく、極めて不自由な生活を強いられていた。怜子はゼノに言われて、一軒一軒訪問して各人の希望などを書きとって歩いたが、日本一の繁華街浅草のど真ん中に住んでいながら、そんな生活をしている人々がいることに改めて衝撃を受けた。多くの人の希望は少なくても水道と電気が欲しいということで、怜子は、これらの要望を書きとった陳情書を本願寺や水道局や電機会社に持って行ったが、どこも相手にしてくれなかった。本願寺は地下を浮浪者のために提供しているだけで、運営とは関係なかった。

ゼノはその日のうちに上野公園の墓地部落にも怜子を連れて行く予定だったが、既に暗くなってしまったので、その日の予定を終えることにしてゼノは怜子を家まで送った。代わりにゼノは上野駅の地下道で暮らす人々の悲痛な叫びを書いた手記を怜子に渡した。

怜子はゼノが帰った後、ストーブの燃える応接間で安楽椅子に腰かけながら悲痛な手記の数々に目を通したが、しだいにそうしていることが罪深いことのように感じられ、いても立ってもいられなくなり、ゼノから言い付けられた名簿をその夜のうちに作ってしまおうと決意し、暗闇の中、あの残土の山の集落に向かったのである。既に、怖いなどという感情は消えていた。

暗い残土の山は不気味に静まりかえっていた。怜子はあの例の欲張りおばさんの紹介で一番話の分かるという人の小屋を訪ねることにした。それは残土の山を越えた向こうの谷間のようなところにあった。そこに向かう時、怜子は人々の冷ややかな視線を背中に感じ身が縮むような思いがした。「お嬢さん、こんな夜にこんなところに何しに来たのさ」と言うような眼差しを一身に受けていたのだ。

その小屋にたどり着くと、知識人らしい男性と品のいい若い奥さんが怜子を快く迎え入れてくれた。三人の子供もいて、一家は夕食の最中だった。

「もしやあなたは高木商店のお嬢さんでは?」とその奥さんは聞いた。どうして自分のことを知っているのかと怜子が尋ねると、

「この小屋はお宅のお母様のお情けで建てさせてもらったものです」と言う。事情を聞けば、一家は戦災ですべてを失い、一家心中しようとして最後に想い出のボートに乗った。何も知らない子供らは大喜びではしゃぎまわっていた。その無邪気な子供の姿を見ると、このまま死ぬ気にもなれず、隅田公園に沿って建つ仮小屋集落群を見つめたという。

「お父さん、ああやって立派に生き抜いている人たちがいるではありませんか。私たちだって死んだ気になれば何とか立ち直ることができるでしょう」と奥さんはご主人を説得して、なんとか一家心中を思い留まってもらったのだという。ちょうどその頃は、高木商店の隣の空き地に北原家が家を新築していた時で、材木の余分なものがどっさりあった。それで、一家心中を思い留まったこの家族は怜子の母から余分な材木を貰い受け、この残土の谷間に今の小屋を建てたのだという。怜子は知らなかったが母娯がそんなことをしていたのを知って嬉しかった。そこの主人は、その夜怜子の調査に熱心に協力してくれ、怜子はどこよりも詳しい名簿を作成することができたのである。

翌朝もゼノは大きな紙袋を二個抱えてやって来て、今度は怜子を病院の慰問に連れて行った。その日は立川の奥の国立大和病院を訪問した。そこにはゼノから衣類を貰って助けられたというその男性が入院し

ている。ゼノは立川駅で見舞い用のパンや果物をたくさん買ってから病院に行った。病院でその男性はゼノの顔を見ると泣きじゃくった。感謝で言葉が出ないのである。そこにはほかにもゼノに助けられた人が多数いて、「あの神父様に大阪で助けてもらった」とか「長崎で助けられた」と口々にゼノへの感謝を口にした。そのたびに怜子はゼノの活動範囲の広さを知って驚嘆するのであった。

多忙な日々…三つの集落かけ持ちから蟻の街専属へ

それ以後、怜子はゼノに負けまいと今度は単独で仮小屋集落を訪問し、病院への慰問活動も頻繁に続けた。時は昭和二六年、怜子は二一歳になっていた。

クリスマスの夜の小沢会長からの要請で蟻の街に通い続けてはいたが、ほかにも、今戸や本願寺の集落も往復して子供たちの世話に精を出していた。加えて、空いた時間には立川の病院の慰問も怠らなかったのでそうとうな多忙さであった。蟻の街から今戸までは大した距離じゃないが、今戸から浅草本願寺に向かう時には疲労を感じた。そんな時、大通りを歩いていく浮かれた様子の若い人たちに軽蔑したいような思いが沸き上がった。世の中には家も食べ物もなく見棄てられた人たちがかなりいる。なのに、この人たちは何を考えているのだろうか。怜子は怒りの感情を押さえられなかった。

各集落かけ持ちと言っても、怜子は蟻の街の子供たちの世話がしだいにメインになっていく。あのクリスマスの夜以来、みんなとすっかり仲良しになったし、小沢会長からも頼まれている。午前中は蟻の街に行って小さな子供の世話をし、午後は大きな子供たちが怜子の家にやって来て、勉強を見てもらったり、歌を歌ったり遊んだりするようになった。子供たちの学力は酷く遅れていた。二年生でもひらがなが書けなかった子もいたし、五年生、六年生になっても、引き算や掛け算、割り算ができない子もいた。みんな漢字が読めず、カナをふってようやく読める子がほとんどだった。怜子は必死になって教えた。

特筆すべきは、こうして蟻の街の子供たちが頻繁に北原家に出入りするようになっても、家族は誰も嫌な顔一つせず子供たちを受け入れていた。ノミやシラミだらけの子供たちであったが、そんな虫が大嫌いな母娭もシラミを見つけた時は大騒ぎしたが、それでも常にやさしい笑顔で子供たちを受け入れた。これはなかなかできることではない。

しかし外の世界はそうではなかった。クリスマス以来、蟻の街の子が頻繁に怜子の家にやって来るようになると、しだいに近所の人たちから苦情が出るようになった。店の店員たちは近所の苦情を聞いていて怜子に伝えていた。

「お嬢さん、こんな話を聞きましたよ。困ったもんだ。あそこの娘さんの物好きにも程がある。何かが盗まれたらどうしてくれるんだ、とね」

「いいえ、あの子たちに限ってそんな悪いことは絶対しないわ」と怜子はそのたびに打ち消すのに必死になった。怜子は確信していた。もしも怜子が少しでも子供を疑いの目で見たら、何もかも不成功に終わっていたに違いないと。怜子は友人への手紙に書いている。「私が、あの子たちは悪いことを絶対しないと信じていただけで、『蟻の街』の子供たちは心から私になついてくれたのでした」(34)

怜子は多忙な日々を過ごしながらも、毎土曜日マドレ・アンヘレスとの例会には出席していた。蟻の街のクリスマスが終わってすぐの土曜には、会長から頼まれて蟻の街の子供の世話を続けながら、今戸や東本願寺の浮浪者集落にも行ってることをアンヘレスに告げた。おそらくその話を聞いて、アンヘレスや修道院の方で考えたのだろう。新春早々の土曜日にメルセスから呼び出しがあって、怜子が行ってみると、これら三集落に派遣される責任者の分担の打ち合わせ会が終わった後だった。それで、各集落には二人ずつ教員が送られることが決まり、さらに春からはこの三つの集落に毎日曜日、光塩の生徒が五人ずつ派遣されることも決まったと聞かされた。

怜子は三つも自分一人で抱えることは無理だとわかっていたので、分担には納得したが、怜子の担当が蟻の街になったことには少し不満が残ったという。意外とも思われるが、怜子は友人への手紙で、蟻の街は一番雰囲気の悪い、一番気の進まない集落だったと吐露している。だから、せめて担当を決める時には自分の意見も聞いてほしかったと残念がった。クリスマスの準備にあれほど喜んで通い、クリスマス会を見ごとに成功させ、子供たちともすっかり仲良しになったのに、いったい何が起こったのだろう。

これは推測にすぎないが、怜子が蟻の街に出入りすることに、会長は喜んでいたが、集落の住民たちは必ずしもそうではなかったと思われる。それどころか、そうとう冷ややかな目で彼女を見つめていたものと推測される。

「お金持ちのお嬢さんらしいわ。あんなにきれいな着物を着てここに何しに来るのかしら」

「聞くところによると大学教授の令嬢らしい。俺たちとは全く住む世界の違う人だね」

「所詮、お金持ちのお嬢さんの道楽だから、そのうち、飽きて来なくなるんじゃないの」

こうした声が怜子の耳に直接聞こえてこなくても、その眼差しや態度に現れていたことは十分窺える。しかも、松居先生はキリスト教嫌いで有名で、とりわけクリスチャンの女などはなから信用していなかった。怜子にクリスマスを手伝わせたのは、ゼノとセットで、焼き払いを逃れるための宣伝用に利用するためだけだった。怜子が蟻の街を三集落の中で一番雰囲気が悪く一番気乗りがしなかったと友人に吐露したのは、こうした理由によるものだったかもしれない。

しかし、怜子はアンヘレスらが決めた決定には喜んで従うつもりだった。将来メルセス会に入って修道女になることを希望する者として、たとえそれが自分の意志に反する命令であっても、不服がましいことを述べるべきではない。それが神の意志であれば喜んで従うべきだと自分に言い聞かせた。この神の意志への従順さはその後怜子の中で数々の試練を経てより強固なものになっていくのであった。それにつれて、蟻の街は単なる屑屋の街から奇跡の街へと変貌していく。

復活祭の招きに応えて：久ちゃんと子供たちの猛練習

久ちゃんは当時最も年長の子供だった。クリスマスのあの夜までは怜子にほとんど口もきかず、無視を通していたが、あの夜の停電の時、怜子がお化けの話をして以来、怜子を「先生」と呼び心を開いてくれるようになった。それと共に、両親への不満や弟たちへの複雑な感情を打ち明けてくれるようにもなった。しかし、蟻の街の子供たちの輪の中にはなかなか入ろうとはしなかった。怜子が「あなたも来て、一緒に遊ばない？」と誘っても「そんな子供っぽい遊びなんか」と言って拒否し続けていた。

ある日、怜子が「久ちゃん、じゃ何が好きなの？」と問うと、「空手か柔道だな」という答えだった。怜子は女の自分を見くびって言ってるなと思ったので、「柔道なら私も好きよ。習ったことあるわ」と言って、戦時中に覚えた逆手の使い方を思い出し、久ちゃんを投げ飛ばしてみせた。彼は「うわー、先生、強いんだな」と舌を巻いた。

その後、彼は本気になって仕返しを考えたようだ。普段は来ない夜の勉強組の中に入って怜子の家にやって来た。やって来るなり、勉強ではなく、柔道の勝負をしようと怜子を誘った。ちょっと油断して彼との勝負を受けてしまった怜子を、今度は本気になって投げ飛ばした。子供とは言え、体の大きな男子中学生にか弱い女性が勝てるわけがない。怜子は思いきり投げ飛ばされて腰を強く打ってしまった。それからしばらく怜子は起き上がれなかった。

心配した久ちゃんはそれ以来毎日、仕事の帰りに台所口までやって来て、「先生、具合はどうですか」と気遣ってくれたという。そんな彼がいじらしく、怜子はある日二階の自室に呼び、相談ごとを持ちかけた。

「もうだいぶよくなったので心配はいらないわ。それはそうと、ご相談があるの。今度復活祭にメルセス修道院が私たちを招待してくださるのよ。ただ、お呼ばれされるだけじゃ悪いので、久ちゃん、みんなで何かしない？」

「僕たち芝居をやらない？　芝居だったら、お手のもの。父は興行師だし、僕も芝居を作って実演して見せたことがあるんだ」

「それはいいわね。久ちゃん手伝ってよ」

「うん、僕、台本書いてくるよ」

久ちゃんはそれから二日ほどで台本を書きあげて持ってきた。子供たちが蝶々になって、一人が天使になる。ある日、その天使が空から舞い降りてきて蝶々に春の訪れを告げる。みんな喜んで天使と一緒に踊り回るというお話だった。それは久ちゃん自身が家族から虐待されて憂鬱な日々を過ごしていたのに、最近人生に明るい希望を見出すようになった喜びと感謝の気持ちを蝶に託して描いたものでもあった。

台本ができると、蟻の街の子供たちは毎日怜子の家で練習を重ねるようになった。この時も、家族はみんな喜んで子供らを迎え、うるさく音を立てて動きまわる子供らに嫌な顔一つもしなかった。こんな家族だから、子供らも本来の子供らしさに戻って伸び伸びと立ち振る舞えたのである。

復活祭まであと一週間、蟻の街専従となった怜子は、ほかの集落の子供らと張り合う気持ちが強くなったという。とにかく修道院で蟻の街の子供たちのすごいところを見せて喜んでもらいたいと、子供以上に張り切って準備を進めるのであった。それは、とりもなおさず、より条件のいい今戸や東本願寺に回された人たちに負けてたまるかという高慢さのなせる業でもあったと怜子は手紙で白状している。(35)

暗雲立ち込めた復活祭――最初の試練

「蟻の街の子供たちは立派だとあの人たちに見せたいわ」

とにかく怜子は蟻の街専従となったことには不満だった。しかしそれが神のご意志であれば、喜んで受け入れようと決心していた。蟻の街には怜子以外にも、光塩からS先生が派遣されることになったが、このS先生については松居の本にも、ほかの著者による本にもどこにも出てこない。さらに毎日曜日には光塩の生徒五名も派遣されることになったので、日曜日はこうしたボランティア生徒の働きも各集落で見られたに違いないが、この件もどの本にも触れられていない。

こうしてみると、蟻の街一つとっても、当時から既にいろいろな人たちがボランティアとして入っていた事実がわかる。怜子はおそらく、そのS先生にも相談することがあっただろうし、妹肇子の通う光塩の生徒の姿が日曜日ごとにみられるのも、怜子にとってはどこか心強く思われたに違いない。妹肇子に関して言えば、私はご本人から当時の思い出話を直接聞いたのだが、怜子と共に頻繁に蟻の街に出入し、同年代の子供たちとよく遊んだということだ。

当時は、まだ第二バチカン公会議が始まる前の時代で、カトリック教会も「出かけて行って、貧しい人々に奉仕しなさい」という公会議の精神がそれほど流布していたわけではない。しかし、「必要あれば、他人のために命を捨てる愛」を会の精神に持つメルセス会は、怜子を導くマドレ・アンヘレスの意向もあって、かなり早期から出かけて行って困窮者に奉仕する活動を行っていた。当時は活動修道会であっても、施設に籠って、来る人に奉仕をしていた時代だったので、このようなアンヘレスの姿勢と眼差しは時代の先を見据えたものだったと言わざるを得ない。

さて、昭和二六年の復活祭が迫っていた。西洋の修道院は教会の大きな祝日に貧しい人々を修道院に招き、ご馳走してもてなす習慣があったので、メルセス会もそれに習い、その年の復活祭には怜子らが奉仕する三つの仮小屋集落の子供たちを招くことにしていた。そのために、蟻の街の子供たちは久ちゃんを中心に余興で芝居をやろうと連日怜子宅で猛練習を重ねていた。怜子も熱心に指導した。と言うのも、怜子には意地があったからである。望んではいなかった蟻の街の専従となったことで、条件のいいほかの二つの部落に回された人たちに絶対負けるわけにはいかないという意地であった。ジェラシーも手伝って、蟻の街の子供たちを、ほかの集落の子供たちよりもとにかく立派に見せようと欲望が膨らんでいくのを押さえることができなかった。当時の怜子は既に熱心なクリスチャンだったが、こんなにも卑俗で平凡な心性の持ち主でもあったのだ。

そして、いよいよ復活祭の日がやってきた。怜子は浅草在住ということもあって、当日は蟻の街だけではなく、今戸と東本願寺も併せて三つの集落の子供たちの引率をして光塩女子学院へと向かった。

「北原さん、蟻の街の子供たちに気を付けていてください」

復活祭の当日、怜子は三部落の計六〇人の子供を引率して高円寺駅に着いた。高円寺駅には光塩女子学院の生徒が三人迎えに来ていて、怜子らを学校まで道案内した。光塩女子学院に到着すると、修道女らがにこやかに子供らを出迎えた。蟻の街のもう一人の担当のS先生はじめ、各部落担当の先生方も子供たちを出迎え、食事の準備ができるまで運動場で一緒に遊んだ。

準備ができて子供や担当者が地下室の大広間に入って行くと、コの字型に並べられたテーブルの上には、おいしそうな食べ物が並べられていた。お寿司、ドーナツ、ゆで卵、お菓子などで、卵には復活祭の卵としてきれいな色が塗られていた。子供たちは決められた席に着くと歓声を上げた。お手伝いの生徒たちが二〇人ほどいて、忙しそうに調理室と大広間を行き来していた。こうした催しものの時、生徒たちに手伝わせるのも光塩の教育の一環なのだ。怜子は、子供らの嬉しそうな顔を見て、嬉しさで胸がいっぱいになった。「そう、今日はたくさん食べてね、思いっきり楽しんでね！」と怜子は心の中で叫んだ。

その時だった。一人の外人神父が入って来た。怜子はその人を知っていた。少し前から怜子の紹介で蟻の街に出入し、毎週、蟻の街の大人たちにキリスト教の話をするようになっていた。小沢会長はいつもお菓子をどっさり買って準備した。それで、お菓子欲しさに来る人たちも多かった。松居も会長が乗り気なので、しぶしぶその会に出席していた。その神父がどういうわけか、今この宴席に入って来たのだ。神父は怜子を手招きして呼ぶと尋ねた。

「北原さん、蟻の街の子供たちはどこに座っていますか」怜子は得意そうに、

「はい、神父様、あの右側の隅の方に並んでいます。みんなおりこうさんでしょ」と怜子は、誇らしげに答えた。今日のために一生懸命準備してきたのだ。ところが、神父は意外な言葉を口にした。

「あの子たち、大丈夫ですかねえ?」

「え? それ何ですか」

「あなた、知らないのですか。蟻の街の人、泥棒だということを」

「泥棒?……」怜子は意外なことばに次のことばが出てこなかった。

「あなた、新聞、読みませんでしたか。蟻の街の大窃盗団のこと! 英字新聞にも載りましたよ」

一連の事件は東京新聞を除く各紙が報じていたが、怜子は毎日多忙で、実際新聞など読む暇もなかったのだ。

「だから、私が言いたいのは、あの子たちがここでもあちこち歩かないようによく注意していてほしいということです」

怜子は蟻の街の子に限ってそんなことは絶対しないと信じ切っていたが、あまりのことばに衝撃を受け、うつむき沈黙したままだった。体が何か底知れぬ闇の中に引きずり込まれて行くように凍てりついてしまったのだ。

その時、院長始め二〇人ほどの修道女がにこやかに広間に入って来たので、神父は急に小声になって「とにかく、蟻の街のことをよく調べて、私に報告してください。もし、蟻の街が望むなら私が行って警察によく話してあげますから」と言ってその広間から出て行った。入室してきた修道女たちは子供たちの方に行き、言葉をかけ、子供の頭をなで、笑顔を振りまいていたが、怜子は席に戻ったものの、凍てりついた表情で打ちのめされていた。しかし、心の中では、「この子たちに限って、物を盗むなんて絶対ないわ、あるはずがないわ」と繰り返していた。

その日、蟻の街の子供たちは怜子の表情の変化から何かが起こったと悟ったのか、あれほど猛練習してきた子供劇をやらずに終わった。怜子は三つのグループに同伴してきた関係上、途中で帰るわけにはいかず、悲しく苦い思いをこらえて最後まで祝宴の席にいて、子供たちをそれぞれの集落に送り返し責任を果たしてから、最後に事情を聞こうと蟻の街の松居を訪ねることにした。

ところが、蟻の街の内部はハーモニカの穴のように小さな小屋が並んでいて、どこが松居の小屋かわからない。夕食中の安子ちゃんに聞くと連れて行ってくれたが、部屋の電灯はついてるものの松居は留守だった。しかし電灯がついていたので今夜帰宅するに違いないと思って、怜子は小屋の前でしばらく待つことにした。とにかく、いったい何が起こったのか聞かないわけにはいかないと思ったのだ。あれほど今日の祝宴を楽しみにして、蟻の街の子供のいいところを見せようと頑張ったのに、真逆の結果になるなんて誰が想像できただろうか。運命の暗転に、怜子の脳裏は現実を受け止められずに空回りするばかりだった。神様、これって何でしょう。怜子は神に問いかけたが沈黙しか返ってこなかった。しかし松居は待っても帰ってこなかった。そのうち寒気が襲ってきて周辺が揺れるように感じた。額に手を当ててみると火のように熱い。もう帰るしかない。怜子はふらつく足を踏みしめて、何とか自宅にたどり着いた。

自宅にたどり着いて熱を測ってみると三九度もあった。その夜母娭は徹夜で看病したが、翌日も解熱せず、怜子は寝こんでしまった。数日たっても、怜子から報告のなかったその若い外人神父は怜子宅を訪ねてきたが、高熱で寝込んでいたので、そのまま蟻の街に出向き松居に会って大激論を交わしたらしい。

「英字新聞の書いていることは信用するのに、我々のことばは信用できないのか」などと言われて、すっかり腹を立てた神父はその帰路、怜子宅によって怒りと不信をぶちまけた。

「蟻の街駄目です。話わかりません。松居先生まで、泥棒大好きです。私、もう蟻の街には行きません」と言い捨てて出て行った。事態の急展開と深刻さに、怜子は眠れぬ夜を過ごした。そして翌日、母親が大反対するにもかかわらず、三八・五度の高熱を押して蟻の街に飛んでいったのである。

「金持ちのお嬢さんが暇つぶしにやって来ても」

高熱を押して怜子は蟻の街に行った。早朝だったが松居はいた。これまで蟻の街の先生とまともに話したことはなかったし、メルセスの外人神父からは、「松居さんは蟻の街で会員に精神的指導をしてるらしいから、あの方を信者にするためもっと彼と接触するようにしなさい」とも言われていたので、体調は悪いが、これがよい機会かもしれないと怜子は思った。

「こんなに散らかっていますが、よかったらお上がりください」

松居のそのことばで入ろうとすると、潰れた屋根の下に作った部屋なので、入り口は低く身をかがめないと入れなかった。ウナギの寝床のように細長い部屋で一番奥に松居の机代わりの蜜柑箱が置いてあった。床は薄い板敷きでそこに拾ってきたむしろが敷いてあり、歩くとミシミシと音がした。壁は板壁にこれも拾ってきたハトロン紙が貼ってあった。松居は徹夜で何か書いていたらしく、目は赤く血走っていて、周辺は書き崩した原稿用紙が散らかっていた。

「僕はカトリックが大嫌いだから、これであなた方と縁が切れても別に構いませんがね。ただ、蟻の街の人たちが、宗教家と言うのはこんなに不人情で、ちょっとでも悪い評判が立つとすぐ見捨てて逃げ出す偽善者だと軽蔑の念を持つことを心配しています」

「それは何かの誤解ではないでしょうか。神父様は蟻の街のことを心から心配していらっしゃるのですから」

「心配ですって？　蟻の街に何も事件がなければ心配なんて無用ですよ」

「でも突然、新聞に蟻の街の大窃盗団と書き立てられて！」

「あれは、反対派のボスたちが仕組んだお芝居で、根も葉もないことだと説明したんで、もう何も心配は無用と言ったんですがね」

「でも英字新聞にまで出て……」

「カトリックの神父さんは英字新聞は信用するが、貧しいバタヤのことばは信じられないということらしいですね」

「でも、神父様はそういう事実があれば、助けて差し上げたいと」

「罪人を助けることなら弁護士に頼めばいいんです。僕はあなた方にそんな仕事をお願いしてるんじゃない。ここの人たちを心から信じてやってほしいんだ。今度のように、頭から軽蔑した高慢な態度をとられては、せっかくのお説教がみな嘘になってしまう」

「警察に行ったかもしれない人を助けたいと思うことが、なぜ高慢なのでしょう」

「助けるということは一段高いところにいる者が、下にいる者に手を貸すことでしょう。なぜ一緒になって苦しまないのです。助けるとか、助けてやったとか思うことほど高慢な話はないですよ」

「貧乏な人にものを施すということも高慢になりましょうか」

「金持ちのお嬢さんが暇つぶしにお小遣いのあまりを貧乏人に恵んで歩いたって、この世の中はよくなりませんよ。本当に心から気の毒だと思う気持ちがあるのだったら、いっしょに裸になって苦労しないではおれないはずじゃありませんか」

怜子はこの三か月間、得意になってやって来た仕事がみんな自分の高慢心を満足させるための遊びにすぎないという批判には一言も反論できなかった。

「すみませんでした。すべては、私がいたらなかったのでございます」怜子はこれだけ口にするのが精いっぱいだった。高熱の体に襲ってくる激しい眩暈《めまい》をじっとこらえながら松居の小屋を辞しようとすると、

「蟻の街に教会を建てる計画のあることはあなたもご存知でしょう。しかし、その教会の上に十字架を建てるかどうかはこれからの問題です。あなたがそのことを本当に望むなら、どうしたらできるか。その答えはコリント後書第八章の九節にあります」と松居は強調した。

しかし怜子はその時は、そんな問題よりも、自分に向けられた厳しい批判やことばにすっかり頭が混乱して、半ば呆然としながら家にたどり着いた。家に着くと熱は四〇度以上に達していて、倒れるように横になった。それから約一か月間、怜子は生死の間をさまよったのである。

「主は豊かであったのに貧しくなり」：怜子のバタヤ宣言

高熱の病床で

怜子にとって、悪夢のような時が過ぎていった。自分の力で蟻の街の子供たちを立派に見せたいという怜子の野望は思いがけない外人神父の疑いで奈落の底に落ちてしまった。それどころか、松居と激論を交わした神父は蟻の街を去って行ったし、松居は高熱を押して駆け付けた怜子にも怒りに満ちた厳しいことばを投げかけた。怜子はうなだれ謝罪するしかなかったが、高熱でふらつきながらやっと花川戸の自宅に戻ると、そのまま倒れて寝込んでしまった。

医師が呼ばれたが絶対安静を命じられた。母媖は「あの時、やっぱり止めるべきだったわ」と悔やんだ。「いったい松居先生との間に何があったのだろう」と両親は不審に思い、あまりにも奉仕精神に富んだ娘の行く末を心配するのであった。

怜子の高熱は続いた。朝方下がると、また午後上がるという繰り返しだった。怜子は熱にうなされながら、眼前に走馬灯のようにいろいろな場面が浮かんでは消えていくのを見ていた。初めて蟻の街を訪ねた時に見た板塀で囲まれたあの黒々とした異世界、蟻の街の子供たちの悲しみと笑顔、隅田公園の仮小屋集落を訪ね歩いた時に見た絶望と怒りの眼差し、駅や道端で寝起きする浮浪者たちの惨めな光景、また時折、やさしさを振りまくゼノの天使的な姿も浮かんでは消えていった。そんな光景に交じって、「蟻の街の人、みんな泥棒です」という外人神父の尖ったことばも耳の奥底から響いてきた。

怜子は熱にうなされ、身体が暗黒の地底に引きずり込まれて行くのを感じたが、必死になってゼノに教えてもらった聖母マリアへの祈りを繰り返した。長崎の聖母の騎士修道院の修道士であるゼノは、その師であるコルベ神父に習って熱烈なマリア信心の持ち主であって、常にロザリオの祈りを口ずさんでいたが、怜子もいつしかそれを模倣するようになっていた。

ゼノの導きでカトリック信者の信心会である「けがれなき聖母の騎士会」(36)のメンバーとなった怜子はロザリオの祈りを大事にして、常にロザリオを帯に挟んでいた。後にあの「二五〇〇万円」達成の祈りもこのロザリオを通して祈られた悲願であった。怜子の霊性を語る時、聖母への特別な信心は特筆されなければならない点だろう。

回復した怜子の省察：「あれは天主様からのお叱りだった」

時は昭和二六年（一九五一年）四月末だった。ようやく熱も落ち着き、医師から散歩の許可が出ると、怜子は寝巻の上に羽織を羽織っただけの姿で聖書を一冊持って裏木戸からそっと外に出てみた。陽光がまぶしく感じられた。さわやかな晩春の風が吹く中を、怜子は隅田川沿いに細長く続く隅田公園の道を歩いて行き、とあるところのゴミ箱の横の石段に腰を下ろして隅田川を眺めていた。

するとー人のバタ籠を背負った高齢男性がゴミ箱の蓋を開けて閉めると、バタ籠を下ろして、今ゴミ箱から拾い出した誰かの食べかけのパンをおいしそうに食べ始めた。そんな光景を目にすると、これまでの怜子なら気持ちが悪くなってすぐに逃げ出しただろうが、その日の怜子は何となく親しみさえ感じて彼の顔をじっと見つめていた。すると、食べ終わったその人は拾ってきたたばこの吸い殻を袋から出すと、今度は紫煙を吐き始めた。吸い終わると再びバタ籠を背負って、ゴミ箱探索をしながら遠ざかって行った。

怜子はそれまでなら、そうした人を気の毒に思い親しみなど感じたことはなかったのだが、その日は親しみを感じてしまったのだ。自分でもなぜかわからなかった。十分休息をとって身体がよくなってきた心地よさと、晴れ渡った四月末の空気のさわやかさに触発されたのかもしれない。とにかく、その時、怜子は世界中の人たちと手を取り合って踊り出したいような気分になってしまったのだ。

それから蟻の街の子供たちはどうしているかなと一人一人の顔を思い浮かべているうちに、復活祭の出来事や松居から言われた激しい言葉が再び脳裏に迫って来た。そのとたん、怜子は「コリント後書八章九節を読みなさい」と松居に言われた言葉が、たった今言われた言葉のように感じられ、持参した聖書を思わず開いた。


「主は豊かであったのに、あなた方のために貧しくなられた。それは、主の貧しさによって、あなた方が豊かになるためだったのです」（コリント後書8の9）

怜子はハッとして立ち上がった。

「天主様（当時の日本のカトリック教会では、「神」という語の代わりに「天主」という語を用いていた。[37]したがって、本書で怜子関連の個所では「天主」という語を用いることにする）さえ、人間を救うために、幼子イエズス様を貧しい大工の息子として生まれさせ、十字架の上で殺させになっているのに、自分のような卑しい者が蟻の街の子供に勉強を教えてあげるぐらいのことだけで、もう立派なカトリック信者の務めを果たしているような気になっていたのでした。天主様は、私のその高慢な心をお叱りになるために、まず今戸と本願寺から私を締め出されました。それでもまだ気づかないので、最後には蟻の街にも行けないようにしておしまいになった。いかに身を粉にして働いても、自分の高慢心をそのままにしておいて、貧乏人を助けることなんかできるはずがありません。蟻の街の子を助けるには、私自身も蟻の街の娘になりきるよりほかに道はありません」[38]

そう思っていると、「先生」と呼ぶ声がした。久ちゃんがバタ車を引いてやってきたのだ。

「僕、もう先生に会えないかと思った」

「あらどうして、先生が死ぬと思ったの」

「いや、僕の家、お父さんの借金の問題が解決して今晩か明日、蟻の街を出て、元の家に戻ることになったんだ」

「あら、よかったわね」

「でも、もう北原先生に会えないと思うと寂しいなあ」と久ちゃんは複雑な気持ちを吐露した。

怜子は、はなむけに久ちゃんのバタ車を高木商店から出る廃品でいっぱいにしようと、花川戸の家に久ちゃんを連れて行った。

怜子は戻ると母娯や姉の和子に事情を話し、商店から出る梱包用の縄や菰など古いものをいっぱいバタ車に積み上げた。量があまりに多かったので彼の力だけで車を動かすことが困難になり、そこで怜子が押して行くことにし、その時下校してきた守男や安子も加わって三人でバタ車を押して蟻の街に向かった。

怜子のバタヤ宣言

久ちゃんのバタ車は怜子らの後押しによってグロリアを歌いながら蟻の街に入って行った。「あらまあ、北原先生が車を押しなさってる」と母親たちが叫んだ。怜子は久ちゃんと一緒に荷物を下ろして仕分けを始めた。

「おやおや、北原先生じゃありませんか。もう来られないかと思っていました」と松居は驚いてみせた。怜子は寝巻姿だったので見られるのが少し恥ずかしかったが、努めて平静を装い、軽く会釈すると、バタ車から廃品を下ろし続けた。

「コリント後書を読んでくれましたか」と松居は続けた。

「ええ、読みました」

「それはありがとうございました」すると小沢会長もやって来て、

「あれ、下駄屋のお嬢さんではありませんか」となぜか、ほっとした表情で聞くのだった。

「いいえ、もう下駄屋のお嬢さんではありません。ここの娘にしていただければ嬉しゅうございます」と怜子は思い切って訴えた。

「え、あんたがここの娘に！」会長は信じられないという顔つきで、仕分け作業を続ける怜子を見つめていた。


それから数日後、怜子は自宅の庭で蟻の街で借りてきた一台のリヤカーに油をさしていた。

「怜子、これからどうするんだ。ずっと蟻の街とやらに行くのかね。怜子は教師にはならんのかね」と父金司は心配そうに聞いた。

「お父さんはがっかりなさるかもしれませんが、怜子はもう決めたんです」

「決めた？それ、何だね」

「この車よ。怜子はバタヤになろうと思うの」

「また何で、バタヤに」

その時、怜子は自分の洗礼名であるハンガリーの聖女エリザベトの生き方を説明した。ハンガリー王の娘でチューリンゲン方伯と結婚したエリザベトは夫の亡き後、貧民窟に身を寄せ、病院を建てて貧しいハンセン病患者などの世話をしながら若くして亡くなった人だが、そんな生き方に惹かれるのだと怜子は父親に説明した。金司は自分もそうだったように、子供の自主的な生き方を尊重していたので、怜子の選んだ道にあえて反対しなかったが、親としては、身体も弱いことだし、もっと普通の平凡な生き方を選んでくれたらどんなにいいものかと思っていた。

「マリア様！」

健康を回復した怜子は再び蟻の街に通い始めていた。これまでと違うのは、単に子供の勉強を見るとか、小さな子たちの世話をやくだけではなく、子供たちと屑拾いを始めたことだった。ただ、バタヤ宣言した怜子だったが、最初に道端に落ちている縄屑を拾う時には勇気がいった。まず周囲を見回し、人がいないのを確認してからでないと拾えなかった。また拾っても、バタ籠に入れるのではなく、まず自分の着物の袖にさっと入れた。さらに、花川戸あたりでは知り合いも多くいて神経を使った。大きな縄屑を拾った時、袖口に入らなかったので、どうしようかと戸惑っていると、近所の奥さんが歩いて来て、

「あら、お嬢さんまでが屑拾い？」と驚いてみせた。怜子はその瞬間耳が赤くなるような恥ずかしさを覚えたが、帯のところに挟んであるロザリオの玉に触れながら、心の中で

「マリア様！」と叫んだ。すると、どうだろう。不思議なことに恥辱感がさっと消えて、以後、屑を拾う時、いかなる恥辱も感じなくなったという。それと共に、怜子は拾ったものを袖に入れるのをやめ、久ちゃんから譲り受けたバタ籠を堂々と背負って屑拾いをするようになったし、時々リヤカーを引いて知人の多い花川戸周辺も歩けるようになっていった。

そうなると、世間の蔑みの眼も感じるようになった。同じ自分なのに、バタ籠を背負ったり、リヤカー

を引いて歩くと、人々は自分に軽蔑の眼を向けてきた。世間はこんなにもバタヤを卑しんでいるのね。ならば、この蔑みの眼を生涯受けて暮らさなければならない人々の心情はどんなものだろう。怜子は自分でやってみるまではわからなかった。蟻の街やほかの仮小屋集落の人々が、ちょっとした世間のことばや態度に非常に敏感になるわけが今初めて分かった。「何不自由ない金持ちのお嬢さんが暇に任せて」という刺すようなことばも、その人たちの身になってみれば、むしろ当然な気持ちから出たものだと怜子には納得できるのだった。

「主は豊かであったのに、あなた方のために貧しくなられた。……あなた方が豊かになるために」バタ籠を背負いながら蔑みの眼差しを感じる時、怜子はこの聖句を心の中で繰り返してみるのだった。

蟻の街に十字架建つ

六坪の二階建て家屋のいきさつ

昭和二六年（一九五一年）五月一三日、その日は聖霊降臨の大祝日だった。初夏の太陽がまぶしく輝いていた。守男がやって来て、「北原先生、松居先生が大至急来てくださいと言ってますよ」と伝えに来た。「何だろう」と、浅草教会のミサから帰って来たばかりの怜子は妹肇子を連れて蟻の街に出かけると、棟上げが終わった二階建ての屋根に大きな十字架が建っていた。まさかそこに十字架が建つとは！　怜子は感動してそれを見つめた。

この二階建て家屋を小沢は始めから教会にするつもりはなかった。久ちゃんの父親が借金問題にけりがついたとして蟻の街を出て行く時、今まで匿ってもらった礼にと興行師の彼は芸人たちを蟻の街に呼んで演芸を披露させることにしたのだが、その時、小沢は材木で即席の舞台を作らせて、廃品感謝の「あくた祭り」も兼ねて演芸会を大々的に催したのだった。演芸会が終わったその夜、久ちゃんの一家は蟻の街を去っていったが、その舞台で使った材木がいっぱい残ったので、小沢は、松居の母親に住んでもらおうと二階建ての家を新築することにした。松居はあの時弁護士事務所で小沢と出会わなかったら、箱根仙石原に母親と移住したであろう。しかし運命が松居と母親を引き離し、母親だけが仙石原に引っ越すことになった。二階建て家屋新築計画はそれを申しわけなく思った小沢の配慮からであった。

ところが、松居はその親切を拒絶した。集団生活を指導する者は家族と一緒に住んではならぬという彼独自の哲学を持っていたからである。そこで、松居は「どうせ材木が余ったのなら、二階建て家屋をそのまま新築し、そこを教会にしたらどうですか」と提案し、小沢も「新聞に載ってしまったことでもあるので、それも一案だな」と賛成して、急遽目的を変えて蟻の街に二階建て家屋が新築されることになったのである。

六尺の十字架建つ

昭和二六年五月一二日、棟上げが始まると、公園課の役人が飛んで来て、新しい建物を造るのはまかりならんと警告した。そこで威力を発揮したのが、以前ゼノが持ってきて会長が保管していた一通の公文書だった。「蟻の街に教会」の記事が出た時、ゼノは都に呼ばれて「あそこに教会など建てては駄目だ」と釘を刺されていた。その時、どうせ間もなく焼き討ちするから関係ないと考えたのか、ある役人が「あの場所で児童博覧会をやるので、建てるなら、神父さん、五月二〇日以後にしてもらえませんか」と告げたので、ゼノはそれを紙に書いてもらい持ってきた。それはれっきとした公文書だった。それをゼノは「キットコレ、役ニタチマス」と小沢に渡していたのだ。

その文書を思い出した小沢と松居は「明日は一三日、日曜日だ。本庁から何とか言ってくるのは月曜以

蟻の街に建った十字架付きの建物と怜子

降だろう。明日のうちに十字架を付けてしまおう」ということになって、翌日、大急ぎでまだ骨組みだけの二階建て家屋に大きな木の十字架が建てられたのである。蟻の街には大工がいて、「お安い御用」と直ちに動いてくれたのだ。

昭和二六年五月一三日は聖霊降臨の大祝日だった。棟上げしたばかりの二階建ての家屋の屋根には六尺の木の十字架が建てられていた。怜子はその十字架を見上げて、感動に浸った。そして「聖霊来たり給え、天より御光の輝きを放ち給え」と怜子は聖霊降臨祭の祈りをつぶやいた。それは怜子の大好きな祈りでもあった。怜子はそこに立ち尽くし、十字架を見つめながら、あの復活祭以降に味わった試練を通して見えてきた真実を心の中で繰り返した。

「いかなる病気も麻痺剤では根治できないように、独りよがりの『慈善』だけで、この世の中から貧乏はなくならないのだわ」(39)

建物は不足した部分を付け加えて五月二七日に完成した。公文書のおかげで都の役人は建物の撤去を命じることができなかった。こうして十字架を付けたお堂はそれ以後、蟻の街の象徴的存在となっていった。

蟻の街の怜子、大奮闘の日々

蟻の街の子供たちと源ちゃん

蟻の街に十字架の付いたお堂が完成した。半年前に、朝日の夕刊に載ったあの記事は蟻の街を焼き討ちから守るための松居の作り話だったが、偶然とは言えない摂理の織り成す不思議な出来事が重なって、都の役人までが手出しのできない「教会」としてここに完成した。とは言え、十字架が付いてはいたが、もちろん正式な教会ではなかった。だから、蟻の街の人はそれを「お堂」と呼ぶようになった。

そのお堂は蟻の街の真ん中にあって、間口三間、奥行き二間の総二階の建物であった。一階は蟻の会の会員第一号の小松川老の住居兼食堂と台所からなり、二階は礼拝堂を兼ねる多目的室として利用された。この二階には外階段で行けるようになっていた。キリスト教が嫌いな松居は、そこをバタヤ寺にしたいと考えたこともあったが、実際はどんどんキリスト教の礼拝堂らしくなっていった。松居は面白くなかったが、キリスト教の教会を建てると新聞記者に言った以上、我慢するしかなかった。その礼拝堂だが、怜子は板壁の真ん中に十字架像を掲げ、その前に粗末な木製の祭壇を置いた。その祭壇の上には聖母マリアの像を一つぽつんと置いた。

二階は大人の集会室や客室としても使用可能だったが、大部分は子供たちの勉強や集会のために利用されることになった。怜子は早速、子供を集めて二階部屋の使い方を子供自身に考えさせることにした。怜子の教育方針とは一貫して子供の自主性を尊重する方式だった。

子供たちは早速集まり、さまざまに発言し提案した。その結果、子供会活動として、蟻の街で部活動をしていくことになった。ちょうどその頃、吉田恵子という年長のちょっとできる女の子が加わったので彼女が積極的に発言し、それにつられてほかの子も発言した。部活動としては音楽部、図書部、書道部、工芸部、家庭部などを作ることにして、それぞれ部長を決めた。吉田恵子は音楽部の部長になった。

その頃、宮坂源一という中学生も蟻の街に来たばかりだった。子供会では最年長だったが、むつかしい子で、その話し合いの最中も一人不機嫌そうに黙っていた。怜子は「源ちゃんは何がしたいの」と聞くと、「新聞発行」とポツリ答えた。そこで源一を編集長にして子供会の新聞を毎週発行することにして、新聞の名称を「聖母の蟻」とすることにした。新聞の名称は松居の助言だった。源一は松居によると、作家志望で文章の書ける子供ということだった。

源一は父親と弟の静夫との三人暮らしだった。父親は五〇歳ぐらいの人で、以前は長野で工場の機械工をしていたという。母親をそこで亡くし、父親は戦後、二人の息子を連れて上京。何で儲けたのか定かではないが、一時、数百万円という金を手にし、酒を飲んで豪遊していたという。そのため体を壊し商売にも失敗し、上野の春性院という寺の離れに身を寄せていたが、一文もなくして松居に拾われ、蟻の街に来たのだという。松居は春性院の住職に師事していたので、そこに頻繁に出入りしていたからである。

蟻の街に来てからも、父親はほとんど仕事をせず、屑拾いは源一にさせ、そこから日銭を得ていた。そればかりか、食事の支度、買い物、洗濯、掃除など家事の一切も源一にさせていたが、最も問題だったのは、日常的に息子に暴力をふるい、虐待していたことだった。虐待しながら、息子を自分の近くに留め置こうとして、学校に行くことすら快く思わなかった。だから怜子が子供会の活動で源一を呼ぶ時など、この父親の説得は容易ではなかったという。

こんな家庭環境であったせいか、源一は気分にむらがあり、気にくわないと一か月も口をきかなかったが、突如として饒舌になることもあった。また怒ると発作的に暴力をふるってほかの子供を傷付けることもあった。ただ、母親のように愛情を傾ける怜子を慕い、後になって浅草教会のミサにも通うようになったが、怜子には手の焼けるそれでいてほってはおけない子供であった。

子供会の新聞「聖母の蟻」の第一号を発刊する時は、源一ら子供たちは怜子の家で深夜まで新聞作りに精を出したが、その時父親が迎えに来たので、怜子が源一を帰そうとしたが、本人は新聞の完成を望んで帰らなかった。怜子は後に父親に事情を話して謝罪することになった。文章の書ける頭のいい子だったのだろう。源一は新聞作りに情熱を傾けていた。怜子の自著『蟻の街の子供たち』には、源一の作文が多数収められている。

その後、子供たちは怜子の指導で、蟻の街の「教会」に関心を寄せる土井東京大司教に手紙を書くことになった。その手紙も怜子の自著に所収されているが、その手紙をもってある日、怜子と松居とゼノが大司教館を訪ねた時、先方の都合であいにく大司教には会えなかった。子供たちの落胆は大きかった。

しかし、子供たちは、その不運にめげず、しばらくして、今度は「蟻の街の全景」の絵を描いて、怜子と松居、ゼノに同伴され自ら司教座聖堂の関口教会を訪問した。その時、幸運にも教会には浅草教会の千葉神父がいて絵を大司教に届けてくれた。すると、大司教が自ら出て来て、子供たちを心から祝福してくれたのである。昭和二六年六月三〇日・聖ペトロと聖パウロの祝日のことだった。子供たちは大喜びで、それ以降、大司教を父親のように慕い、いつか蟻の街でミサを挙げてくださることを願いながら、それにふさわしい立派な蟻の街にしようと心に誓い合ったのである。

蟻の街に風呂場ができる

ちょうどその頃だった。蟻の街は海外でも有名になっていて、ブラジルからの訪問団が来て、怜子にインタビューした。

「子供たちをどう指導したいのですか」と聞かれた怜子は、

「幼児にはきちんとおやつを与え、昼寝をさせ、毎日お風呂に入れてやることができればいいなと思います」と答えた。

それを傍でニコニコ聞いていた小沢会長と松居は、さっそくお堂の隣に浴室を増設した。二人はよく意見が一致していた、というよりも、会長は松居の言いなりになっていたし、怜子にはぞっこんほれ込んでいたからである。

こうしてドラム缶大小二個からなる風呂場が完成した。入浴用と上がり湯用である。子供たちの入浴時間は午後二時から四時までと決められた。それからが大変だった。二時から三時までが小さい子の入浴時間で三時から四時までが下校してきた大きな子たちの入浴時間だった。怜子はブラウスとシュミーズだけになって風呂場に入り、子供たちの世話をしたが、風呂に入る前に子供たちが持参してきたタオルのクレゾール消毒をし、タオルは湯船に入れないように注意した。入浴が感染の機会となることを防ぐためだったが、怜子はもともと薬剤師なので、彼女の衛生知識がこんな場所で生きることになった。小さな子はドラム缶から自力で出ることができなかったので、怜子は子供らを抱きかかえて外に出した。そんな風だったので怜子のシュミーズやブラウスはべとべとになった。

風呂嫌いで泣きわめく赤ん坊を連れてきてポンと置くだけで行ってしまう母親もいたので、大変だったが、怜子は骨の折れる世話も喜んでした。大きな子たちの時間になると、湯船の中で禁じていた鼻歌を歌う子たちもいて、注意しどうしだったが、ふざけてやめない。そこで、怜子は「癪にさわったので、ホースで水をかけてやったら、以後、鼻歌はぴたりと止まった」という。怜子は決して子供たちの言うなりになる優しいだけの先生ではなかったのだ。

入浴の後は勉強だ。大きな子は家の手伝いもあるので、自分の時間を持てるのは夕方の六時以降だった。それに子供たちはいつも何かの部会を開いていたので、怜子が帰宅できるのはたいてい夜の一〇時過ぎだった。夜遅くなった時には、子供たち数人が若い女性である怜子を家まで送って行ったが、みんなこの役目を志願した。怜子の家の雰囲気が好きだったのだ。家人はいつも優しく子供らを歓待してくれていたからだ。

怜子はこうして蟻の街に通い超多忙な日々を過ごしていた。ここで怜子の当時の蟻の街での一日を少しまとめてみよう。

怜子は朝五時には蟻の街に行った。ラジオ体操に付き添い、お堂が建ってからは子供たちとそこで朝の祈りをした。その後、大きな子を学校に送り出す。そのあと、昼間は各部屋を回って小さな子の世話をし、母親たちの内職も指導した。午後二時から四時までは子供たちの入浴の世話をし、トラホームの予防のため全員に点眼をした。まさに薬剤師怜子の本領発揮の時だった。それから小さい子と大きな子の学習指導をして帰宅は常に深夜近くになった。怜子はお堂の二階を学習室にして指導していたが、子供たちがドタバタと大きな音を出した時には下に住む小松川老が「うるさいぞ！」と怒鳴った。そんなことが繰り返された時には、怜子は子供たちを自宅に連れ帰って学習させたが、子供は怜子の家に行きたがっていたので非常に喜んだ。

このような超多忙で過密な娘の生活を怜子の両親は常にはらはらしながら見守っていた。病弱ですぐ高熱が出て倒れてしまうのに、明らかにやり過ぎではないか。娘にはもっと平凡な生き方をしてもらいたいと願っていたに違いない。しかし、怜子自身が望んだ生き方を誰よりも尊重するのも両親であった。

「勉強机が欲しい」「ならば屑拾いして買おう」

怜子は通いバタヤになることを決意して、毎日蟻の街に出かけていたが、やる仕事は子供たちの世話がほとんどだった。しかし、やがて毎日わき目もふらず屑拾いをする機会がやって来た。

お堂が建って間もなくの頃だったので昭和二六年の六月か七月か、その頃、蟻の街に吉田一家がやって来た。この一家は後に蟻の街にとって重要な家族となるのだが、そこの長女の恵子がこの時も積極的に発言した。

「私たち、お堂で勉強していても、床に直接本を置くか、小さな箱を机代わりにしてるわね。机が欲しくない？」

「欲しい、欲しいなあ」と源ちゃんが言った。すると、みんなも、

「欲しいよ、あったらいいなあ」と口々に叫んだ。

怜子は、子供たちに、人に頼らず自分で考え行動していく力を身に着けさせたいと常々願っていたので、この時も子供たちに解決策を考えさせることにして、自分は黙って聞いていた。

「机を作るのもむつかしいだろ」

「だったら買えばいいんだけど、お金がないし……」

「じゃあ、僕たちで屑拾いをやって、お金をためようぜ」と守男が言った。

怜子は、以前から廃品を集めて社会のために生かすのは非常に有意義な仕事だと思っていたので、今がいいチャンスだと合点し、

「それがいいわね。先生もみんなと一緒に屑を拾うわ。それで、みんなの力で机を買いましょう」と言うと、

「じゃ、今からしよう」と守男が叫んで全員が賛成した。つまり、子供たち自らが机を買うために屑拾いを始めるという解決策を見出し、実践に移すことになったのである。

怜子にとって屑拾いは病明けのあの時こそ、非常に勇気のいる行為であったが、「マリア様」と叫んで力を貰ってからというもの、怜子はもう何も臆することなくバタヤの仕事をすることができた。第一、バタヤというが社会に役立つ重要な仕事ではないか。そう思うと余計に張り切らざるを得なかった。

その日は、怜子以外に守男、あきら、安子、黒ちゃんらが参加した。最初は道端の屑を拾ってめいめいが袋に入れていたが、それじゃ間に合わなくなり、怜子の家に保管してあったリヤカーを引っ張り出して、蟻の街の存在する聖天町から怜子の家のある花川戸に乗り出していくことになった。そこは履物問屋街なので屑は多いはずだ。花川戸の通りは怜子にとってご近所だったので知人も多かったが、もう何を言われようと気にはならなかった。しかも子供たちが、「あった」「あそこにもあるぞ」と大声を出して屑拾いに夢中になっていたので、目立つことこの上なきご一行さんでもあった。ある者は軽蔑の眼で怜子らをしげしげと見つめていたし、またもや、近所の奥さん連中が怜子の姿を見かけるや口々に言った。

「あれ、あの人、北原先生のお嬢さんよ！　また、屑を拾いなさってる。汚い子供たちと一緒に」

「あの方、大学教授のお嬢さんなのにね。物好きなこと！」

「よくご両親が許すわね。しかも、最近、蟻の街の子供たちがこの付近をうろついていて困ってるのよ。ものが盗まれないかと心配で」

そんな陰口を叩かれているとも知らず、怜子も夢中になって屑を集めた。問屋街は屑集めには好都合な場所だった。リヤカーはすぐいっぱいになったので、蟻の街に引き返し、会長から本格的なバタ車を借りてきて、今度は言問橋を渡って向島方面に行くことにした。怜子はまだ浅草に引っ越してきて日が浅かったので、周辺の地図をよく知らず、夕暮れ時だったのでネオンサインが目立ってきた。そこに行けば屑もたくさんあるに違いないと判断し、狭い路地の入り口に車を置き、そのネオンサイン界隈めがけて一人で路地を進みゆくと、そこは街娼婦たちの街であった。酔っぱらった男性にからまれそうになって、怜子は慌てて引き返したが、翌日、その話を聞いた松居は、
「大学教授のお嬢さんが、バタ車を引いてそんなところを歩いていたと聞いたら、逃げ出してきたあなたより、世間の方がびっくりしますよ」と言って大笑いした。

怜子と子供たちの屑拾いはしばらく続いた。ある日、父金司の友人が紙屑をあげるからというので、怜子は、守男と黒ちゃんと吉ちゃんとの四人で本郷の大学近くに行った。坂道が多く、バタ車は無理だというので、怜子は子供たちと地下鉄で行ったが、うっかりして、片道の電車賃しかないことに気づき、しかも、すぐ帰るということだったので朝ごはんも食べずに出かけてしまったのだ。先方は紙屑をいっぱいくれたが、案の定、途中で吉ちゃんはお腹がすいて歩けないと言い出す始末。困り果てた怜子は蟻の街の支部がある上野の墓地部落まで徒歩で出かけることにして、金司の友人からもらった紙屑を、そこで仕切ってもらいお金に換えてから地下鉄で帰ることを思いついた。

空腹の子供らを連れ紙屑の重い包みをもって、怜子は上野の墓地部落を目指してひたすら歩いた。本郷からどのルートで上野公園に上って行ったのか定かではないが、今京成電鉄の上野駅のある横の坂道を上って墓地部落に歩いて行ったとしたら、バタ車を引いていなかったとしても、重い荷物を持った怜子らにはかなりきつかったと思われる。私もこの本を書くための取材で、その坂道を上ってみたが、当時に比

べれば歩道が整備され歩きやすくなっていたとはいえ、かなりの疲労を感じた。

その墓地部落は葵会の部落で、蟻の街よりもずっと大きな仮小屋集落だった。葵会の部落は上野の山に二つあって、南の部落が今の上野文化会館あたりにあり、北の部落が今の西洋美術館あたりにあった。そこを墓地部落とも言っていたが、もともとそこは空襲で焼死した大量の遺体の仮埋葬場となっていた場所だった。だから、卒塔婆《そとうば》を柱代わりにした掘っ立て小屋などもあったりした。

そんなところに怜子らはようやく到着し、貰った羊羹の銀紙を仕切ってもらおうとしたが、そんなものは一円にもならないと言われて途方に暮れた。しかし銀紙をはがせば値打ちのある紙になるとも言われ、怜子は子供に手伝ってもらって銀紙を外しにかかった。支部長は気の毒がって、「ここでご飯を食べていきなさい。電車賃も貸すから」と言ってくれたが、好意に感謝しながらも、銀紙を外せば仕切ってもらえ、そのお金で電車に乗って帰り、帰宅後食事もできる。一つの目的をもって働くことこそ人生に役立つものになると子供たちに教えたかったので、自分たちで銀紙を外す作業を懸命にやることにした。結局半分できたところで仕切ってもらったら八〇円になったので、そのお金で蟻の街に帰った。


あらかじめよく考えて往復の電車賃を用意しなかった点に怜子の判断ミスもあるが、ここでは、屑拾いの仕事に意義を持たせ、目的に向かって懸命に努力する尊さを教えるなど、子供たちの将来を見据えた怜子の教育実践に私は拍手を送りたい。蟻の街の子供たちへの愛情はただ優しくするだけでは足りない。子供たちの将来を見据え、主体的に尊厳をもって生きていかれるように導くことこそ、真の愛情であると怜子は理解していたのである。

こうしてためたお金は六〇〇円になったが、それだけでは机は買えず、結局、そのお金は蟻の街銀行の子供会口座に預け、会長が長机を六脚作ってくれることになった。

蟻の街の人々と暮らし

蟻の会の発展

さて、この辺りで、蟻の街がどのように発展していったか簡単に見てみることにしよう。「蟻の会」とは、「人間の屑」と蔑まれている浮浪者同志が廃品回収等をして、浮浪者同志で互いに励まし助け合いながら自力で更生することを目的に昭和二五年（一九五〇年）一月、敗戦後の混乱からまだ抜けていなかった時期に、隅田川河畔、言問橋のたもとに発足した相互扶助の共同体であった。発足から一年以上が過ぎ、それがどうなっていったのかを簡単に見てみたい。

スタート時に一五人だった会員は一年後には一五〇人になり、一〇支部を持つまでに発展した。さらにバタヤに必要な道具として、大八車（バタ車）が三台だったのが一五〇台に増え、台秤を二台、二〇貫秤を四本、六貫秤を一五本備えるようになった。さらに自転車三台、オート三輪一台も持つに至った。つま

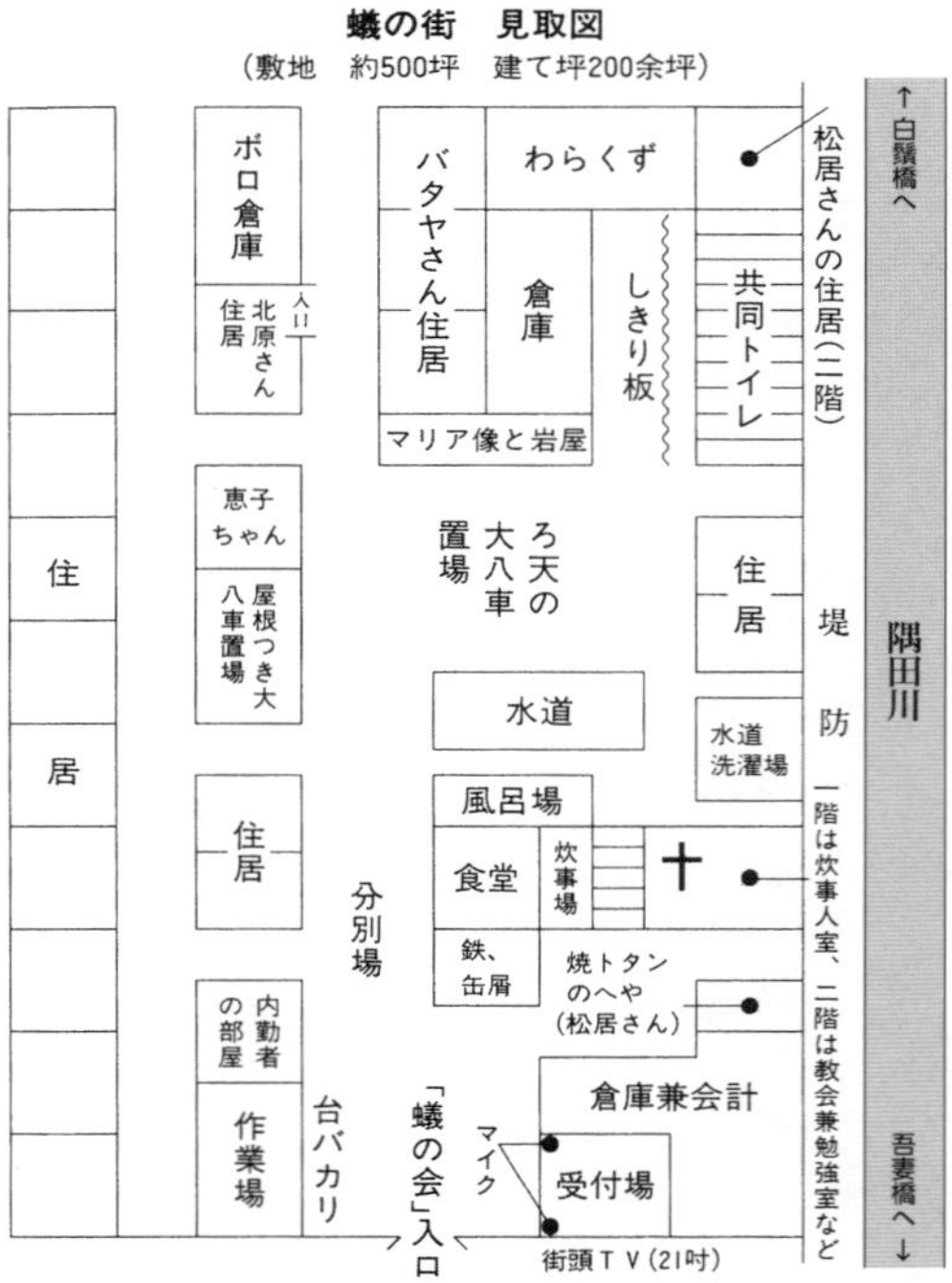

蟻の街見取図　出典：戸川志津子著『北原怜子』大空社出版〈シリーズ福祉に生きる〉

り、この戦後の混乱期には、バタヤという稼業が大いに繁盛していたのである。戦争で資材が極度に枯渇した社会では、バタヤが拾ってくる廃品も貴重な資材となって役に立ったのだ。

それにもまして特筆すべきは、会が始まってからは犯罪が極度に減少したことである。メンバーの中に、起訴される者も有罪判決を受ける者もいなくなったことである。もちろん、今も酒を飲んで喧嘩したり、街で問題を起こす会員はいる。しかし起訴されるようなケースはなくなったという。このように素晴らしい成績なので、裁判所も刑務所も蟻の会に頼めば間違いないということで、出所しても行き場所のない人間を続々送り込んできたと松居は述べている。[40] だから、例の若い外人神父が信じ切っていた「蟻の街大窃盗団」なる記事も、蟻の街の成功を妬む同業者が意図的に流したデマだったと後に判明した。

蟻の会が成功した背景には小沢会長の確固たる信念に裏打ちされた行動力と、蟻の会を精神的に支える松居の指導力があったのは言うまでもない。そこに献身的なポーランド人修道士であるゼノや純粋な信仰に生きる怜子らが加わり、蟻の街は徐々に奇跡の街へと変貌を遂げていくことになる。まさに蟻の街は戦後の日本の混乱期が生み出した奇跡の浮浪者共同体になっていくのだが、それについては後の頁で触れることとして、今から当時の蟻の街の人々や暮らしぶりについて若干紹介してみよう。

蟻の街の人々と暮らしぶり

怜子が通っていた板塀で囲まれた異世界のようなバタヤ集落「蟻の街」は、東京大空襲で大惨事の生じた言問橋のたもとにあって、隅田川河畔の広い平らな土地に作られていた。そこは隅田公園の一角でもあった。現在、蟻の街があった地点に行くと、地形は全く変わってしまっている。そこは三段からなる細長い遊歩道になっていて、広い平らな河岸の土地は全く存在しない。しかし、そこは当時、運動会ができるほど広い平らな土地だったのだ。周辺は桜並木などで有名な風光明媚な地区で、時折隅田川を屋形船が行き来していた。ただ、終戦後間もない頃だったので、川はどす黒く汚れ、ゴミが大量に浮いていて、時間帯によっては悪臭が充満していたという。そんな川のそばに蟻の街があった。

板塀の中は一つの街のようになっていたので、いつしかそこは蟻の街と呼ばれるようになったが、正式な名称は「蟻の会」である。「蟻の会仕切り場」と書かれた入り口から入ると事務所に受付があってそこにはマイクが置かれていた。中央の通路を挟んで様々な目的の小屋が並んでいる。住民の住居となっている小屋のほか、屑の仕切り場やぼろ倉庫、作業場が連なっている。怜子が通い始めてから約半年後には、十字架の付いた二階建てのお堂ができ、食堂も風呂場もできた。さらに、奥には共同トイレや水道の付いた洗濯場もある。この種のスラム風の仮小屋集落で、風呂場や水道の設備があるのは非常に珍しいことだったが、蟻の街が新聞などで有名になるにつれ、さまざまな支援の申し出もあったのだろう。同時期のほかの集落が水も電気もない生活で住民が非常に困っており、怜子が住民の陳情書を持って役所にお願いに行った話は既に述べたが、それに比べると、蟻の街は非常に恵まれていたと言える。さらに、当時としては珍しかった洗濯機まで置いてあったが、蟻の街に関心を持った人が寄付したのであろう。

蟻の街のスペースの中央には細長い通路のようなものがあって、そこにはバタヤが持ちこんだ各種の屑の山やバタ車、台秤などがところ狭しと置かれていて、全体として雑然としてごちゃごちゃした光景を織りなしていた。その通路は舗装などされていなかったので、雨が降れば、泥地になったし、域内は廃品の山から各種の虫も出没し、ノミ、シラミ、蚊などが飛び回っていて、南京虫まで珍しくはなかったという。こんなわけで、怜子の家に出入りしていたのはシラミだらけの子供たちだったのである。しかも、当時の隅田川はゴミの川でもあったので、悪臭も酷かったとそこに住んでいた人は語っている。

このように当時のバタヤ集落は決して衛生的とは言えぬ環境であったが、空襲で家も財産も失った人々にとっては、とりあえず落ち着ける生活の場となっていて、野宿するよりは何倍もましな生活が送れたのである。

会員は当時、一〇〇名から一五〇名ほどいて、独身者、家族持ち、父子世帯、母子世帯など様々な人が住んでいた。小屋のサイズも大きなものでは八畳間に七人が住んでいたり、三畳に二人ないし三人で住んだり、また後の怜子のように単身で住む人たちもいた。時々喧嘩もあったが人間関係はおおむね良好で、特に怜子が住民として住むようになってからは、喧嘩もなくなり、みんな笑顔で仲良く暮らすようになったと、当時、蟻の街で会員として暮らした経験を持つ外側さんは証言している。(41)

会員には二種類の人がいて、大多数は廃品回収という本来のバタヤ稼業をする人たちであったが、内勤者も一〇数名いて、その人たちには給料が支給されていた。内勤者は、主に会員が持ち帰った廃品を仕切って分類し、梱包してから問屋へ出荷する力作業をしていた男性たちと、会計窓口で、仕切られた後の金額メモに沿って、会員に現金を支払っていた事務職の若い女性たちに分かれていた。この人たちは早朝から夜まで実によく働いたという。

それでは、どんな人が蟻の街に住んでいたかというと、実に多様であった。みんな戦争の犠牲者であったことは共通だったが、引き揚げ家族で家も土地も失った人、傷痍軍人、文学青年、炭鉱夫、昼は音楽学校に通い夜はバタヤとして生活する歌手志望の青年、刑務所から出所してきた前科者、大工、事業に失敗した元経営者、元ヤクザ、元機械工などさまざまな人たちで、酒好きな人、賭けごとの好きな人もいた。

バタヤの働き方は全くの自由でその人任せであった。いつ仕事に出かけても自由、夜行く人もいれば、朝行く人もいた。また一日のわずかな時間しか出かけない人もいた。稼いだ金はその人のものになった。

当時はバタヤ稼業である程度生活が成り立った時代であったことも大きい。敗戦後の日本は絶対的な資源不足で、捨てられた屑類が高値で売れるのであった。特に業界用語で「ひかりもの」と言われる銅や真鍮《しんちゅう》、亜鉛などはいい値で売れたし、ガラス瓶や板ガラスなどもよく売れた。さらにぼろ類、縄屑、紙屑、ゴムなども売れた。こうした廃品回収で得た金はほぼ自分のものになった。会に収める金は積立金用に月に三円のみで、それ以外に、風呂に入る時は入浴料二円を支払い、食堂で食事をする時は一食が四〇円だった。それ以外は全額自分のものになった。

自宅で自炊した人も多く、すべて自由で実に暮らしやすい生活だったと言えよう。蟻の街の共同体がうまくいったのも、こうした会員の自主性を尊重する小沢会長や松居らの方針に依拠した部分が大きい。さらに、びっくりするのは、病気になった時、指定病院に行けば各自は個人負担なしで治療を受けられたという点だ。じゃ、治療費はどこから出たのかというと、後日、蟻の会が会員の積立金の中から病院に医療費を支払った。何から何まで保護され、しかも働き方でも一切縛られない自由な生活がそこにはあったのだ。あの戦後の暗く殺伐とした混乱期に、このようなバタヤ共同体が存在した事実は歴史に必ず名を残すのではないかと私などは思っているし、二一世紀の現在も、いろんな点で示唆を与えてくれる生き方、あり方ではなかったかとみている。

さらに特筆すべきは、これから見ていくことになるが、怜子が通いバタヤではなく、蟻の街に住み始めた頃より、蟻の会の共同生活にキリスト教の祈りの要素が入っていったことだ。「所詮、金持ちのお嬢さんの道楽」と冷ややかに怜子の活動を見ていた蟻の街の人々の眼差しが変わっていったのである。「単なるお嬢さんの道楽ではない。北原先生は真剣に我々の一員になろうとしている」と感じ始めた人たちは、朝六時、事務所からスピーカーによる朝の挨拶の後に、キリスト教の「主の祈り」が流れるのに合わせて、各自の場所で一緒に主の祈りを唱え、内勤者は事務所前に集まって唱えるようになっていった。こうして、蟻の街は徐々に祈りの街へと変貌していった。板塀に囲まれたゴミの山のような集落から、毎朝、「天にましますわれらの父よ」と祈りの言葉が響き渡っていったのである。

山と湖と海で遊んで：子供たちの箱根旅行

「み旨であれば、道は開けます」

　蟻の街の子供たちが学校に行きたがらないのは、「バタヤの子だ」と虐められる理由もあるが、学力が劣っているからだと怜子は考えた。それは、もともと能力がなかったのではなく、親から屑拾いに行かせられることによって勉強する時間もなかったし、一間だけの掘っ立て小屋暮らしでは勉強する場所もなかった。怜子はそんな子供たちを自宅に連れてきて勉強を見ていたが、お堂の二階が勉強部屋として使えるようになってからは、そこに子供らを集めて宿題や予習をさせ、ひたすら家庭教師のように子供たちに勉強を教えていた。

　こうした勉強の遅れを取り戻させるチャンスが夏休みだった。せめて宿題だけはしっかりやらせて、先生やクラスメートたちをあっと言わせたい。それが虐めの解消や自信にもつながり、今後の学習の動機付けにもなるだろう。ところが夏休みの宿題と言ったら、たいてい山や海に行くことが前提となっているものばかりだった。しかし今の蟻の街の子供たちの境遇ではとても海や山に行って遊ぶのは無理だった。親にそんな時間的金銭的余裕がなかったからだった。ならば、自分が子供たちを連れて行けないかと怜子は考えた。

それで、手始めに七月の初めに江の島の片瀬海岸に日帰りの遠足を試みることにした。ただ、難航したのは源一の父親を説得することだったが、松居の協力も得られ、お弁当は源一と弟の静夫の分を怜子の家で作って、みんなにわからないように松居が朝届けた。もう一つの難題は着ていく服のことだった。父親が行かせないように静夫の一枚きりのシャツを水を入れたバケツに沈めてしまって、明日までには乾くはずもないことだった。ちょうど夏だったので、しばらく上半身裸になっても静夫は我慢できたので、怜子は濡れたそのシャツを自宅に持ち帰ってアイロンをかけて乾かすことにしたが、なにしろ、垢が浸み込んでいて、乾かすのに容易ではなかった。それでも何とか乾かして宮坂氏の家に行くと、やっと父親は二人の息子の遠足を許可したという。こうして江の島への遠足は実施された。

ところが、いよいよ夏休みに入って、怜子はもっと本格的な旅行を考えた。それで、お堂の二階に子供たちを集めて意見を聞くと、

「賛成！行こう！行こうよ」とみんな歓声を上げた。その隅で源一だけは、

「僕の場合、お父さんが許してくれないよ」と沈んだ表情で静夫を見て言った。

「大丈夫、先生が今度もよく話してあげるから」というと、ようやくにっこり。

子供たちの賛成を得て、怜子はツーリストに行って早速調べた結果、山、湖、海を体験できるという箱根に決め、交通費等も調べた。宿泊先は八月一一日から一四日までなら無料で貸すという神学者であるT氏の別荘が借りられることになった。父親のつてがあったのか、既に有名だった蟻の街の子供たちのために使ってほしいという申し出があったのか定かではない。とにかくこれで宿泊料はかからないということ

になった。それと食費だって持ち込みで自炊すれば費用もかからない。御飯に梅干しの日の丸弁当で十分じゃないかと怜子は考えた。後は交通費の捻出だ。怜子や同伴する大人は自分の分は自分で出すことにして、子供だけなら六〇〇〇円かかるということがわかった。

怜子は蟻の街に行って、まず小沢会長に報告した。

「北原先生、その計画は賛成だが、一一日出発となると後三日しかないですよ。大丈夫かな」と小沢会長は心配した。

「はい、大丈夫です、会長さん。この旅行が神様のみ旨にかなったものなら必ず道は開けますから」と怜子は確信をもって言った。

一方、松居にその計画を話すと、

「北原先生、その六〇〇〇円とやらをどう捻出するんですか。まさか、あなたが恵んでやるんじゃないでしょうね」と探るようにして怜子の顔を見つめた。

「いいえ、子供たちと屑拾いをやって、箱根に行きます」と怜子はきっぱりと言った。松居は、この人はやっぱりお嬢さんだ、屑拾いの実態がまるで分っていないと呆れかえったように怜子を見つめたが、怜子はここでも断言した。

「旅行がみ旨にかなっていれば、実現します」


その夜、奇跡が起こった。母娭が声を弾ませ告げに来た。

「怜子、お父さんの友達の工場で空き缶がどっさり出たので、今晩取りに来てほしいと電話がかかってきましたよ」

当時、空き缶類はいい値で売れた。実は父金司が友人の会社経営者に「娘を助けてやってほしい」と頼み込んだものだったが、それでも、切羽詰まった時に大量の空き缶が出るとは限らず、そのタイミングのよさは奇跡めいたものでもあったのだ。

怜子は大急ぎで子供たちを起こしに行って、三台のバタ車（リヤカーよりも大きな車）で出かけたが、母娯も手伝ってくれることになった。さらに蟻の街からは普段は風呂焚きをしている安さんという男性も助太刀を買って出た。それで大人も三人ついて夜出発した。

空き缶は山積みされていて、三台のバタ車に乗せきれず、翌日も残った分を全部運んだ。翌日の夜、最後の荷を運んで帰る時、怜子は子供らとアイスを買って食べた。疲れ切っていたが、嬉しさが心の底からこみあげてくるのを止めようがなかった。

運んだ空き缶を蟻の街で仕切ってもらったら、ちょうど六〇〇〇円になった。天主様はよくご存じだ。これで箱根に行ける。この金は誰かから恵んでもらったものではない。子供たちが自分たちで働いて得た何の負い目もないお金だった。子供たちは自分たちの力で旅行に出る。そう、プライドに満ちた子供旅行なのだ。

あっという間に六〇〇〇円を屑拾いで手にした怜子を見つめながら松居は茫然と立ち尽くして言った。

「あの娘は魔法使いか、それとも天使なのか」

子供たちの箱根旅行

昭和二六年八月一一日、子供一〇人と怜子、シャンソン歌手志望の鶴木青年の一行は早朝蟻の街を出発した。子供一〇人の内、女の子は恵子と安子の二人。後はわんぱく盛りの男の子で、ちょっぴり怖い兄さん格の源一も加わっている。怜子にとって、大人の男性である鶴木が同行してくれることは安心材料になったことだろう。鶴木は怜子よりも一歳年下でその時二〇歳。ちょっと変わった青年で、大声でシャンソンを口ずさみながら屑拾いをするので有名だった。

列車とバスで正午少し前にお城のような別荘に着いた。この別荘は数日間怜子と子供たちに貸切られる。そのおとぎ話のお城のような建物を見た子供たちははしゃぎ回る。怜子は嬉しさを子供と共有しながらも、規律を守らせようと厳しく指導をする。怜子はどこまでも教育者なのだ。満員バスで押されてせんべいのようになったおにぎりに、子供たちが早速飛びつこうとすると、「まずお掃除が先でしょ」と言い聞かせる。すると、子供たちは喜々として言い付けに従う。掃除の間、作家志望の源一は空想を巡らせ、即興のおとぎ話を作ってみんなを喜ばせた。

日の丸おにぎりを食べた後は、近くの温泉につかりに行った。怜子は旅行の前に予め実地検分をしておいたので要領はつかめていた。この時間帯、ほかに入浴客はおらず、ほとんど貸し切りのような温泉浴場だった。女性の湯は怜子を入れてたった三人だけだったので静かだったが、男性風呂は騒々しさが頂点に達していた。鶴木が先頭に立って大声ではしゃぎ、子供らが続く。中には泳ぎ出す子もいた。あまりにも騒がしく遊び続けているので、怜子は大声で叫んだ。

「もう出ますよ。言うことを聞かない子は金時山に連れて行きませんからね」

すると、急に静かになって、みんな早く服を着た。風呂の道具をそのまま持って山に登った。よほど山に行きたかったのだ。鶴木が面白おかしく「ワオー」と声を出すと、みんなもつられて「ワオー」と言って走り出した。

帰りは夕立にあったが、バス停で雨宿りをしたのでそれほどぬれずにみんな別荘に帰った。そして夕食の準備だ。別荘の持ち主に負担をかけないように、怜子は自給自足のつもりでやって来たので、庭で集めた木々を炊いてうどんを作る予定だった。しかし、その薪が雨で濡れてなかなか火が着かない。それで鶴木は乾いた松ぼっくりを拾いに子供らと出かけ、拾ってきたもので試したがそれでも火が着かない。仕方ないのでかまどを家の中に移して、みんなが持っている紙屑を集めて何とか火を着け、うどん作りに着手。しかし、湯がまだぬるいうちに怜子は乾麺の束を全部鍋に入れてしまったのだ。怜子は、それまで「一度もうどんをゆでたことがなく、お湯が沸騰してから麺を入れるということを知らなかったので大失敗してしまった」と後に告白している。それで、鍋が沸騰する頃、うどんはどろどろの大きな塊になってしまった。見かねた源一が、

「先生、もうこうなったらいっそのこと、しょうゆを入れて煮てしまおう」とアドバイス。で、結果は無残にも、団子のような得体のしれぬものとなってしまった。それでも、食べないわけにはいかない。時計は深夜の一時になっていた。みんな疲れて寝てしまっていたので起こして、その「団子様のもの」を食べさせることにした。最初はみんな眠さと空腹で黙々と食べていたが、そのうち子供たちが叫んだ。

「あれ、なんだ、こりゃ！」

「俺、今までこんなの、食べたことないぜ」

子供たちは口々に言って大笑いした。怜子はその時、子供らの冗談と笑いにどんなに助けられたことだろう。子供たちは怜子の子供たちへの愛情の強さを感じていたからこそ、薪の失敗も、うどんの失敗も全部許して大笑いして終わってくれた。この子たちにとって、その夜の食べ物は、生涯消えることのない味と思い出になったことだろう。


それから枕を並べて寝る一〇人の子供たちの顔を見つめながら、怜子は一人ひとりに愛情を込めた思いを募らせるのだった。旅行はその後、仙石原や芦ノ湖を巡り、帰りは小田原の海岸で遊んでから無事に三泊四日の旅程を終えた。源一は自分の作文で後に告白しているが、途中機嫌を損ね、言うことを聞かずに怜子をてこずらせ、ほかの子供たちにも迷惑をかけたし、怜子も体調を崩して発熱するなどして、必ずしもすべてが順調に行ったわけではない。それでも、こうして子供たちは自ら働いたお金で出発し、海も山も湖も体験し、夢のような四日間を過ごして帰って来たのである。これで十分夏休みの宿題を完成させることができるだろう。

この蟻の街の子供たちの箱根旅行は新聞で大きく取り上げられ、そのニュースはアメリカにまで伝えられることになった。

夏休み宿題展示会：「皆さん、もっと北原先生に協力してほしい」

箱根から帰って来た子供たちは各自、夏休みの宿題を完成させるのに精を出した。お堂の二階でやったものの、一階に住む小松川老がうるさいと苦情を言った時は、子供たちは怜子の家に行ってやった。どんな時も、怜子の家の人は子供たちを笑顔で迎え、心から受け入れた。だから、感じやすい子供たちもいつも自分の家のように訪問することができたのである。これは繰り返しになるが、通常できることではない。怜子の偉業の陰に心の寛大なこの家族の存在があったことは特筆すべきことだと思う。

箱根から帰って来て明日から学校が始まるという八月三一日に蟻の街のお堂の二階で、学校に提出する前の作品を展示して蟻の街の父兄に見せる「夏休み宿題展示会」が開かれた。怜子は二二歳になっていた。これは怜子の提案だったが、小沢会長は心から賛同した。そして子供らの親に集まるよう、半ば強制的に呼びかけてくれた。もし会長の呼びかけがなかったら展示会を見に来る親は非常に限られたであろう。正直、親たちはその日を生きることでいっぱいで、子供の宿題にまで関心が向かなかったのだ。

だから、多くの親は仕方なく展示会にやって来た。しかし、そこで我が子の絵画や工作、絵日記、作文等の作品を見て、まんざらでもないという顔つきになっていった。「おや、これが息子の絵か。結構よく描けているじゃないか」「芦ノ湖にも行ったんだな。俺はまだ行っとらんが」等々、嬉しそうに感想を口にする人もいた。

その日は蟻の街の父兄会とでも言ってよい集まりになった。そこで、小沢会長が口を開いた。

「びっくりしたのは、この子供らが自分たちで計画を立て、自分たちで働いて、実行したということです。もちろん、北原先生の指導のおかげだが、俺が頭が下がるのは、その指導のやり方だ。たった一〇人の子供が一週間足らずで箱根旅行を計画して実行したと思えば、俺たち大人が一〇〇人集まって一〇年働けば、蟻の街どころか、蟻の天国が築けるはずじゃないか。皆さんにお願いしたい。もっと北原先生に協力してやってほしい」(42)

この時、小沢会長の眼には涙が浮かんでいた。小沢があえて親たちにこのように要請したのは、一部とは言え、怜子への冷ややかな眼差しを感じていたからではないだろうか。怜子が大学教授の令嬢で所詮、自分らとは住む世界の異なる人間だということのほかに、源一がいみじくも作文で分析しているように、「蟻の街の親たちは学問のない人が多いのでひがみやすい。だから、北原先生が学校とか勉強と強調するたびに、自分たちの痛いところを触られたような気がして、辛く当たるようになる」(43)という見方もあった。だから、小沢会長としては、親たちが集まったこの機会に、

「最近子供たちが見違えるようによくなった。みんな北原先生のおかげです。親たちもこれからもう少し先生に協力しよう」(44)と思い切って呼びかけることになったのだ。こうした心情の背景には、会長自らが怜子を日頃高く評価し、ぞっこんほれ込んでいたというのがある。会長のこの姿勢がなければ、マスコミが名付けたものだが、「蟻の街のマリア」の誕生はなかったかもしれない。

この会長の要請がもとになって、親たちはこれから子供会が朝六時にお堂に集まって朝の祈りをすることや、毎日曜日には浅草教会のミサに行くことを許し、さらに学校へは必ず通学させることを約束させられて帰ったのである。

体調悪化と試練のクリスマス

「『蟻の街のマリア様』は困ります」

怜子が蟻の街の子供たちのために奮闘した昭和二六年とはどんな時代だったのだろう。敗戦後六年経過していたが、まだいたるところに浮浪者とその仮小屋集落が見られるなど、戦争の傷跡は色濃く残っていた。日本人は総じて貧しく空腹に苦しんでいたが、前年に朝鮮戦争が勃発していて、日本社会はその特需で経済が上向きつつあった。いたるところに浮浪児と呼ばれた戦災孤児の姿はまだ見えたが、この年の五月に児童憲章が制定され、戦災孤児たちの福祉に国はようやく取り組もうとしていた。さらに、インフレは終息しつつあったが、それでも、物価は高く生活保護法が改定された。しかし、生活保護の恩恵を受けられる人はごくわずかであった。

政治的に重要な出来事としては、この年、サンフランシスコで講和会議が開かれ、日本は平和条約に調印したことである。条約は翌年の四月二八日に発効し、日本はようやく連合国の占領から脱して独立を果たすことになった。これと共に、連合国の主導でなされた公職追放令も解除された。既に民主主義と人権を謳う新しい憲法も制定されていて、人々は赤貧に悩みながらも、一方では新しい時代の希望を感じながら、必死になって生きようとしていたのである。

こんな戦後の混乱期に、「蟻の街」とメディアが名付けた隅田川河畔のバタヤ部落で、戦争ですべてを失った人々による相互扶助と平等、自由を旨とする理想郷のような共同体が生まれたのであった。屑を拾って売るバタヤ稼業は既に何度も述べてきたが、その時代、戦争で資材を極度に失った社会の必要性に合致する浮浪者の最適な生活手段ともなった。そこにカトリックの修道士と熱心なキリスト教の信徒である北原怜子が現れて、屑に埋もれた部落の一角に十字架が建ち、そのバタヤ部落を「主の祈り」がこだまする祈りと微笑みの奇跡の街に変えていった。

考えてみれば、不思議なことである。日本のキリスト教が最も活性化したのは、敗戦後一〇数年間のあのどさくさの混乱期ではなかったか。戦争で家も仕事も家族も失い、焦土に茫然と立ち尽くす人々にとって、神でありながら自ら惨めな人間となって貧しい人生を送り、他者の罪を贖うために十字架上で殺されていったイエス・キリストの極限の愛の生き方とメッセージが、絶望の淵の中に強烈な光となって差し込んでいったことは容易に想像できる。その時代は、同時に、そんなイエスに自分の人生を捧げようと修道会にも志願者が溢れていた頃である。まさに、北原怜子とは、日本が焦土の中から立ち上がろうとしていた絶望と希望が織りなすあの混乱期に、この国の教会が生み出した一つの奇跡であり、また聖女であったのだ。

話を元に戻すことにしよう。蟻の街の子供たちの箱根旅行は新聞で大きく取り上げられたのだが、その話はアメリカにも伝えられ、ある日、ジョージ大塚という人から、怜子宛の手紙と共に、蟻の街の子供たち用にと衣類がどっさり送られてきた。その手紙のあて名が「蟻の街のマリア様」となっていたことに怜子は赤面する思いで恐縮する。「蟻の街のマリア」というのは、箱根旅行の記事を書いた記者が冗談で付けたあだ名にすぎず、自分は、ちょっと働くとすぐ熱を出して倒れる弱虫で、世間知らずの赤ん坊、何かあるとすぐむきになる怒りん坊にすぎない。だからそのような呼び方は私にはふさわしいものではありませんと、怜子は返礼の手紙の中でやんわりと釘を刺した[45]。

怜子はその礼状と共に、大塚へのお礼として子供たちの作文集を送ったが、その中の多くは文才を覗かせていた源一の作文で、ほかに源一と同じ頃蟻の街に来た吉田恵子の作文もあった。

吉田一家と恵子ちゃん

吉田恵子は源一と同じ頃に蟻の街にやって来たが、当時小学校六年生だった。大変利発な子で学校の成績もよかった。吉田一家はすぐに蟻の街の重要メンバーとなり、恵子は怜子にとって特に親しい子供となっていく。では吉田家とはどんな家族だったのか、恵子の書いた作文[46]を参考にして紹介してみたい。

父親は満州国の官吏だった。終戦近くに応召して、戦争が終わってからも長く帰れなかったという。母親と、兄、恵子、弟のあきらは流れに流れて、尾道の祖母宅に帰ってきたが、父親は翌年やせ細って帰還した。一家は尾道で衣料品を売ったり、飴屋をやったり、乾物屋になったりといろんな商売をしたが、生計が成り立たなくなり、一縷の希望を抱いて上京した。しかし、東京での生活はもっと困難なものだった。どうにか練馬に小さな家を見つけて、饅頭屋をやり、恵子も自転車で配達に回ったが、ある日、家主から出て行くように言われ、雨の日にその家を追い出された。唯一の財産である自転車をもって、上野に行き、駅近くの宿屋に泊まったが、所持金が少なくなったので、上野の墓地集落の木賃宿に入った。

そこは犬小屋のような小さな小屋で板の間に敷いてある菰《こも》の上で一家は寝た。右も左も怖そうな人ばかりだったが、父親がその中の一人から隅田公園に行けばいい寝場所が見つかるかもしれないと聞かされ、三日目に家族はその墓地部落を出た。上野の山を下って、東本願寺から浅草公園を抜け、その周辺のバタヤ部落を覗きながら回ったが、どこにも住めそうな小屋は見つからなかった。落胆しながら言問橋のたもとまで辿り着くと、父親は疲れ切って、「今夜は上野の墓地集落にもう一度戻るしかないな」とつぶやいた。

その時だった。母親が遠くを指差して、

「お父さん、ご覧なさい！あそこの集落におしめが干してありますよ。きっとあそこには家族連れの人たちが住んでいるに違いありません。おしめの干してあるところなら私たちだって住めないはずがありませんわ」と叫んだ。

父親は意気消沈していたので、母親がその部落に行って掛け合ってみたという。そこが蟻の街だった。会長は吉田家の身の上話を聞くと、すぐ小屋を一軒開け渡してくれた。その夜、一家は何日ぶりかで手足を伸ばして眠ることができたので、みんな大喜びだった。翌朝から、父親は生活費を稼ぐために生まれて初めて屑拾いを始めたという。

その部落には子供たちも大勢いたが、恵子はそういう集落の子供たちと一緒になるのは初めてだったので気味悪く感じたが、間もなくして北原先生に出会うことになった。北原先生は父親から身の上話を聞き、さらに、恵子が吉祥寺のカトリック教会に行ってナーベルフェルト神父様に会ったことがあると告げると、蟻の街の二階建ての建物の上に建つ十字架を指差してにっこりと微笑んだという。ここで、著者の私はまたもや不思議な縁を感じる。実はこのナーベルフェルト師というのは、私が高校時代に極めて親しく接していただいた司祭でもあったからである。

恵子の父親と兄は交代でバタ車を引いて屑を拾い集め、母親はそれを仕分けして荷出しの準備をした。一家は始めの頃は早くバタヤ生活から足を洗いたいと思っていたが、徐々にその生活が軌道に乗り、集落の人とも仲良く協力し合って生活できるようになると、廃品回収業の意義を見出し、ずっとその生活を続けてもいいと思うまでになった。しかも、父親は以前社会的に重要な役務をこなしていた人でもあったので、次第に蟻の街の幹部に抜擢されるようになっていく。また、母親は率先してトイレ掃除や風呂焚きを買って出て集落に馴染んでいったので奥さん連中の評判も良かった。兄はオート三輪を運転できたし、恵子は学校で当初こそ虐められたが、学業の好成績もあって、次第に虐められることはなくなり、リーダーシップを発揮するようになっていった。こうして、吉田一家は蟻の街でも目立つ家族になっていったのである。

怜子は恵子やあきらを母親のように可愛がり、恵子らも怜子を慕って、怜子にとっては心強い存在になっていった。源一が父親の問題とか性格故に厄介な側面も持ち合わせていたのに対して、恵子やあきらは安心でき頼れる存在になっていった。

子供会の活躍続く：共同募金、誕生会、運動会

夏休み宿題展示会で、蟻の街の父兄たちは、小沢会長の協力願いを受け入れて、子供会が毎朝六時から

お堂で朝の祈りをすることや、毎日曜日には浅草教会のミサに行くこと、そして学校には必ず通学させることなどを約束したので、翌九月一日からは、それらが早速実施に移された。

九月一日、怜子はいつものように五時に蟻の街に出かけて行き、各子供の部屋を覗きながら「もう起きている？」「お弁当の支度は？」と念を押して回った。六時になると、全員がお堂の二階に集合して、朝の祈りをしたが、親の反対なしで子供が出てこられたのは、その日が初めてだった。みんなニコニコと嬉しそうで、七時半には全員が学校に行った。蟻の街に来る前から学校には行ってなかった吉ちゃんとかっちゃんは怜子と松居が同伴して浅草の富士小学校に送って行った。それでないと、彼らは遊園地かどっかに行ってしまうからだ。

こうして時間は過ぎていき一〇月になった。あの宿題展示会以来、蟻の街の有志や子供会のメンバーは日曜日ごとに浅草教会のミサに通うようになっていたが、ある日、ミサで主任司祭の千葉神父が共同募金の話をした時、それが怜子の心になぜか深く残った。それでミサが終わって、子供たちと蔵前国技館の前を通り、言問橋が見えるところまで歩いて行った時、怜子は子供たちに提案してみた。

「ねえ、みんな、私たちも共同募金に協力してみない。自分たちの手でお金を集めて、もっと困っている人たちのために使ってもらうのよ。いいアイデアだと思わない？」

「わー、賛成、先生、大賛成です」と子供たちは口々に叫んだ。同行していた松居もにっこり頷いたので、帰ってから会長に話すと会長も賛成し、蟻の街の子供会は共同募金活動をすることになった。

それからが準備で大騒ぎになった。募金に使うバタ車を洗って色を塗ったり、バタ車に付ける募金箱を作ったり、子供たちは時々喧嘩もして怜子に叱られもしたが、それでもワイワイと準備を進めていった。源一は父親が居眠りした時を見計らって準備に加わった。困ったこの父親は常に子供を自分のそばに縛り付けておきたい性癖があったからだ。

夜はお堂に集まって、子供同士で募金のやり方を話し合った。怜子はただ静かに見守るだけだった。蟻の街の子供たちが人の指示を受けるだけではなく、主体性とプライドを持って今後の人生を切り開いて行ってほしい、これが怜子の基本的教育方針だったが、よくもここまで短期間で成長したものだと、怜子は内心感動に震えていた。しかも、バタヤの子供として人からして貰うだけではなく、もっと惨めな境遇の人たちのために自分たちがどう貢献できるか考えようとしている。そこにこそ尊厳を持って生きる道が開けていくのではないか。怜子は確信を深めていくのであった。

この計画に同意した小沢会長も感動してつぶやいた。

「北原先生は生まれながらの先生だねえ。やってることは本当に単純だが、自分たちのことを忘れてもっと暮らしの苦しい人のために働けば、自分たちも幸せになれることを子供たちに教えているんだね。こうなったら、手伝わなくちゃならんね」

子供会の話し合いの結果、四班を編成することになった。四人の日直がいるので、その子たちが各班の班長になり、その下に子供の班員を置く。そして目立つ色に塗られたバタ車で屑を拾いながら募金箱にもお金を入れてもらえるようにする。で、夕方の子供会のロザリオの祈りが終わったら出発することにするというものだった。子供だけでは心配ということで、会長らは各班に大人もつけることにした。怜子以外に松居や、最近来たばかりの本物の教師の中沢先生、そして箱根旅行に同伴した鶴木が責任者としてついて行くことになった。怜子は人気が高かったので各班を順次回ることにして、各班で成績を競わせることになった。期間は一か月間で時間は一日二時間が目途。目標額は一二〇〇〇円とした。

源一は「この仕事は社会のためにやるんだ。僕も頑張りたい」と意気込んで出かけたが、途中で自分たちの姿を見て、バカにしたようにせせら笑う人に出会うと、悔しさがこみあげてきて「今に見ていろ！お前たちに頭を下げさせてやるからな」とつぶやきながらゴミ箱を探すのだった。

子供たちは毎日頑張ったが一日一〇〇円が精一杯だった。怜子の班がいつも最も成績が良かったが、それは怜子が懸命に屑拾いをやったゆえだった。源一は「北原先生は負けず嫌いだからなあ」と怜子の性格を見抜いて語っている。一か月たったが、やっぱり目標額には遠く及ばなかった。それで、多分小沢会長の方で不足分を加えたのだろう。最終的には一二〇〇〇円にして、子供たちは松居や怜子に同伴されて都庁に出向き、安井都知事に直接お金を手渡すことにした。その模様を新聞は大きく報じたので、北原怜子と蟻の街の子供たちはますます知られる存在になっていった。それにつれて、「蟻の街のマリア」という言葉も、怜子の意向がどうあろうと世の中に流布していった。

怜子の指導で子供会の活動は続いていった。募金活動と前後するが、九月からは蟻の街で誕生会が始まり、その月に生まれた人たちがお堂の二階に招かれ、歌ったり、寸劇をするなど楽しく過ごす会が催されることになった。会長も参加するので、最初はしぶしぶ集まった人たちも、そのうち、のど自慢大会が始まるや、大人の方から誕生会をぜひ続けてほしいという声が出るほどになっていった。

誕生会の成功に気をよくした怜子は、ゼノ修道士が各地で催していた運動会を蟻の街でもぜひ開きたいと、子供たちと準備を進めていた。ただし、運動会は蟻の街の全休日を利用して開くことにしたため、休みは酒を飲んで自分の好きなように過ごしていた岩たちが怒って、松居に文句を言いに行った。

「何で俺たちまでが、あんな小娘のやることに引っ張り出されねばならんのかね！」

「別に嫌だったら出なくてもいいよ。あれは、希望者だけなんだからさ」と松居は受け流した。松居は怜子に厳しい言葉を発しつつも、子供たちを指導する怜子に全面的な協力を惜しまなかった。それはまた、怜子を高く評価する小沢会長の意向でもあった。

いよいよ当日の朝になった。怜子と子供たちは、一軒一軒回って参加を呼びかけた。運動会は隅田公園の一角の直系二〇〇メートルの平地で行われることになり、中央に日の丸をつけた旗竿が一本を建てられ、その先端には数個の風船が風に泳いでいた。会場の周囲は彩色を施したさまざまなバタ車で囲われた。

当日の雰囲気に呑み込まれたのか、不参加を宣言していたあの岩までがとうとうやって来てその輪に加わった。運動会は怜子と子供たちが知恵を絞ったプログラムの面白さで参加者たちを大いに楽しませ、大成功に終わった。

その夜、風呂場に岩の姿があった。彼は上機嫌だった。

「俺、蟻の街に来てよ、今日くらい楽しい思いをしたことはなかったぜ」

不思議なことだ。なぜか怜子のいるところにはいつも笑いが生まれ、みんなが幸せになる。本当に彼女は魔法使いなのかもしれない。

体調への懸念と試練のクリスマス：「私はうぬぼれていたのだわ」

「怜子、毎朝、そんなに早く行かなくてもいいんじゃない？」母娭は気が気でなかった。それでなくても体が弱くすぐ熱が出るのだ。もうずっと怜子は早朝五時には蟻の街に着くように出かける。花川戸の家から徒歩で七、八分だったから、家を出るのは五時一〇分前あたりだ。しかも帰宅が毎夜遅いので、睡眠だってよく取れているわけではない。

「お母さん、五時に行かなくちゃいけないのよ。一軒、一軒回って子供たちを起こし、ラジオ体操をして六時からお祈りでしょ。そして、学校に送り出さなくちゃいけないの。でも、怜子は平気よ。あまりご心配なさらないでね」と怜子はいつものように元気そうな表情で答えるのだった。

しかし、身体が弱ってきているのは当の怜子が一番よく知っていた。ただ、子供たちは小沢会長も認めるように、怜子の指導によって見違えるように進歩していた。そのためか、怜子が子供たちと相談して実行したイベントは悉く成功し、今や蟻の会の住民の怜子を見る目も変わって来た。だからちょっと疲れたぐらいで手を抜くわけにはいかなかった。

それに子供の進歩ばかりではなかった。真剣にバタヤを目指していた怜子の姿も人々は見ていて、「所詮、金持ちのお嬢さんの道楽じゃない？」という冷ややかな見方が変わっていったのだ。「あのお嬢さん、本気になってバタヤになるつもりね」と日増しに視線が温かい視線に変わっていくのを怜子自身が感じていたのだ。その証拠に蟻の街から浅草教会のミサに行く人も増えていった。前科一四犯が自慢のあの岩までが教会に通い出すようになった。だから、怜子にしてみれば、早朝から夜遅くまで頑張り通したかったのだ。しかし、身体は怜子の思うようには動いてくれなかった。

昭和二六年の秋が深まってきた頃、子供の世話の合間に時間ができたので、怜子はいつものようにバタ籠を背負って出かけたがどうにも体がふらついてしかたなく、ついに倒れてしまった。

「先生、大丈夫ですか。おうちに帰った方がいいのでは?」と傍にいた恵子が気遣った。

「恵子ちゃん、このことを誰にも言わないでね。お願いよ。私は今イエズス様と貧しい人のために働いているの。マリア様はきっと守ってくださるわ」

怜子は恵子の助けを借りながらやっとのことで立ち上がったが、その顔は真っ青であった。怜子は恵子に支えられながら、その日はそのまま家に帰った。

家に帰ると心配した母嫉がかかりつけの医師を呼び往診してもらった。怜子は翌日も蟻の街に出かけるつもりでいたが、ついにドクターストップがかかり、それ以後しばらく自宅での休養を命じられてしまったのだ。

連絡を受けた松居は飛んで来て、

「朝の五時から蟻の街にみえて、帰るのは夜の一〇時、一一時。その間に弁当を食べる暇もないほど忙しく、その上、屑拾いに出たのでは、誰でも体を壊しますよ。でもそれはね、本当に親切な命の扱い方ではない。あなたの命は天主からの預かりものと思って、もっと大事にしてくださいよ」と怜子を諫めた。

これまでもたびたび倒れている怜子の健康状態を心配した松居は、友人の女医に怜子のことを相談した。女医は怜子の頑張り具合を聞き、結核患者特有の心理に見えるので、一度調べた方がいいとアドバイスした。松居は驚いたが、怜子の家に用事で行った際、以前撮ったという胸部のレントゲン写真を借りてきて女医に見せた。女医はやっぱりという顔で言った。

「北原先生はこのレントゲン写真からは肺結核です。だから絶対安静が必要です。大至急転地なさった方がいいでしょう」

「もしそうならバタ車を引いたり、ラジオ体操はいけないのですか」

「とんでもない。そんなことをしたら死んでしまいます。見ててごらんなさい。今年の冬にでも倒れてしまいますよ。いくら、人に感染しないタイプのものと言え、そういう方に子供の面倒を見させておきになるのは、松居先生らしからぬことです」

女医の診断のあった午後、松居はレントゲンフィルムを返しに怜子の家に行った。そして、病名を告げずに、友人の医者がどこかで休養したほうがいいと言っているので、よかったら箱根の自分の留守宅でしばらく療養しないかと持ちかけてみた。

「でも、クリスマスが近づいていますから、子供たちに準備させなければなりません」怜子は転地療養する気など全くないという表情で言った。

「あゝ、クリスマスね。去年は北原先生一人に委ねてしまいましたが、今年は私が責任もって計画しますよ。それに浅草教会の千葉神父も聖歌隊の人も応援に来て下さるはずです。だから、先生はクリスマスのことなど心配せずにゆっくりお休みください」と松居は、その時、怜子の表情が一瞬冷たくこわばったことなど気づかず言った。

実は松居のこの言葉が怜子には酷くショックを与えたのだった。去年のクリスマスは蟻の街に来て間もない頃だったが、怜子が一人で計画し準備してやったものだ。松居はその夜、クリスマスをやること自体を忘れて留守だったが、会は大成功だった。その機会に怜子は子供たちとも非常に親しくなれたので忘れられないクリスマスとなった。その成功の故に、怜子は以後、蟻の街の子供の面倒を見ることになって今に至っている。それに、この一年、子供たちとの行事は悉《ことごと》く成功し、街の人たちの信頼も獲得しつつあり、十字架のお堂も建ち、子供たちも街の人たちも祈りを覚えて共に祈るまでになった。だから、怜子にとっては二回目のクリスマスは是が非でも自分の手で成し遂げたい行事でもあったのだ。それが、自分が病気になったことで、もうクリスマスにはかかわらないで休んでいなさいと言われてしまったのだ。確かに具合は悪いが、薬を飲んで少し休めば、去年のようにやり遂げる自信が怜子にはあった。しかし、松居先生は浅草教会の人たちとやるから心配しないでいいというのだ。怜子は衝撃を受けた。今年も自分の力で立派なものに仕上げたいと意気込んでいただけに大きなショックでもあったのだ。

怜子は動揺を努めて顔に出さないようにしながら、

「そうなのですか。それは安心しました。松居先生や千葉神父様がなさって下さるのでしたら、私は口を出さない方がいいと思います」というのがやっとだった。

それ以後、怜子は悶々とした日々を過ごした。心には平和がなく、重い鉛が沈んでいるように感じた。そして一二月二五日がやって来た。蟻の街のクリスマスは二七日にやることになっていたので、怜子はその日、家族で食卓を囲み祝った。

その晩松居が訪ねてきたので、怜子は応接間でこの一年の思い出を語り合った。ふとしたはずみで、怜子は松居が何かにつけ、自分を「蟻の街のマリア」という枠の中に閉じ込めてしまい、人間扱いをしてくれないのが残念だと文句を言った。すると松居は、

「北原先生は、ご自分が蟻の街という舞台で蟻の街のマリアという役をやっている女優にすぎないと自覚なさっていないのですか。この世の出来事はすべて天主様が書いた脚本に沿って起こっていて、人間はその筋書きを演じる俳優なんですよ。私は天主様の脚本に沿って蟻の街という芝居の演出をしているにすぎません。だから、どこで幕を開けて、どこで幕を下ろすか、大体の見当は付けてあります」

「え！　私が蟻の街のマリア役をしている女優ですって？」

怜子は思いがけない言葉に次の言葉が出てこなかった。蟻の街の仕事に命を懸けていたのに、それは女優として演じていたにすぎないのですって？　それと、松居先生がその芝居の演出家？　ならば、これまでさんざん新聞、雑誌、ラジオで蟻の街が取り上げられてきたのも、すべて松居先生の仕組んだ演出だったのね。その時、怜子は自分が松居の操り人形だったのではないかと考え、彼への不信の念が一気にこみあ

げて来るのを押さえられなかった。

しかし、すぐ気づいたことは、自分は天主様のみ旨を伝えるための媒介者にすぎないのに、いつの間にか、自分が中心になって、自分の力で何もかもやって見せようという気持ちになっていたことだった。それでないと嬉しくはないとすら感じていた。何とうぬぼれだったことだろう。今年のクリスマスを松居先生と浅草教会で計画して準備すると聞いた時、あれほど衝撃を受けたのも、自分のこんなうぬぼれからだったのではないか。

怜子は急に恥ずかしくなりうなだれた。さらに松居が続けて仏教の話をした時、いっそう自分の過ちに気づかされた。松居が帰った後、怜子はさらに、それまでの自分の心の持ち方を反省した。天主様よりも自分を中心に置きたがっていた。自分の力を過信していた。うぬぼれ怜子よ、恥ずかしくないか。そんな思いでいっぱいの夜になった。

翌日、怜子はエバンヘリスタ神父の求めに応じてスペインに送る予定だった蟻の街関連の新聞や雑誌記事と、蟻の街に関してまとめてほしいと言われた記録の送付を断ることに決め、その旨を告げる手紙を神父に書いた。さらに、これまで取っておいた関連新聞の一切を庭に持ち出して燃やしてしまった。

「蟻の街にも礼拝堂」「蟻の街のマリア、教授令嬢が空き缶拾い」「オルガンもできて、蟻の街のマリアさん」「クズ拾い共同募金、蟻の会の子供グループ」(47)

怜子はその一枚一枚を燃やしていった時、それぞれの想い出が浮かんで、何とも言えぬ未練がましい気持ちが湧いて来た。しかしそんな気持ちとも闘ってすべてを燃やし終えた時、すっきりと身軽になって天主様のところへ飛んでいけそうな気分になった。

そして二七日がやって来た。するとどうだろう。またもや怜子はもやもやした感情に包まれてしまう。二五日の夜、あれほど自分のうぬぼれを反省したのに、あの時の思いはどこに行ってしまったのか。自分が病気にさえならなければ、去年と同様、誇らしげな気分でこの日を迎えられただろうに。そう考えると悔しくて朝から涙が止まらなくなった。

夕方、怜子は重い気持ちを抱きながら母娭と大きな花束を抱えて蟻の街に出向いた。蟻の街に着くと、娭は自分が抱えてきた花束を怜子に渡して帰ってしまった。四〇日ぶりに見る懐かしいお堂の二階からは準備する子供たちの賑やかな声が響いていた。しかし、怜子の足は重くなってなかなか上れない。敗残者の気持ちというか、これまでの努力が崩壊していくような悲痛な思いに囚われ、がんじがらめになってしまったようだった。しかし、せっかくの花束は届けねばなるまい。そう思って勇気を奮って二階に上がって行った。部屋はきれいに飾られていた。イエスの聖心のご絵の前に花束を置き、跪いてしばらく祈っていると、涙が溢れてきた。怜子に気づいた子供たちが甘えてすり寄ってきたが、相手をする心の余裕もなく、「先生は病気なのですぐ帰らなければならないのよ」というと、逃げるように階段を下りた。

日はとっぷりと暮れていた。ただ、そのまま立ち去る気にもなれず、怜子は鉄屑の山の背後から二階の部屋をしばらく眺めていた。やがて浅草教会の聖歌隊の人や千葉神父が入って来て蟻の街構内は大変賑やかになったが、怜子は鉄屑の山に隠れ続けていた。恥ずかしいというよりも、負けず嫌いの怜子は自分が中心になれないことが悔しくたまらなかったのだ。あれほど反省したのに、なんと惨めな自分か。その時、偶然、怜子の手がいつも帯にぶら下げているロザリオの珠に触れた。はっとした怜子は、「こういう時こそ、マリア様におすがりしよう」と思ってロザリオの祈りを唱え始めた。主の御苦しみを黙想しながらゆっくり珠を括り、「天使祝詞」を唱え始めた。すると、不思議に心のわだかまりが消えて行った。主は侮辱されたのにすべてを忍ばれ、最愛の弟子からも見捨てられ給うた。自分はその主に従う者ではないのか。怜子はすがる思いでロザリオの祈りを続けた。

やがて部屋の電気も消え、聖歌の合唱と共に、白と赤の侍者服を着た子供たちがろうそくをもって静かに二階へと上って行った。その時、自分はあの子たちの先生には値しなかったんだわという思いに囚われ、怜子はまたもや身のすくむような思いに駆られた。すると、

「オ嬢サン、ドウシマシタカ」という懐かしい声がした。ゼノがやって来たのだ。しばらく挨拶の言葉を交わしてからゼノが帰らねばならないというので、途中までご一緒させてくださいと願うと、

「オ嬢サン、アナタ、ドウシテ、モウカエリマスカ。アナタ、今晩、サビシソウ。ナニカアリマシタカ」と気遣って聞いてくれたのだ。怜子は涙をこらえて、今の思いを隠し立てることなく吐露した。ゼノは自分も同じような思いをしてきたが、聖母マリアに頼んだら、もう何も気にしなくなったと言い、ゼノは家の裏木戸のところまで送ってくれた。別れる時ゼノは腰にぶら下げているロザリオを手に取って見せ、

「オ嬢サン、苦シイトキ、コレデス」と言って怜子を励ました。怜子はゼノの影響で既に「けがれなき聖母の騎士会」という信心会に入会していたが、この時改めて、マリア信心の力強さを確認したことだろう。この信心が、蟻の街が焼き討ちの危機にあった時、怜子の命を懸けたあのロザリオによる「二五〇〇

万円」の祈りへと繋がっていくのである。

怜子の療養はその後も続いた。松居はたびたび怜子宅にやって来ては、彼女を喜ばせるために、子供会の活躍について嬉しいニュースを伝えてくれた。一二月二八日には浅草教会から貰ったクリスマスプレゼントを子供会は上野の孤児たちに配った。また、二九日には、メルセス会から貰ったプレゼントも自分たちよりも酷い暮らしの子供たちに配り、さらに、昭和二七年の正月には、子供会で雑煮を作って隅田河畔の近くの浮浪者たちに配った。怜子はその時、子供たちが嬉しそうに雑煮を作っている光景を群集の後ろからそっと見守っていた。さらに、二七年の一月三〇日には、救ライ運動への協力として、子供会で屑拾いをして集めた五〇〇〇円を安井知事に手渡しもしている。目覚ましい子供会の活躍だが、怜子のそれまでの必死の努力がこうして花開いていくのを見るのは、病床の怜子にとっては慰めと力強い希望となっていったはずだ。

「身代わりの愛」を目指して：モンテンルパ戦犯と助命運動

モンテンルパの元日本兵死刑囚からの手紙：小川の魚が大海に

クリスマスの時の松居のきつい言葉を受けて、瞬間的に反発を感じたが、すぐに自分の思いあがりやうぬぼれに気づき深く反省した怜子だった。本当は天主様のご意志の媒介者とならねばならないのに、自分の力を過信し自分を中心に置こうとしていた。自分の混乱や苦しさはそこから来ていたのだと気付いた怜子は、自分を褒める新聞記事など、これまで大切に取っておいたものを、クリスマス明けの二六日にすべて燃やしてしまったのだ。しかし、決断したものの、まだ内心の葛藤と戦わなければならなかったし、その葛藤は二七日の蟻の街のクリスマスでも終始付きまとって離れなかった。怜子はそんな心情を隠さずに自著で素直に述べている。

松居の「あなたは蟻の街のマリア役をしている女優にすぎない」などという非礼ともいえる言葉をもし言われたとしたら、普通の人なら酷く傷つき人間関係を終わらせてしまうだろう。しかし、その言葉を即座に自らを省みる手段にしてしまったところが、怜子の尋常ならざる聖性を垣間見させてくれることにもなったのだが、それでも、その後の怜子の心の軌跡を見ると、その日を境に自分の執着を一気に払しょくできたわけではなく、寂しさ、悔しさ、未練という真に人間臭い心の傾きと執拗に戦わねばならなかったことがわかる。この点に、私などはかえって親しみを感じ、彼女の道がすべての人にも開かれた道でもあることを見て安堵するのである。

怜子は昭和二六年年末にフィリピンから一通の手紙を受け取っていた。それはモンテンルパの刑務所に収監中の元日本兵堀池宏市氏という戦犯死刑囚からのものだった。彼は無実でありながら死刑判決を受けた元海軍一等兵で、収監中にカトリックの洗礼を受けていた。手紙の内容はおおむね次のようなものだった。

「私は異国の刑務所にあって、明日をも知れぬ身ではありますが、絶ちがたき祖国への愛着からその成り行きを見守っています。日本の将来のためなら自分が死刑になってもくやみません。しかし内地からの新聞、雑誌などを読むと、殺人や強盗など好ましくない記事であふれています。そんなのを見るにつけ、自分たちが死んだ後の日本がどうなるのかと心配でなりません。また、何のために自分たちはこの人たちの犠牲となって死んでいかねばならないのか、それが悔しくてなりません。ところが、先日『サンデー毎日』で蟻の街の北原怜子さんの記事を読み感動しました。それで、こう

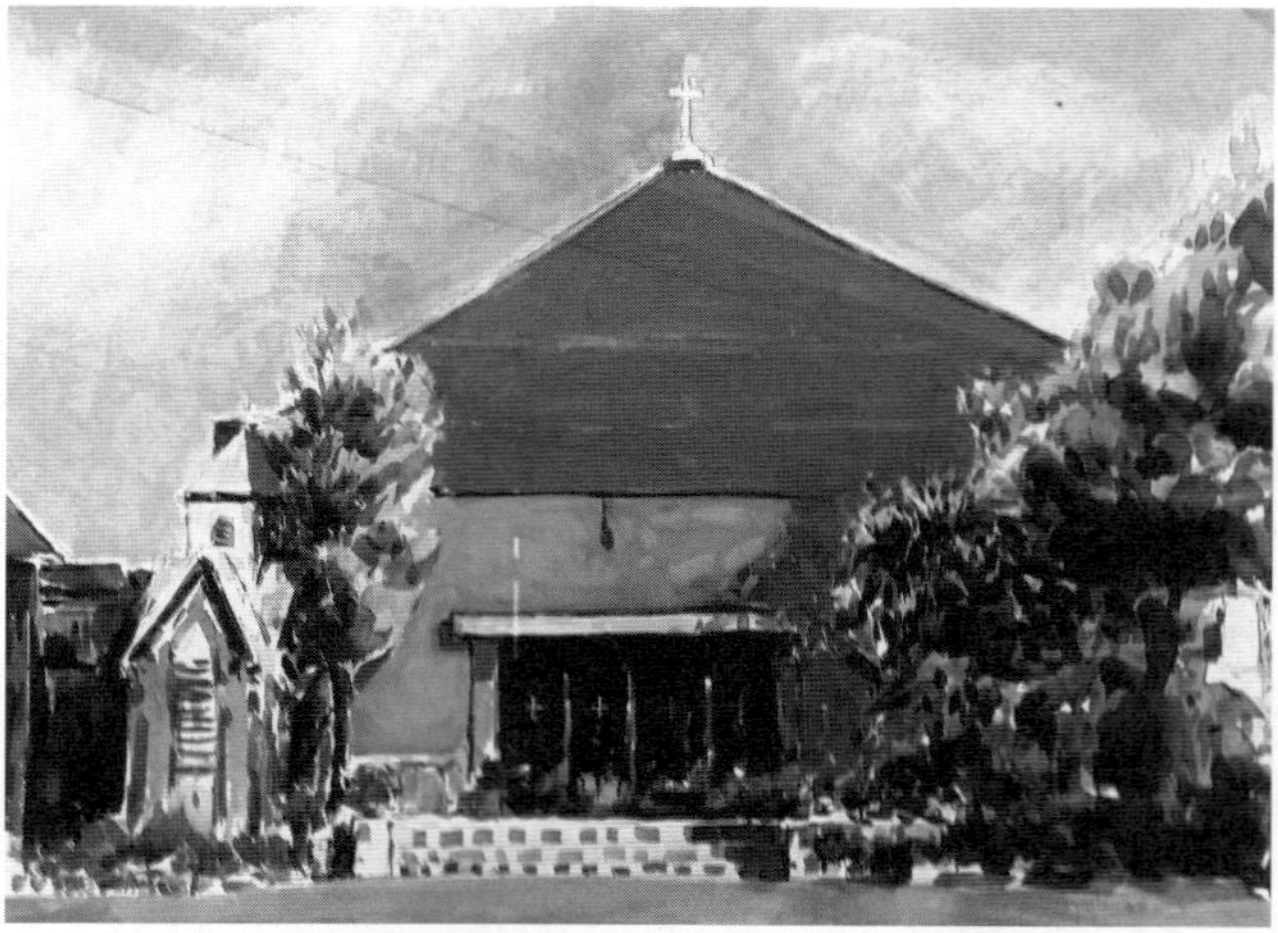

現在のカトリック浅草教会に掲げられている旧・浅草教会外観の絵画（怜子の生きた時代）〔著者撮影〕

いう運動がある限り、自分はいつ死んでも惜しくはないという気持ちになりました。北原さんのご健康をフィリピンの獄窓からはるかにお祈りしています」(要約)(48)

怜子はこの手紙を読んだ時、小川にいた魚が大海原に押し出された気がしたという。世の中には蟻の街の人たちよりももっと気の毒な人たちがたくさんいる。明日の命もわからない堀池さんのような方々が何百人、何千人といる。その家族の嘆きはいかばかりだろう。怜子は、この人たちのために何かをしなければならないという気持ちでいっぱいになった。

翌年一月になって、松居が子供会の救ライ運動協力の件で怜子宅にやって来た時、母媖がこの手紙を見せると、松居は怜子以上に感動して、「世界にはもっと多くの蟻の会があるべきだった。日本だけ見ていたので忘れていたが、アジアにはもっと酷い被害を受けもっと気の毒な人たちがいる。蟻の会よりも、もっと本筋の仕事があったことを忘れていた」と述べたという。そう、狭い国内のみならず、もっと広い視野でこれからは世界を見つめなければならないと怜子も松居もその時気づいたのだった。

死刑囚助命嘆願ミサ、「彼が救済されるために、私を身代わりに派遣してください」

怜子はその手紙を読んだ時、この戦犯死刑囚を何とか助けたいと考え救済運動を起こすことを決意した。同時に、その救済運動にはメルセス会の精神も深く絡んでいることに気づき、松居に改めてメルセス会の成り立ちやその精神について語った。メルセス会については、既に一章で説明したのでここでは詳しくは述べない。その起源は一三世紀のレコンキスタ時代のスペインで、回教徒によってアフリカに拉致されたキリスト教徒を解放するために、自分が身代わりになって救出するという運動から始まった修道会だった。その後、その救済運動のために祈る女子のメルセス観想修道会ができ、さらに、その女子観想修道会が二〇世紀になってメルセス宣教修道女会となって日本にもやってきて、東京や萩で光塩女子学院などを経営するに至った。

怜子はそこでキリスト教に導かれ洗礼を受けたのであったが、そのメルセス宣教会には古くからの精神を受け継ぐ第四誓願というものがあった。それも一章で触れたので見ていただきたいが、メルセス会の第四誓願とは、必要とあれば、隣人の救いのために自分の命を捧げる、つまり身代わりになって自分が死んでもいいと神に約束する誓いでもあるのだ。

怜子は今堀池氏の助命嘆願運動を考えるに際し、まさに、メルセスのこの根本的精神を生かす時がやって来たのではないかと確信したのである。怜子のその話を聞き、松居も心から同意し、無実の死刑囚を助けるために単に署名を集めるとか、嘆願書を送るよりも、一人のために代わりに一人が死ぬ決心をしなければならない。それこそが、本当の戦犯死刑囚救済運動のあり方だと意を強くして主張した。

「私たちはフィリピン国民に向かって、もしフィリピン人が望むならば、少なくとも、今自分たちはすぐ身代わりに死にに行く決心があること、そしてもしそれ以上のことを望むならば、一生奴隷の生活をすることも惜しまないことを宣言するのでなければ、ほんとうの意味での救済にならないということに気が付きました。そして、その気持ちがいつか実現できるように、お祈りするためのごミサを行おうということを語り合いました」(49)と怜子は自著で述べている。

怜子と松居は静岡在住の堀池氏の両親と妻、娘さんを探し出し、一月二七日に蟻の街に招き、翌二八日に浅草教会で助命嘆願ミサを捧げることができた。堀池氏の助命嘆願と言っても、怜子の真の意向は、自分たちが彼の救出のために身代わりになることができるように祈願することであった。

ミサは早朝の六時半に始まったが、ミサには堀池氏の家族ほか、蟻の街から源一、黒ちゃん、ヨッチンの三人も出席した。彼らは四時に起きて新聞配達を済ませてから教会に駆け付けた。ほかに浅草教会の信徒も出席し、千葉神父の司式で執り行われた。ミサでは怜子の大好きな聖歌二番が歌われた。

身も魂も主に捧げ
み心に委ねまつらなん

この聖歌は以前から怜子の最も好きな聖歌であったが、その時ほど怜子の心情にぴったり来ることはなかった。

その後、一月末から二月の間に、松居らは、浅草教会信徒七〇名分の助命嘆願署名と怜子の「堀池氏が助命されるなら、自分が身代わりになって命を捧げてもいい」と記した手紙をロハス前大統領の未亡人に送った。

その後、モンテンルパをめぐっては大きな動きがあった。昭和二八年（一九五三年）七月に、日本人戦犯一〇五名全員に恩赦が出て彼らは全員帰国を果たすことができた。恩赦を出したのはキリノ大統領であったが、彼は戦時中に日本兵に妻と三人の子供と五人の親族を殺害されながら、なおもキリスト教の赦しの精神で日本人を赦し全員を釈放したのである。このことに、怜子の身代わりを願う手紙や助命嘆願署名がどう影響を与えたのか情報がないので定かではない。しかし、日本人はこのフィリピン人の寛大な赦しの精神を決して忘れるべきではないだろう。それから三年後の昭和三一年（一九五六年）に日本とフィリピンは国交を回復した。

松居との誤解が解け、怜子転地療養を決断する

怜子は、堀池氏の家族を蟻の街で案内していた時、怜子の主治医の中神医師が飛んで来て、松居に、もっと安静にさせるよう要請したその会話を聞いてしまい、自分の病名が実は肺結核であるのを知ることになる。しかし、そのことが怜子の転地療養への決断を促したのではない。

怜子はこのモンテンルパの助命嘆願運動までは、松居をどこかで疑っていて、「先生はカトリックを利用するために、私を蟻の街のマリアに仕立てて、おとりとして使っていたんじゃないかしら。私はこの一年、先生のロボットにされていたのでは？　先生はひょっとしたら、カトリックの邪魔をする一番の強敵ではないのかな」とずっと不審に思っていたという。

松居も松居で、それまでは怜子を彼の嫌いな偽善的なクリスチャンの一類型とみなし、怜子の真意を理解しようとはしていなかったと吐露している。ところが、怜子がメルセスの第四誓願の話を持ち出し、

「自分は人を救うために自分の命を犠牲にするメルセス会の精神に大変惹かれ、それを生きたいと常に思っていたので、死刑囚助命のこの機会がそれを実践する良い機会と思っている」と話したことで、松居は彼女への見方を一変させることになった。

「僕は実はあなたの信仰の動機がもっと浅いものだと思っていました。しかし、今あなたの真意がわかりました。あなたの助命運動は紙切れの署名ではなく、自分の命をフィリピンの人々に捧げるというものなのですね」[50]

「はい、そうです」

「この三年間、僕が一番求めていたのは命を捨ててくれる同志なんです。それがキリスト信者のあなただとしたら、僕はキリスト教に対する考えを変えないといけない。でも、あなたが、蟻の街のために命を捨ててくださる親切があれば、その貴重な命をもっと大切にしてください」[51]

「はい、わかりました」と怜子は言った。

怜子の方でも、松居が自分と同様に「命を捧げる愛」に強い価値を置いていることがわかり、これが先生との一致点だと理解できたので、それまでのわだかまりや不信が解消していくのを感じた。さらに松居の「人類全体が一つのブドウの木」であるという言葉がヒントになって、自分の小さな存在も大きな幹である天主様に繋がる細胞の一つであると思う時、自分の魂を磨き、身体を丈夫にすることは天主様への当然の義務であると気付きもして、怜子は松居からの転地療養を受ける決心に至ったのである。

つまり怜子の療養への決断は、松居への不信から脱却する価値観の一致点を見出した点が大きいが、さらに大きなブドウの幹である天主に繋がる一細胞の自分を丈夫にしたいという新たな思いからも生まれたものであったのだ。

怜子は昭和二七年（一九五二年）三月一日、転地療養のため、松居の留守宅がある箱根仙石原に向け出発した。怜子二二歳の早春であった。

第四章　大試練と精神的飛翔、そして愛に死ぬ

箱根療養と焦りの日々

「怜子はすぐ東京に戻って、蟻の街に住み込みたい」

怜子が箱根仙石原に向かったのはまだ春というには早い三月一日であった。自分の健康回復のためとは言え、怜子は蟻の街から遠く離れ一人療養に入るのはおそらく重苦しい気分であったに違いない。自分を慕ってくれる蟻の街の子供たちの顔を眼前に浮かべ、懐かしさと寂しさでいたたまれない気持ちであったことだろう。

その季節、箱根ではまだ時折雪が降った。仙石原は山の中なのである。療養生活に入ってしばらくして、松居に重要な手紙を書いた日も箱根は雪が静かに降っていた。その手紙の内容は既に述べてきたように、試練のクリスマス前後の心境を綴ったものであった。深い内省の念に包まれてはいたものの、一方で正直

な告白も吐露していた。

さて、療養生活の時間がたってくると、さまざまな噂が怜子の耳に入って来た。その多くは聞きたくない内容だったが、中にはわざわざそれを告げに来る人までいた。

「松居先生がね、北原怜子をクビにしたなんて言っている人がいる」

「浅草教会から、代わりの先生が来て子供の世話をやいているらしい」

怜子は関係ないのに、その都度、居ても立っても居られない気持ちになった。さらに、

「隅田公園内の野宿者二〇〇人の小屋が民生局に焼き払われてしまった」

「蟻の街の子供会の活動がその後鈍って来た」

こんな報告がしきりに怜子の耳に入って来た。そんな話を聞くたびに、怜子には、松居先生へのたまらない不満の念が沸き上がってきて仕方なかった。さらに、姉和子関連の心配な話も入って来た。高木商店の経営が行き詰まり、和子の夫が重い病になり、和子も病床に伏すようになった。代わりに店を任せていた若い店員たちの行動についても嫌な噂を聞き、怜子はじっとしておられないような気持ちになっていった。

そんな苛立ちと憂鬱な日々に、一条の光が差すような出来事があった。モンテンルパの死刑囚たちから療養する怜子への慰問の手紙が届いたのだ。それは昭和二七年五月二二日付の手紙で、その日は丁度、昇天の大祝日だった。内容は、堀池氏はじめ向こうの刑務所で洗礼を受けた死刑囚たちが病弱な怜子へ回復のための熱心な祈りをしていることを伝えるものだった。さらに、手紙には死刑囚たちが丹精込めて育

てた朝顔の押し花まで添えられていた。「明日の命も知れない死刑囚たちがこんな自分のためにこれほど祈ってくださるとは！」怜子は感動し、一刻も早く東京に戻ろうと決心を固めるのであった。それで、怜子は父金司に「早く東京に戻ろうと思います」と手紙を書いた。


数日後、父金司が慌てて箱根に飛んで来た。

「お父さん、私、堀池さんたちのお手紙を読んで、もうじっとしていられなくなったの」

「そんなに慌てて東京に帰って何するつもりなんだ」

「私、バタ車を引きます。家に残って私が親孝行をしなければならないのはわかっているんだけど」

「子供がね、何したって、父さんは反対しないよ」

「ありがとう。もうすぐ帰っていいでしょ？」

「そうだとしても、今年いっぱいは療養したほうがいいじゃないかな」

「蟻の街が焼き払われるという噂があるのよ」

「あの連中はやるかもしれないな」

「じゃ、早く帰らなくちゃ！」

「何もお前が急いで帰ったからと言って」

「お父さん、怜子はね、すぐ東京に戻って蟻の街に住み込みたいの」

「お前が？」

「いけませんか」

「いや、いけないとは言わないよ。ただ、お前が行きたいから行く。が、そのうちに飽きたから帰って来る、となってはいけないよ」

「怜子の決心はそんなに中途半端なものじゃありません。蟻の街には怜子でなければならない仕事があるらしいの。天主様が望んでもおられるの。怜子はね、蟻の街に行く以上は死ななければ帰らない決心なんです」

「正直言って、父さんは寂しいけど、お前のような子供をもって幸せに思うよ」

定かな日付はわかっていないが、怜子は昭和二七年の六月末頃から七月末にかけて浅草に戻って行った模様である。

怜子不在中の蟻の街で生じていたこと

怜子が箱根の療養に出かけて間もなく、浅草教会から信徒の佐野慶子が怜子の代わりに子供たちの面倒を見るために蟻の街に通いでやって来た。怜子が箱根で聞いた噂は真実だったのだ。佐野はそれまで日銀に務めるOLだったが、誰が蟻の街に招いたのだろう。はっきりしたことはわかっていない。ただ、常識的に考えて、怜子の病状が深刻であることを知っていた松居が、怜子がもう戻っては来られないだろうと読んで、小沢と相談し、浅草教会の千葉神父に女性信徒の派遣を依頼した。で、神父は希望者を募って佐野が志願した。そう考えるのが最も自然だと思う。

この佐野慶子を迎えて、蟻の街では昭和二七年四月一三日に復活祭と花見会が催されている。この模様を松居は最初期の著書である『蟻の街の奇跡』の中でのみ触れている。[52] その日、蟻の街は舞台を設定しピオ一二世の絵を掲げて簡単な復活祭の儀式をやってから、弁当や酒が配られ仮装行列で踊りながら、言問橋を渡り、向島界隈まで練り歩いて行ったという。そして桜並木の下で弁当を開いて祝宴を開き、再び仮装行列をしながら蟻の会に帰って行った。その後、三人のプロの舞踏家を交えて踊りの会が催されている。佐野がその時率先して踊りの輪に入った時、つられて街の人も数十人が輪に入ってみんなで踊ったという。怜子が箱根で嫌な話をさんざん聞かされ、悶々としていた時に、蟻の街では浮世離れしたこんな祝宴が開かれていたのである。松居はもちろん、その計画の中心にいたであろう。

それからほかにも怜子の知らない出来事が生まれていた。当時、蟻の街では朝夕、マイクの前に集まって、カトリックのお告げの祈りをしていたというが、その祈りの前後に一曲ずつ聖歌を歌っていた。それで、これも松居の発案なのだが、佐野や日銀の佐野の同僚、千葉神父と浅草教会の人たちに来てもらい、蟻の街で若い男女が一緒に歌う機会を増やしていったそうだ。それが蟻の街の聖歌隊に発展していった。毎金が練習日で多い時は二〇人以上の青年が集まって歌ったという。また火曜日には浅草教会で公教要理もしていた。怜子は不在であったが、蟻の街は松居の指導で活況を呈していたと見える。

それと松居にはもう一つの計画があった。前年の昭和二六年に蟻の街には塚本慎三という若い優秀な青年がやって来た。彼は慶応大学を卒業し土建会社の社長だったが、昭和二五年の不況で倒産、妻と友人らに去られてしまった。職安に行っても高学歴ゆえ相手にされず、民生局に相談に行ったところ、蟻の街を紹介されてやって来たのだった。優れた経歴や能力の持ち主ゆえ、小沢は半年後に彼を営業主任に抜擢した。松居は将来のリーダーであるその彼と佐野が一緒になって、今後理想の蟻の街を作っていってもらいたいと夢見ていたのだろう。佐野に塚本と付き合うように勧めたそうだ(53)。当時、松居の頭にはもう怜子は戻らないと決めてかかっていた節がある。箱根で悶々としながら一刻も早く蟻の街に戻ろうとしていた怜子には、当時松居がこんな計画を抱いていたなどと、知る由もなかった。

戻った蟻の街で待ち受けていたもの、そして蟻の街を去る決意

戻った怜子を待ち受けていた状況

怜子は昭和二七年の六月末から七月末の間に浅草に戻って来た。療養中いろんな話を聞き、居てもたってもいられなくなったからだ。怜子は戻ってから何度も蟻の街に行ってみたが、その都度、自分が慣れ親しんだお堂の二階からは、佐野や松居、子供たちの談笑の声や歌声が聞こえてきて、どうしても入って行くことができなかったという。

怜子は久しぶりに蟻の街に戻れば、自分の姿を見て、街の人々が「あら、先生、お帰りになったのですか」と飛んで来てくれるものと想像していた。しかし、現実は全く違っていた。蟻の街の人々は短期間での入れ替わりが激しいので、子供を含めて知らない人たちも増えていた。そのせいかもしれないが、みんな怜子を見ても素通りしていったし、たまに顔見知りの奥さんを見かけると、一応挨拶は返してくれたが、そっけなく行ってしまった。恵子だけが、怜子の顔を見ると飛んで来て喜んでくれた。

こんな感じの蟻の街を怜子は想像もしていなかった。あれほど心配して帰りたかった場所だったのに、この冷たさって何なの？ 怜子は胸がかきむしられるような寂しさと戸惑いを覚えた。そこで、ある日、

新聞配達を続けていた源一を家に呼び、蟻の街の人たちが自分のことをどう思っているのか聞いてみることにした。

「蟻の街の人、先生のことをどう見てる？　みんな北原先生をクビにしちゃったと言ってない？」

「そんなことないよ。みんな、朝夕、北原先生のために祈っているし、佐野先生も、見学に来た人たちに自分の名前を告げずに、北原先生の代理で来ているだけだと強調していたよ。先生は今も蟻の街のマリアだもん！」

怜子は源一の言葉を聞き、泣き出しそうになってしまった。ここで佐野慶子について少し加えておきたい。後に作られた蟻の街のマリアを描く映画や劇などで、佐野を怜子に対抗する意地悪な女性として描写する向きがあるが、それは筋立てを面白くするための創作であって、事実ではないということを言っておきたい。源一がいみじくも言ってるように、彼女は謙虚で立場をわきまえた女性であった。後に怜子の列福調査のために聞き取りが行われた時も、佐野は怜子を高く評価していた。佐野は常識のある控えめな女性であった。

源一と話し、勇気を得た怜子は松居と話すために蟻の街に飛んで行った。病気の重さから、怜子はもう蟻の街には戻ってこないと確信していた松居は、数日前に怜子が帰って来たと知った時、驚きを隠せなかったが、今改めて怜子には言っておくことがあったので、この話し合いは松居の望むところでもあった。松居は去年のクリスマスの時のように、芝居の脚本家である天主様とマリア役の女優にすぎない怜子という設定での話を再び始めたが、脚本家がそろそろ芝居の幕を下ろそうとしているのだとしたら、女優は従わねばならないとしたうえで、あなたには三つの道があると提示した。①名誉も財も捨てて死ぬ。②メルセス会に入会する。③すべてを捨てて一介のバタヤになるという三つの選択肢だ。(54)

「私、一介のバタヤになります」と怜子は即座に叫んだ。

怜子は、去年の復活祭後に論じ合った時よりももっと激しい調子で、その夜、松居と夜の更けるのも忘れて話し合ったという。この言葉の背後には怜子の深い内省があった。怜子は通いバタヤだった時、まだお嬢さんバタヤを抜けだせないでいたと自分を振り返る。最初、蟻の街でバタ籠を担いだ時、イエス様に習って貧しい人々のものになると決心したはずなのに、ほかの先輩方のようにお嬢さんという地位を離れられずに、そのまま蟻の街の人々を引っ張り上げようと傲慢な考え方をしていたと、どこまでも厳しく自分を振り返る怜子であった。

マドレ・アンヘレスへの手紙(55)

怜子は箱根から帰った後のこのような試練の中で、昭和二七年八月一六日に信仰の師であるメルセス会のマドレ・アンヘレスに重要な手紙を書いている。ここには怜子の霊性が集約されているように見える。その時彼女は自分の誕生日でまた聖母の祝日でもある八月二二日に向け九日間の祈りをしている最中でもあった。以下は手紙の要約である。

「九日間の祈りと共に、今後の私の行くべき道を考え続けています。今は身体を治すことが第一とも考えましたが、私の今の唯一の望みは一日も早くお父様(56)の御心の中に参りたいのです。この望みを天主様はどのような手段で私にお許しになるのか。漠然とわかることは、①霊魂と肉身の健康を与えられて修道生活に入る許しを与えられること②世の中でお父様の御心のままに仕事をすること③病の苦しみを十字架の一端として与えられ生きることの三つだと思います。

私は今までマリア様のような完全な聖人になりたいと平凡な望みを持っておりましたが、一四日、一五日とマリア様のことを考えながらお祈りしていますと、ふと目に浮かんだのは『悲しみのマリア様』でした。驚きました。悲しみに満ちたその御顔。これまで私は、十字架に釘付けられたキリスト様の御側に、聖母マリア様と何故共に苦しむことができなかったのでしょうか。これからは、我が母聖母マリアの悲しみに満ちた御心を少しでもお慰めして、お母様に微笑んで頂けますように努めることが私にお与えくださったお恵みと思います。

今後の苦しみは言葉に表されない程の十字架の道と存じますが、私一人だけが天国に行くため犠牲を宝として積もうとは思いません。天国のお父様は私一人が御側に参りますよりも、より多くの人々と手に手を取って天主様の御側に伺った方がどれほどお喜びいただけることでしょうか。このために十字架の苦しみを喜んでお受けするつもりです。

マドレ、私のためにお祈りください。すべて天主様のみ摂理のまま、お力をお与えくださいますようお願いするのみです。『至聖なるイエズス様の御心、御身に信頼し奉る』」

聖母マリアに向けた九日間の祈りの最中に、悲しむ聖母の面影が突如眼前に浮かび驚く怜子だったが、すぐにその悲しみを慰めたい。そのため今後の厳しい十字架の道を、自分一人が天国に行くためではなく、より多くの人と手を取り合って天国に行けるよう歩んでいきたい。その方が天主の御心にかない、聖母も喜ぶに違いない。そして天主の御心に委ねて、み旨のままに生きていきたいと、怜子はここで信仰の師であるマドレに力強く誓ったのである。十字架の道を人々と共に喜んで歩み、み旨のままに生きること。このことが、これまでも怜子の心を占めていた信仰であったが、今直面する試練の中でよりいっそう鮮明に怜子の魂の中に食い込んでいったのである。

怜子、ふろしき包み一つ持って蟻の街へ、そして住み込みバタヤになる

怜子が箱根療養中に聞いた姉和子の家の事情は本当だった。義兄である高木の病状は予想以上に悪く、千葉に転地療養しなければならなくなった。しかも姉和子も病気で夫婦揃って病に伏す身となってはこのまま店を経営することが困難になり、五〇年近く続いた花川戸の高木商店をついに閉鎖することにし、義兄高木と姉和子、それに、二人の甥と一人の姪は千葉の上総湊の漁村に移って行った。したがって北原家も花川戸の家をたたみ、父金司と母媖、妹の肇子は上野のお寺の一室を借り引っ越さねばならなくなった。で、怜子はどうしたかというと、この際、家を出て蟻の街に移り住むことは天主のみ旨だと信じて、九月の始め、風呂敷包みを一つ持つと、一介のバタヤになるために蟻の街に向かったのである。怜子二三歳の初秋であった。

蟻の街に到着した怜子は、松居に「今日からここで住み込みバタヤになる」と言って、さっそくその風呂敷包みから前かけを取りだすと屑物の倉庫に向かった。自分が非感染性であるとは言え肺結核であることを既に知っていた怜子は、子供の世話は佐野に任せて、自分はひたすらバタヤ業に専念しようと思っていたからだ。怜子は前かけをすると、さっそく屑物小屋で紙屑の仕分けを始めた。その姿を見た小沢会長は、驚きと感動をもってつぶやいた。

「北原先生、アタマおかしくなったのかなあ」

しかし、しばらくすると、怜子は、本物のバタヤになりきることがどんなにむつかしいことなのか思い知らされていく。お嬢さんとしてバタ車を引くことはできても、自分一人が自活するために屑を拾い生活することが、どんなに努力を要する大変なことなのかと痛感したのだった。

「私が本当にたった一人の孤独な女としてバタヤになり切ろうとした時、今初めて、生きるということがどんなにむつかしいことか、はっきりわかりました。それは収入だけの問題ではありません。一つの理想を本当にやり遂げていくのには、一人の力ではどうすることもできないことがいくらでもあるのだと、蟻の街に改めて飛び込んではじめてわかったのです」(57)

佐野慶子と塚本慎三の結婚を機に、蟻の街を去る決断をした怜子

それでも怜子は蟻の街でバタヤとして必死に生きようとしていた。ところがある日のこと、結納の品を

小沢が用意しているところを見てしまい、佐野が蟻の街のバタヤである塚本慎三と結婚することを知った。怜子はこのことに、非常に大きな衝撃を受けた。悶々と苦しんだ後、「これからは塚本さんと佐野さんの蟻の街になる。自分の蟻の街での使命は終わった」と自覚して、怜子は蟻の街を永久に去る決意をしたのだ。昭和二七年の一〇月のことだった。蟻の街に住み込む決意でやって来てまだ一か月しかたっていなかった。

「かなたの山には佐野慶子さんというもっと素晴らしい『蟻の街のマリア』が現れたのです。もう最初の小さい醜いマリアは消えてなくなるべきだと思いました」[58]

「私は『蟻の街』に飛び込んでバタヤになるというだけで、私のすべてを捨てたことになると思っていたのですが、さらにもう一つ、蟻の街から姿を消さなければ、私のすべてを消したことにならないのだということがはっきりわかってきました」[59]

佐野と塚本の結婚式にて

怜子はそう思えば思うほど、蟻の街を去りがたい気持ちが湧いてきたが、それでも、自分の前に二本の道があって、どちらに行ったらいいのか決断しがたい時には自分が好まない方に行ったほうがいいという以前の松居の言葉を思い出し、蟻の会を愛しているからこそ、去らねばならないと決断したのだった。

怜子の決断を聞いた時、松居は悲しむと同時に、怜子の魂の問題としては喜んだという。それで、松居はこれまでのお礼に何をしたらいいかと怜子に聞くと、

「それは先生の洗礼です。願えますなら、王たるキリストの祝日の前夜に」

「もちろん、それはあなたがすべてを捨てたら、当然受けるつもりでした」と松居はきっぱりと答えた。

王たるキリストの祝日というのは怜子が受洗した記念日でもあった。松居は、死刑囚助命嘆願運動で、怜子が見せた身代わりの愛への強い決意に感動し、キリスト教と怜子への誤解を解いていったというが、今まさに怜子がイエスへの愛ゆえに最も大事なものすら捨て去るという命がけの信仰の在り方を目の当りにして、あれほど嫌っていたキリスト者自身に自らがなる決意を固めたのであった。

松居の受洗の決意を聞いて、小沢会長も受洗を決意して言う。

「キリスト一家は親分のキリストが一番最初に自分の命を投げ出し子分を助けようとしている。俺はますます気に入った。だから、俺は前々からキリスト一家の〈杯〉を飲もうと思っていたんだ」(60)と元テキ屋のボスの風格で小沢は宣言した。

すると、前から浅草教会で公教要理の勉強をしていたものの、受洗を言い出せなかった蟻の街の人々も、会長の受洗宣言で口々に受洗への願いを口にした。その数一〇人ほど。吉田家の五人や中沢先生も含まれ

ていた。これらの人たちは松居の受洗から数日後に千葉神父から洗礼を受けた。

最初は浮浪者の巣であり、ヤクザ上りが朝から酒を飲んでいたような集落だった蟻の街。そこに洗礼を受けたばかりの怜子がゼノ修道士に導かれて現れ、野外劇のようなクリスマスを成功させ、親身になって子供たちの勉強を見、更に自らバタ車を引きながら箱根旅行を実現させ、子供たちと共に他者に奉仕する共同募金を実践、さらに運動会を笑いの渦に変えてしまった。最初は大学教授の令嬢の気まぐれな道楽と冷ややかに見ていた蟻の街の人々も、細い身体を張った命がけの奉仕活動に次第に心を動かされ、ついには子供たちと共に主の祈りを唱え出し、ミサに通う人まで現れていった。こんなことが起こるなど、最初、誰が想像できただろうか。敗戦後数年しかたっていない荒廃した時代だった。新憲法が施行され、新時代への希望が生まれていたものの、社会はささくれ立って犯罪も多発していた。暗黒と絶望、そして希望の断片も入り乱れて、社会はまさにカオスの様相を呈していた。そんな中、蟻の街という屑に囲まれた部落からは、一人の若きキリスト者の女性の献身によって、祈りの声や聖歌が響き渡り、バタヤが続々とキリスト教に入信していくという現象が生じていたのだ。

しかしその主役の女性が、今永久に蟻の街を去る決心をしてしまったのだ。生まれつつあったバタヤ部落の奇跡のような話はもう途絶えてしまうのだろうか。

怜子は佐野と塚本の結婚式に出席し、「新しい蟻の街のマリア」を祝福し、松居や小沢、そして蟻の街の人々の受洗を見届けたうえで、昭和二七年の一〇月末に蟻の街を去った。断腸の思いであったが、それは「富んでおられたのに人間のために貧しくなられた主キリスト」にあくまでも従うための厳しい内省に貫かれた決断だった。大きな試練を経て、怜子の人間的成長と霊的飛翔はこの後、いっそう高まっていく。

蟻の街を去った後で

ゼノ修道士への手紙

怜子が蟻の街を去ったのは、よく誤解されているように、決して佐野慶子（結婚後は塚本慶子）が追い出したのでもなく、また松居が追い出したのでもない。佐野は既に述べたように控えめで常識的な人であったようだ。源一らが証言しているし、後に怜子の列福調査のための聞き取りでも、怜子を佐野は高く評価している。一方、松居だが、見てきた通り怜子には厳しい視線を投げかけ続けてきたが、彼も意地が悪かったのではない。モンテンルパの死刑囚助命運動あたりから、怜子の信仰の純粋さに感動し、あそこまで自分を捨てられるのかと驚嘆しながら、ついにカトリックの洗礼を受け怜子と同じ信仰に生きる者となった。彼の心の底にはいつも愛があったと証言する人もいる。つまり怜子が蟻の街を断腸の思いで去ったのは、誰のせいでもなく、あくまでも彼女自身の深い信仰から出た自発的な決断であったのだ。

怜子は蟻の街を去った後の昭和二七年のクリスマスに一通の手紙をゼノに送っている。以下はその要約である。

「ゼノ様、クリスマスおめでとうございます。丁度二年前、ゼノ様のお導きで行かせて頂いた『蟻の街』を、突然去るに当たりまして、一言もご挨拶申し上げなかったことを、心からお詫びいたします。私は今やっと、楽しい過去の思い出や、輝く未来の夢を捨て去って、ただひとすじに、すべてを天主様のみ旨にお任せできるようになりました。とは申すものの、暁の霜を見るにつけ、気にかかるのは、可愛い『蟻の街』の子供たちや、年中無休で紙屑や縄屑と闘っているバタヤさんの身の上です。たまたま噂に聞くところでは『蟻の街』を焼き払うとか、営業を停止させるとか、何か不安な気分が漂っている様子ですが、その後はどうなりましたでしょうか。世の中の人たちが見捨て果てた屑を拾って、それを立派にお国の役に立てている人たち。唯一の天主様の教えを信じ、最低の生活に甘んじて、自力更生している人たち。『幸いなるかな心貧しき人』とイエス様さえお褒めになった通りの生活をしている人たち。こういう人たちが集まっている『蟻の街』が、なぜ焼き払われたり、営業停止をされなければならないのでしょう。

でも私は信じます。万一、正しい人々がこの世のよこしまな人たちのために、どのような不幸な目にあわされても、最後には天主様がきっと正しい裁きをしてくださるはずだと。

私は今、遠くの空から、ひたすら天主様にお祈りいたしております」(61)

萩のメルセス会修道院出発の朝倒れ、療養生活を経て蟻の街永住へ

怜子は蟻の街から帰った昭和二七年一〇月末から昭和二八年二月頃までの間で、どこかで喪服姿で写真

を撮り、萩のメルセス会に出発しようとしていた。
怜子はもともとメルセス会への入会を希望し、蟻の街と出会う前に既に萩のメルセス会に出向き、実地検分として数日を過ごしている。その頃、萩のメルセス会は既述したように「萩女子学園」をメルセス会で引き受けるための準備をしていた時であったが、怜子は滞在中に熱を出し、先方の院長からは、入会を考えるならまず身体を治すように要請されていた。メルセスが萩で萩光塩学院を開校させたのは昭和二七年なので、怜子が蟻の街を去ったあと、行こうとしていたのは、メルセスに委譲されたばかりの萩光塩であった。萩のメルセスの院長はもとより怜子に関心を持っていたので、おそらく、蟻の街を辞めた怜子を先方が招いてくれたものと思われる。この萩行きは、よく言われてきたように修道院に入るための出発ではなく、前回に続く二回目の実地検分として、しばらく身体を治しながら、試しに外から修道生活を見てみるぐらいの目的で招かれたのだろう。だからといって、怜子にその旅行は決して軽い意味のものではなく、世俗的な生活との決別という重い決心を伴っていたのだろう。それで、世間から離れる意味を込めて、出発前に喪服で写真を撮ったものと思われる。

怜子は荷物を旅行鞄に詰め、萩行きのチケットも買って出発の日を待っていた。ところが、出発の朝、怜子は玄関先で倒れてしまったのだ。熱を測ると高熱が出ていた。医師が呼ばれた結果、絶対安静を命じられた。蟻の街を去って、それじゃ、やっぱりメルセスの生活に呼ばれていると思って準備していたのに、これも駄目なのか。怜子は最も大切な神（天主様）のご意志に身を任せていたのに、自分がどの道に招かれているのか、わからなくなってしまった。しばらく生死の境をさまようような重い病状が続いたという。

怜子は病床で高熱にうなされながら、「天主様、ご意志のままになりますように。怜子はもうさっぱりわからなくなりました。ご意志をなしてください。マリア様、悲しみのマリア様、どうか助けてください」と祈り続けた。

その頃、頻繁に往診していた医師は、

「医者が言うのもなんですが、怜子さんが一番心を置いているところに戻れば、薬で回復しない病気も良くなるかもしれません。つまり、蟻の街ですな。どう思われますか」と枕辺に付き添っていた両親に聞いてきた。父金司も母媖も蟻の街の人が怜子をもう一度受けてくれ、怜子自身も望むならぜひそうしてやりたいと哀願するような表情で語った。

松居の本を読むと、医師からこの提案があった後、怜子はすぐ蟻の街に戻ったように書かれているが、実際はもっと後である。怜子が萩への出発の朝倒れてから療養を経て、蟻の街に戻ることになるまでに約一年の月日が経過している。その間、怜子がどこでどう療養していたのか、情報が乏しいのでよくわからない。それに、北原家は既に花川戸の家をたたんで上野の寺に間借りのために引っ越している。だから、怜子が今どこで療養生活に入ったのか定かではないのだが、資料をいろいろと調べると、その後北原家は上野のその寺から北新宿に居を移したという情報もある。だから、一年に及ぶ怜子の療養の場所は錯綜していてよくわからない。上野の寺にいたのか、北新宿の北原家の新しい引っ越し先なのか、それとも、もう一度箱根に行ったのか。後に紹介する外側志津子は彼女が昭和二八年八月に蟻の街に住み込んだ時、北原怜子が箱根で療養中だと聞いていた。

しかし、ここで大事なことは、医者ばかりか、その後、蟻の街の人々が、怜子にぜひ戻ってきてほしいと声を上げていったことである。とりわけ小沢会長が怜子を戻すのに熱心だった。

「北原先生、あんたはやっぱり蟻の街のマリアだったんだ。あんたは蟻の街でただじっとしていてくれるだけでいいんだ。あんたのような清い心の人がいるだけで俺らは幸せなんだ」と熱心に呼びかけてくれた。これに松居も同意した。また源一も恵子ら子供たちも「北原先生、戻ってきてください」と熱心に呼びかけてくれた。怜子はそんな声を聞き、むせび泣いた。夢のような話ではないか。もう一度蟻の街に戻れるなど夢のようだわと、怜子はただむせび泣いた。

その間、昭和二八年三月には怜子の手紙と子供たちの作文を主体にした怜子の自著『蟻の街の子供たち』が出版されている。怜子がそれまでに友人らに書いて投函せずに屑箱に捨てられていた厚い手紙の束を松居が拾い出し、怜子を説得して出版させたのである。自分のうぬぼれに気づき、自分の新聞記事を悉く焼き捨ててからというもの、目立つことを極度に嫌う怜子だったので、説得には時間がかかったが、最終的には承諾してくれた。この怜子の自著が、後に蟻の街が焼き払いを免れ、都に移転を認めさせた時に大きな威力を発揮することになる。

こうして怜子は昭和二八年秋口、言問橋のほとりのあの懐かしい蟻の街に今度は永住目的で戻ることになった。小沢会長と蟻の街の人々は、奥の屑物倉庫の横に怜子のために三畳の小屋を建てて待っていてくれた。怜子は二四才になっていた。

怜子、蟻の街の住人となる

戻った蟻の街で外側志津子と出会う

怜子は蟻の街を去ってからほぼ一年後の昭和二八年の秋に、今度は蟻の会の人々に請われる形で、病身でありながらも永住を決意して再び蟻の街に戻って来た。生死をさまようような状態から、約一年の休養が功を奏したのか比較的元気だった。小沢会長も松居ら蟻の会の人々も、源一、恵子ら子供たちも喜んで怜子を迎えた。蟻の街のあのごみごみとした風景も、粗末な十字架も、ゴミだらけの隅田川もみんな懐かしかった。川から吹いてくる風が心地よく怜子の頬をそっと撫でていった。

会員の顔触れは相当変わっていたが、とりわけ一人の若い女性が怜子を待っていた。外側志津子という一九歳の大学生だった。

外側は上智大学近くに駐留軍が持っていたかまぼこ兵舎にも図書館があると聞き、行ってみるとたやすく中に入れてくれたという。そこで偶然にも松居の本『蟻の街の奇跡』を目にする。

「え！　奇跡だって？　なにこれ？　と開いてみると、内容は面白くて嘘のようなホントの話でした。マリアと呼ばれた女性が来て頑張っている。バタヤさんの共同生活も描かれている面白い本でした」(62)

好奇心旺盛な外側は早速その「蟻の街」とやらに出かけてみた。案内した松居にしばらく来てみてもいいかと尋ねると、

「あんたの来るようなところじゃない」と頑として拒否の返事が返って来た。

しかし諦めずに何度も通ううちについに許しを貰い、その年（昭和二八年）の夏休みを蟻の街で過ごした。まだその時は怜子はおらず、人づてに「北原先生は療養中だ」と聞いていた。その後、蟻の街が気に入った外側は会員になって蟻の街に住み込むことになった。仕事内容はバタ車を引いて屑拾いに出かけるバタヤの仕事ではなく、主に事務所に詰めて、会員たちと接触する内勤の仕事を当てがわれた。

そうこうするうちに、怜子が療養から戻って来た。

「秋になって北原さんが仙石原から帰ってこられました。あゝ、あの方が北原怜子さんなのねって！そのお声が優しくてね。ゆっくりとものを言う方でした。少しハスキーなお声でしたが。私、嬉しくなっちゃいました」(63)

その後、外側志津子は怜子が亡くなる昭和三三年（一九五八年）まで共に蟻の街で住むことになる。一緒に住んだ期間は昭和二八年秋から怜子が亡くなる昭和三三年の一月までの正味で言うと四年半ほどだ。これまでの怜子の伝記本には外側自身の本を除いて、外側志津子のことが全く書かれていない。しかし、彼女はじかに怜子に触れた貴重な証言者で、令和四年（二〇二二年）一〇月に亡くなられる時まで証言を続けて来られた。よって、本書では彼女の証言を交えて、怜子が戻った後の生活模様を描写してみたい。

戻った蟻の街での怜子の日常生活、そして死を覚悟していた日々

蟻の街の置かれていた場所とその近辺の風景、街の構造とその施設、互助組織の仕組み、住人の種類や勤務形態などは既に第三章で触れたので、それを参考にしてもらいたい。ここでは怜子が戻ってからの日常生活がどんなものであったのか、外側志津子の証言などを交えて紹介してみよう。

蟻の街の人たちが怜子のために用意した小屋は蟻の会の入り口から奥に五〇メートルほど行ったところの藁やボロ倉庫の横に建てられた。十字架のお堂よりも奥で、親しくしていた吉田一家の小屋の近くにあった。怜子の小屋は三畳の畳の部屋に押入れが付き、障子二枚で小さな土間と仕切られていた。その畳の部屋の一畳分に布団を敷きそこで怜子は休んだ。布団の傍には小さな小机があって、その上にマリア像、聖書、ロザリオ、花瓶が置かれていた。布団の足元の方に小窓があってそこから光が差し込んでいた。小さな土間には部屋に上

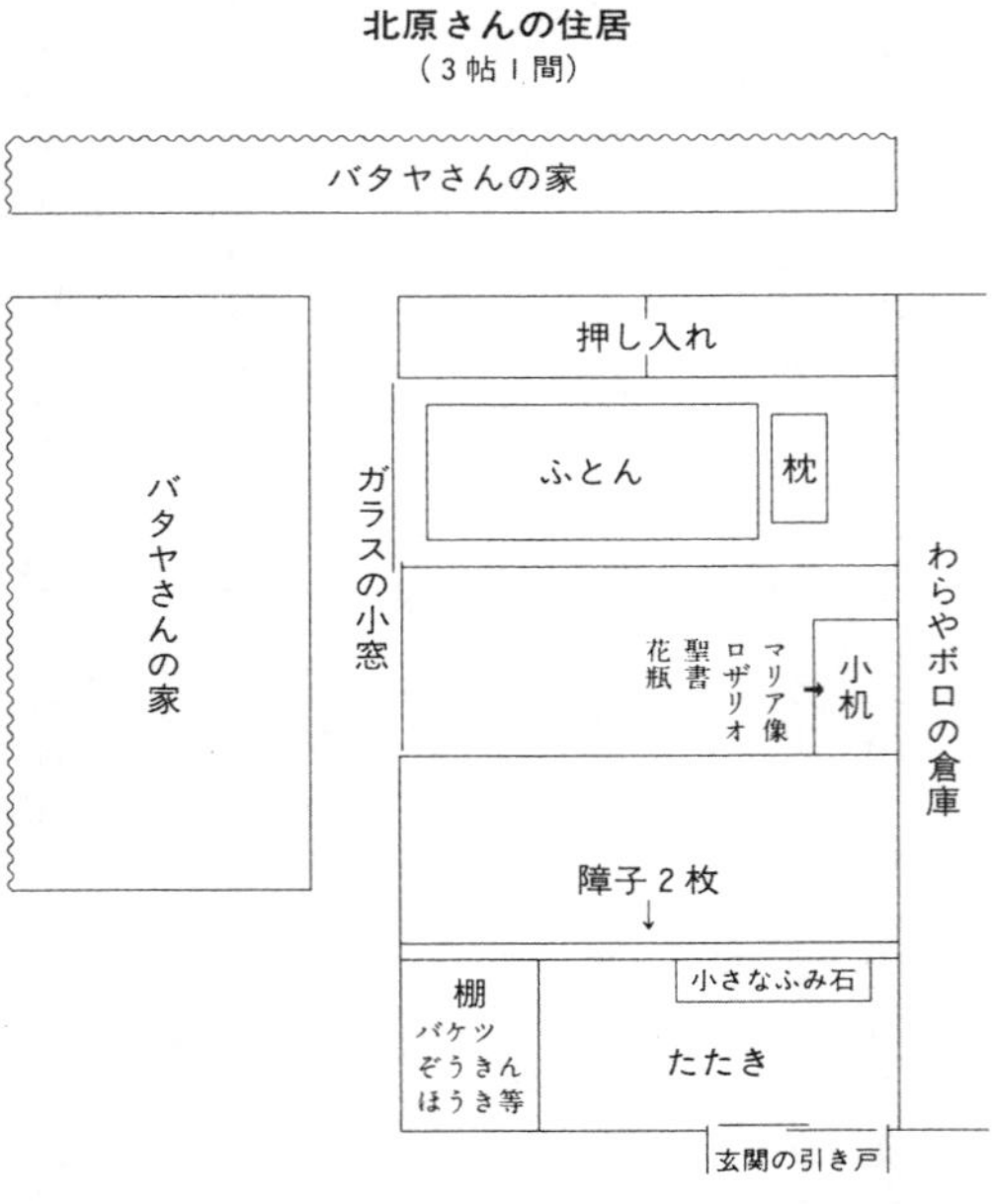

怜子の部屋の構図　出典：戸川志津子著『北原怜子』大空社出版〈シリーズ福祉に生きる〉

がる小さな踏み石が置かれていたほか、棚が据えられていて、そこには掃除道具が置かれていた。玄関には引き戸がついていたが、建てつけが悪く、開け締めをする時にはギシギシ音が鳴った。この小屋で怜子は死の日まで四年半ほどを過ごすことになる。

怜子の健康状態は既に以前のような肉体労働を許さなかったので、怜子は気分の良い時には、部屋にいてもできる事務的な地味な仕事を請け負うことになった。この後、焼き払いを免れるための都との交渉が厳しさを増していくのだが、書類作成などの面で怜子の手助けは大いに松居や小沢などを助けることになる。つまり、怜子は松居や小沢の秘書的な役目を果たし、特に松居の原稿を浄書したり、時に自分も原稿書きに加わったりした。そのための十分な教養や知識も怜子にはあったし、その美しい文字は手書き原稿の時代に大いに重宝がられた。

また、事務的な仕事の合間に、子供たちの相談相手になったり、勉強を見ることもあった。もちろん、子供の世話は塚本慶子が専従でやっているので、その邪魔をしないように、怜子は子供が望む場合に限って、そっと手を貸していた。

こうした地味で控え目な仕事をしながら、怜子は絶え間なく祈っていた。朝、六時に事務所からスピーカーで朝の祈りが響き渡ると、怜子も起き上がって布団の上に座って、一緒に祈りの声に唱和した。蟻の街では、一年ほど前から、朝六時に内勤者が事務所の前に集まって朝の祈りを唱え、聖歌を歌うようになっていたが、今、怜子を迎えて、その祈りはいよいよ熱を帯びたものになっていた。そんな時、怜子は

外側志津子（左）と怜子（中央）、松田純（研究代表者）：科研費基盤研究Ｂ研究成果報告書，平成18年より

蟻の街で暮らす幸せをかみしめるのであった。外から見たらゴミの山のように見え、しかも引き潮時には隅田川の悪臭に包まれたそのスラムの部落から、毎朝、スピーカーを通して祈りの声と聖歌が響き渡っていたのである。これが怜子の住む蟻の街であった。

怜子は蟻の街の人々と同じ暮らしを心がけていた。母媖は結核を患う娘にせめて栄養のある物を食べさせたかったが、怜子はそれを許さなかった。北原家は当時既に花川戸を離れていたが、同じ都内なので、食事を運ぼうと思ったら苦労なくできたはずである。しかし、蟻の街の一員になり切っていた怜子は、蟻の会の食堂の一食四〇円の食事で満足していた。具合が悪い時には、食堂の係の人や、小松川老の娘さんが怜子の小屋まで食事を運んでいたという。

何といっても、怜子の絶え間なき微笑みに蟻の街の人々は癒され、元気をもらっていたと多くの証言がある。外側も「あの微笑みはどれほどみんなの心の支えであったか」(64)と述べている。

体の調子のいい時には、朝、蟻の街の事務所のある入り口まで出向き、これから仕事に出かける一人ひとりに「行ってらっしゃい」と声かけをしていたが、寒い日などは自室の小窓を開け、これから仕事に行く人たちに声をかけていた。そんな彼女の微笑みやことばに接した蟻の街の人たちは元気百倍になって出かけることができたという。また仕事から帰って来るバタヤたちにも、同様に声かけしていた怜子。怜子の優しい一言に接した人たちは、その夜の焼酎の量を減らすことができたそうだ。

怜子の優しい声かけは、そのほかの時間帯にも絶え間なくあった。ちょっと前に風邪をひいていた人には、「風邪、治ったの?」と優しい声で気遣っていたというし、悩みごとを抱えていた奥さんたちの話し相手にもなっていた。また、夜酒を飲んだ人が、怜子の部屋に来て愚痴を延々としゃべり続けた時には、嫌な顔一つせず、その愚痴に最後まで付き合っていたそうだ。塚本慎三は怜子が来たばかりの時は、会長命令でいろんな行事に付き合わされていたので、「迷惑だけの人」と良い印象を持っていなかったが、この酔っぱらいの、いつ終わるとも知れぬ愚痴に嫌な顔一つせず最後まで付き合っていた姿を見た時は、「やっぱりすごい女性だなあ」と感服の至りだったそうだ。

怜子の布団の上には一冊のノートが置いてあって、そこには「あなたは今日微笑みを忘れませんでしたか」と記されていたそうだ。この微笑みの重要性は怜子の信仰の師であるマドレ・アンヘレスから何度も聞かされていたので、怜子の心の奥底に染み込んでいた愛の実践の一つだったが、それでも、怜子はこのように記し、それを毎日見ることによって、自分の骨肉となるように努力を重ねていた形跡がわかる。そう、彼女は努力の人でもあったのだ。

怜子が少女時代を過ごしたのは日本が愚かな戦争をしていた時代でもあり、日本人は総体的に厳しい生活を余技なくされていた。だが、そんな中にあっても、良家の子女であった怜子は何一つ不自由のない少女時代を過ごしていた。花屋敷と呼ばれた美しい邸宅に住み、ドイツ製のピアノまで買ってもらって、大好きなピアノ練習に打ち込む日々でもあった。当時の平均的な日本人の暮らしからなんとかけ離れた暮らしぶりだったろう。

ところが、メルセスとの出会いでキリスト教に導かれ、「富んでいたのに貧しくなられたイエス」の愛を知り、さらにゼノによって蟻の街に導かれるや、怜子の生き方は一変した。そして紆余曲折を経て、今蟻の街というバタヤスラムに住みつき、三畳の粗末な小屋の住人になってしまったのである。屑に埋もれ、川からの悪臭に包まれる日々ではあるが、怜子は蟻の街の人々と共にある今の生活が嬉しくてたまらなかった。だから、以前なら、悲鳴を上げて忌避したことも、今は笑ってすまそうとする。外側志津子は述べている。

「北原さんの部屋に行くと、彼女の寝ている掛布団の上に粉雪がいっぱい積もっていたんです。寝ている足元の上に小窓があって、そこも建てつけが悪く、そこから雪が入って来たのですね。すると、『まあ、お清めの雪ね』と言って、北原さんは人懐っこい八重歯を見せてニコッと笑ったのですよ」(65)

当時の東京の冬は今と比べ物にならないほど寒かった。隅田川に氷が張ったこともあるそうだ。そんな寒い冬に、怜子はその三畳の掘っ立て小屋でどんなに寒さに震えただろう。もちろん、蟻の街の人たちと同じ生活を願った怜子は暖房器具などを望まなかったに違いない。部屋の布団に雪が積もる。想像できるだろうか。それを怜子は外側に見せながら笑って済ませようとしたのだ。

またある時のことだ。蟻の街スラムには小さな虫がいっぱい跳ねていた。もちろん、戦後間もない頃の日本は、どこの家庭でも多かれ少なかれ、ノミやシラミが多少は跳ねていただろう。しかし、南京虫となると、さすがに怜子は見たことがなかった。ところが、ある朝、起きると、彼女のか細い腕には、小さな

赤い二つの斑点がいたるところにその痕跡を残していた。つまり南京虫にやられたのだ。外側が呼ばれて行ってみると、

「ねえ、ねえ、シイちゃん見て、見て！　やられちゃったの」と言って彼女はクックと笑ったという。[66] 以前なら、考えられない体験も、こうして怜子は笑い話の種に変えてしまったのだ。

このように、雪が降りこんでくるような掘っ立て小屋に住み、以前なら大声を上げて騒いだであろう南京虫に刺されるような出来事ですらユーモアで包んでしまう怜子だった。怜子は、イエスのように貧しくなり、蟻の街の住人になったこと自体が幸せで、嬉しくてたまらなかったのだ。怜子が来て以来、朝から酒を飲んで暴れる人は少なくなっていったが、元ヤクザであったことや、前科者であることが自慢の種であった荒っぽい男性たちにも、話し相手になり、いつ果てるとも知れない彼らの愚痴の聞き役になっていく。これまでそんなやさしさに接したことのない前科一四犯の岩までが、涙を流して浅草教会に通うようになってしまった。

写真家の笹本恒子が撮った蟻の街の北原怜子と子供たちの有名な写真がある。昭和二八年に撮られた写真なので、怜子が蟻の街の住人となって間もない頃のものだろう。しかし、そこにはもはや良家のお嬢さんの面影はみじんもなく、バタヤ部落の風景に見ごとに溶け込んだ

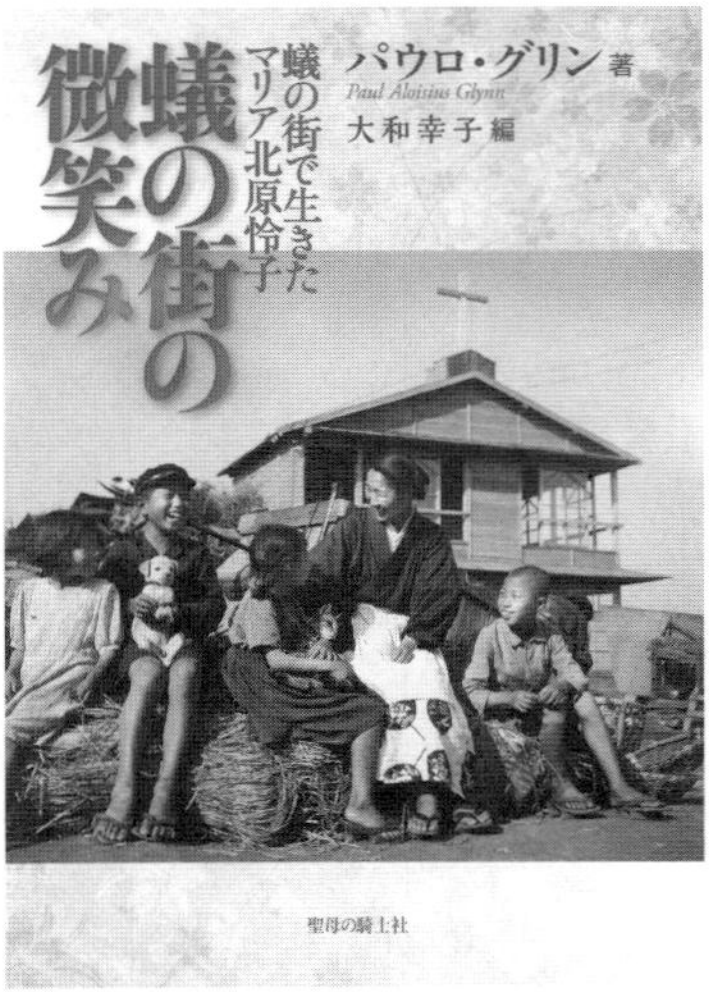

表紙写真：笹本恒子
『蟻の街の微笑み』聖母の騎士社

怜子の姿があった。子供たちの表情もいいし、さすがプロの写真家によって撮られた写真だと感心させられる。

そんな怜子と親しく日常生活を共にしていた外側志津子は日常生活のふとしたはずみに怜子の信仰の尋常ならざる深まりを垣間見て、生涯忘れられない印象を刻み込まれた。

ある日の昼下がりだった。バタヤたちが出払っているので構内はとても静かだった。志津子が小屋近くに行くと、怜子も戸口に出てきて、

「ねえ、シイちゃん、私たち世の中で一番いいものを選んだわね」とにっこりと微笑んだという。彼女は微笑むとえくぼができ八重歯が見え可愛らしかったそうだ。その時、志津子は言葉にならないものすごい力を受けたと述べている。(67)

怜子がここで述べている「世の中で一番いいもの」とは、こうして、イエスのように貧しくなり、社会から虫けらのように見捨てられたこの部落で、貧しい人々と共に労苦を分かちあって生きることだったのだろう。それはまさに、メルセスで教えられた隣人への愛のために命を捧げる生き方、つまり愛のためには死んでも構わないとするあの強烈な愛の生き方でもあったのだ。父金司は回想録の中で「その時、怜子は既に死を覚悟していたものと思う」(68)と述べている。

蟻の街にルルドができる

怜子は蟻の街に戻ると、みるみる元気を取り戻していった。医師の見立ては正しかったと言えよう。蟻

の街への居住が何よりも特効薬だったに違いない。また、父金司は知り合いの医師にも頼んで怜子を診てもらったりしていた。結核の特効薬が処方されていたという話もある。とにかく怜子は元気を取り戻し具合のいい時には蟻の街の行事にも参加していた。蟻の街では年末に恒例の餅つきも行われていたが、外側志津子によると、具合のいい時には羽織を着てストールを首に巻き付け寒くないようにして見物に来ていたという。そんな時、怜子の姿を見た男衆はいいところを見せようとしたのか、杵をより高く上げて力を込めて餅をつくのであった。

昭和二九年（一九五四年）はカトリック教会の聖母年であった。それに関係していたのか、ある日ゼノがルルドのマリア像をもって怜子を訪問した。

「オ譲サン、グアイドウデスカ」

「まだ天国に行けそうもありません。蟻の街に戻ってきたら、目方が一貫目も増えてしまいましたわ」

「ソレイイネ。天主様、マダアナタニ仕事タノミタイネ」

「私、起きてどんどん仕事させていただきたいのですが、会長さんや先生が心配されて、許してくださいません」

「オ譲サン、アナタノタメ、仕事モッテキタ。コレネ、ルルドノマリア様。マリア様ノオメグミ、アナタ病気ヨクナッタ。今度ハホカノ病人ノタメ、イノッテクダサイ」

聖母を母のように慕って日頃ロザリオの祈りを欠かせなかった怜子は喜んだ。聖母への信心はゼノに導

蟻の街のルルドの前で

かれて聖母の騎士の信心会に入った頃より特別なものになっていたので、蟻の街にルルドができることは夢のような話であった。怜子は早速小沢や松居に相談すると、蟻の街にルルドを作る話はすぐ決まった。

　設置場所は蟻の街の入り口から入って一番奥の突き当りで、怜子の部屋のすぐそばであった。早速工事が始まりコンクリート製で間口六メートル、高さ五メートルの洞くつができ、その中にルルドのマリア像を安置した。蟻の街に十字架の建物が建ってから三年三か月。今度はルルドができ、このバタヤ部落は不思議なカトリックの部落になっていった。

　ルルドというのは奇跡の泉が湧いて世界中の重病人を癒し続けている南フランスのピレネー山地にある寒村の地名のことをいう。よく知られている話なので詳細は避けるが、一八五八年にそのルルドの洞くつに薪拾いにやって来た貧しい少女ベルナデッタに聖母マリアが出現し、そこを掘るように命じる。少女が言われるままに掘ると、水が湧きだし、聖母の予言通り、その水は重病人を瞬時に癒してしまう奇跡を起こすようになった。少女は最初、自分が見て聞いたことを周りの大人たちに信じてもらえず、さんざん虐められるが、泉の水は奇跡を起こし続けたことによって、教会も本格的に調査して、その出来事の真実性が認められるようになったのである。そして今、そこは世界の一大巡礼地になっている。それに伴い寒村だったルルドには大きなホテルや病院が建ち並び、現在も全世界から病人や巡礼者を集めている。また、遠いルルドまで行かれぬ人たちのために、各国のいろんな教会の庭にはミニルルドが作られ、熱心な人びとの参拝が行われている。ゼノが属する長崎の聖母の騎士修道院の庭にも立派なルルドが作られている。

蟻の街のルルドの祝別式は昭和二九年八月二九日に行われた。八月二二日が誕生日の怜子は二五歳になっていた。当日は東京の土井大司教の特別な許可の下に、蟻の街のルルドの前で荘厳ミサが挙行された。屑に埋もれた空き地での荘厳ミサだ。何という光景だろう。司式は浅草教会の千葉神父で、浅草教会の助任の徳川神父や聖母の騎士修道院のユスチノ神父、ミエスチラオ神父らが共同司式者として加わった。ほかに多数の招待者や一般信徒らで広場は埋め尽くされた。肝心かなめの蟻の街のバタヤたちは風呂場の屋根の上に上らなければ会場が見えなかったという。

松居は、蟻の街の取り壊しの危機が迫る中で、取り壊しをさせないためにも、式の終わりに鳩を飛ばすなどの派手な演出で宣伝効果を狙っていたが、途中で土砂降りとなって計画は吹っ飛んでしまった。人間の浅はかな知恵を寄せ付けぬ神の思いの何という不可思議さよ。怜子はその時もただ「ご意志のままになりますように」と祈るばかりだった。

参列者のほとんどが雨除けのために散ってしまった中で、ゼノ、小沢、怜子ほか数人の人たちだけがずぶぬれになりながら座り続けていたという。

バラード神父の来訪

「屑を生かす」：時代の先端をいく廃品回収業

小沢会長と松居が「蟻の会」というバタヤの共同体を作った昭和二〇年代という時代は、廃品回収業は実際、敗戦で資源が極度に欠乏した日本の再建に役に立った職業であったことは既に何度も述べてきた。しかし、一方でバタヤは「屑拾いで生計を立てる人々」ということで、虫けらのように社会から蔑まれ、役人からも無許可で仮小屋集落を作る連中として敵視され、焼き払い追放の対象にされていた。蟻の街にも間もなくその艱難が襲ってくるのだが、これについては後ほど述べよう。

当時、いち早く「屑拾い」と称される廃品回収業の社会的意義を見出していくのはやはり小沢と松居だった。怜子もすぐそれに同調し、子供たちに廃品回収の意義を教え始めている。今でいうリサイクル業の意義だが、その時代から既に彼らはその意義を見出しアピールを始めていたのだ。屑拾いは卑しい仕事ではない。二一世紀の今考えても、環境問題の先駆けをいくもので、SDGs（持続可能な開発目標）に通じる先端的な働きでもあった。

この意義を少しでも社会に広めたいと、松居と怜子は昭和三二年（一九五七年）に「屑を生かす」というチラシを五〇〇〇部作り、バタヤたちに配布させている。チラシの内容は怜子が勉強して作成したものだ。昭和三二年というと怜子の死の前年であって、怜子の体調はそうとう悪かったと推測されるが、それでも、廃品を再利用するという高い価値観を社会に広め、バタヤ業への誤解を解くために怜子は疲労も忘れてこの仕事に邁進するのであった。その頃は同時に、都による追い立て問題で替地斡旋を巡って東京都と厳しい交渉を続けていた時でもあり、怜子も交渉用の書類づくりに加わっていたので、二重の負担が怜子の病弱な体にかかってはいたが、チラシで廃品回収業者の意義を都に認めさせ、替地斡旋を有利に進めるためにもこの仕事を避けるわけにはいかなかったのである。チラシと言っても、当時は手書きで、一枚一枚ガリ版印刷をしていた時代なので、今よりも時間は何倍もかかった。後で一字のミスが発見された時など、怜子は徹夜でその一字を一枚一枚全部修正したので疲労困憊してしまった。

ここで、屑拾いによる共同体づくりを目指したフランス発祥のエマウス運動について簡単に触れておこう。これは、パリのカプチン・フランシスコ修道会司祭であったアベ・ピエール神父によって一九五〇年頃始まっている。当時神父はホームレスを次々自分の館に連れてきて、屑拾いで生計を立てる共同体づくりを目指した。この新しい共同体は次の共同体作りのための資金を集め簡易宿泊所を購入したりしながら次第にその輪が広がって行った。蟻の会の運動に似ているが、この運動はエマウス運動と名付けられ、学生らもボランティアとして参加しながら、運動は外国にまで広がっていった。各国のエマウスの共同体は連帯してエマウスインターナショナルを結成。蟻の会は八号地に移転してからこの運動に加盟した。

バラード神父がやって来た

フランス人のロベール・バラード神父はパリミッション会の司祭で一九五〇年代の初めに来日している。日本語学校に行くことなく、独学で日本語を覚えながら、西宮で司牧活動をした。当時の西宮は空襲で焦土化しており、あちこちに焼けトタンの掘っ立て小屋が並ぶ荒涼たる風景だった。バラード神父はリュックに缶詰などを詰めて仮小屋の住人を回ったが、多くの人は西洋人を敵視して背を向けたという。そんな時、ある人が蟻の街の記事を持って来てこの国のバタヤの状況について説明した。

「屑を集める人たちは底辺の人で、市民としての扱いを受けていません」

その人はこう説明し、微笑んだ若い女性の写真も見せた。バラードはその女性に心を奪われ、東京の蟻の街に行ってみようと決心したという。

昭和三〇年三月、バラード神父は蟻の街にやって来た。早速怜子の小屋を訪れて西宮の荒廃した現状と自分に向けられる住民たちの冷たい眼差しについて説明し、こんな集落が向こうにもあったらいいなあと希望を語った。その時、怜子や話に加わった松居の勧めもあって、そのバタヤ集落を向こうで作る前に、しばらく蟻の街でバタヤ生活の実習をしてみることになったが、滞在の用意をしてこなかった彼はいったん戻り、改めて四月に再訪することになった。

同年四月に再訪したバラードは十字架のお堂の二階に居住し、一か月バタヤ生活の実習を試みてみることになった。これまでの経験から外人神父にいささかの不信を抱いていた松居は、彼に厳しいお達しを申し渡した。

「神父さん、ここに居たければみんなと同様に働いてくださいよ。一日の働きが一〇〇円にならない時はここでは食べないでください」

彼の日本語は酷いものだったが、それでも会の人たちと必死にコミュニケーションを取ろうとした。彼は毎日バタ籠を背負って街に出かけ屑を拾った。体の大きな青い目のバタヤに通りを行きかう人々は驚いて彼を振り返って見たという。そして、仕事を終えて、帰ってくると、食堂でみんなと同じ貧しい食事を口にした。ただ醤油は苦手だったらしく豆腐に酢をかけて食べたり、その辺で雑草をむしって来てはバリバリと食べることもあって、みんなを驚かせていた。朝食だけは怜子が用意していたらしく、パンを口にしたという。彼は厳格に松居の言葉を守って、稼ぎが一〇〇円に達しなかった時には夕食を食べようとはしなかった。そんな時、みんなが食べさせようとしても頑として首を振って食べようとはしなかった。

神父は毎日二階のお堂でミサを挙げ怜子を喜ばせた。病弱な怜子にとっては蟻の街にいながらミサに与れるのだからこの上なき至福の時期であったに違いない。神父はそこでくつろぎ、眠り、人と話した。また、風呂もバタヤと一緒にドラム缶の風呂に入った。神父のバタヤ見習い生活が始まって一週間ほどたった時、松居は、

「神父さん、わかりました。あなたはもう合格です」と脱帽だった。

バラード神父は、そこに住み込んで蟻の街の一員になりきっていた怜子の姿を見て、

「キリストニ習ウイミ、北原サン見テワカッタ。神戸帰ッテ、バタヤノ十字架担グ決心シタ」と述べ、神戸にも蟻の街を作ることを決意して帰って行った。

最後の日の朝、怜子は少し贅沢な朝食を用意したので、神父は「ワタシ、ハズカシイヨ」と大変恐縮したがその朝食を食べて帰って行ったという。小沢は「神戸にも蟻の街を作る」という神父の決意を支援するために、蟻の街でえり抜きの家族である吉田一家を神戸に派遣することにした。それは蟻の街にも痛いことだったが、真剣な神父の眼差しにぜひ応えたいという小沢の心からの応援の決断であった。

吉田一家、神戸へ

吉田一家はえり抜きの家族だった。父親は満州国の官吏だったし、母親は品のある夫人だった。長男は三輪自動車の運転免許を持ち、恵子はとびっきり利発な女の子でオルガンが弾け、末っ子のあきらも成績が良かった。バラード神父の神戸の事業を助けるためにまず昭和三〇年の六月下旬に父親が出発し、続いて母親と長男も出発した。恵子とあきらは一学期が終わるまで蟻の街に留まり、七月下旬に出発することになった。その間、吉田家は二人の子供の世話を日頃から親しくしている怜子に委ねた。子供たちが非常に怜子を慕っていたからで、両親も全幅の信頼も持って留守中の子供の世話を怜子に任せた。松居は二人が出発するまでの一か月間は、怜子にとって、蟻の街に来て以来、最も幸せな期間だったに違いないと述べている。私はある方から、吉田一家が神戸に行ってから、怜子が吉田恵子とあきら、奥さんの吉田好恵宛てに送った数回の自筆手紙のコピーをいただいたが、そこには吉田家の子供や奥さんに対する怜子の細やかな愛情や気遣いの足跡が見られ、吉田一家が怜子の心の支えになっていた事実が窺えた。だから、吉田家に去られることは怜子にとってもかなり痛い出来事ではなかったかと推測されるのである。

二人が一学期を終え神戸に向かう時、怜子が二人に持たせた母好恵に宛てた長文の手紙のコピーを私は読んだが、そこには二人を両親から委ねられていた間の怜子の気遣いの跡を見ることができた。まるで臨時の母親になった気持ちで責任感いっぱいに世話を続けていた怜子だった。両親が出発して間もない頃は、二人が寂しさから涙をこぼしていたという話や、二人が泊まっていたのはお堂の二階であったが、蚊やノミの大群に責められていた話、それに、食堂の食事内容に二人が不平をこぼしていたという件。北原先生を信頼していたからこそ、二人とも素直な感情を怜子に吐露していたのだろう。また怜子が両親から二人の生活費として預かっていたお金の苦労話も出てくる。さらに、二人が植木市やホオズキ市、ボート乗りや映画などに行きたがっていた時、信頼をもって付き添いを頼める大人を見つけることができなかったために断念させた。だからそちらに行ってから、どうぞ二人の望みをかな

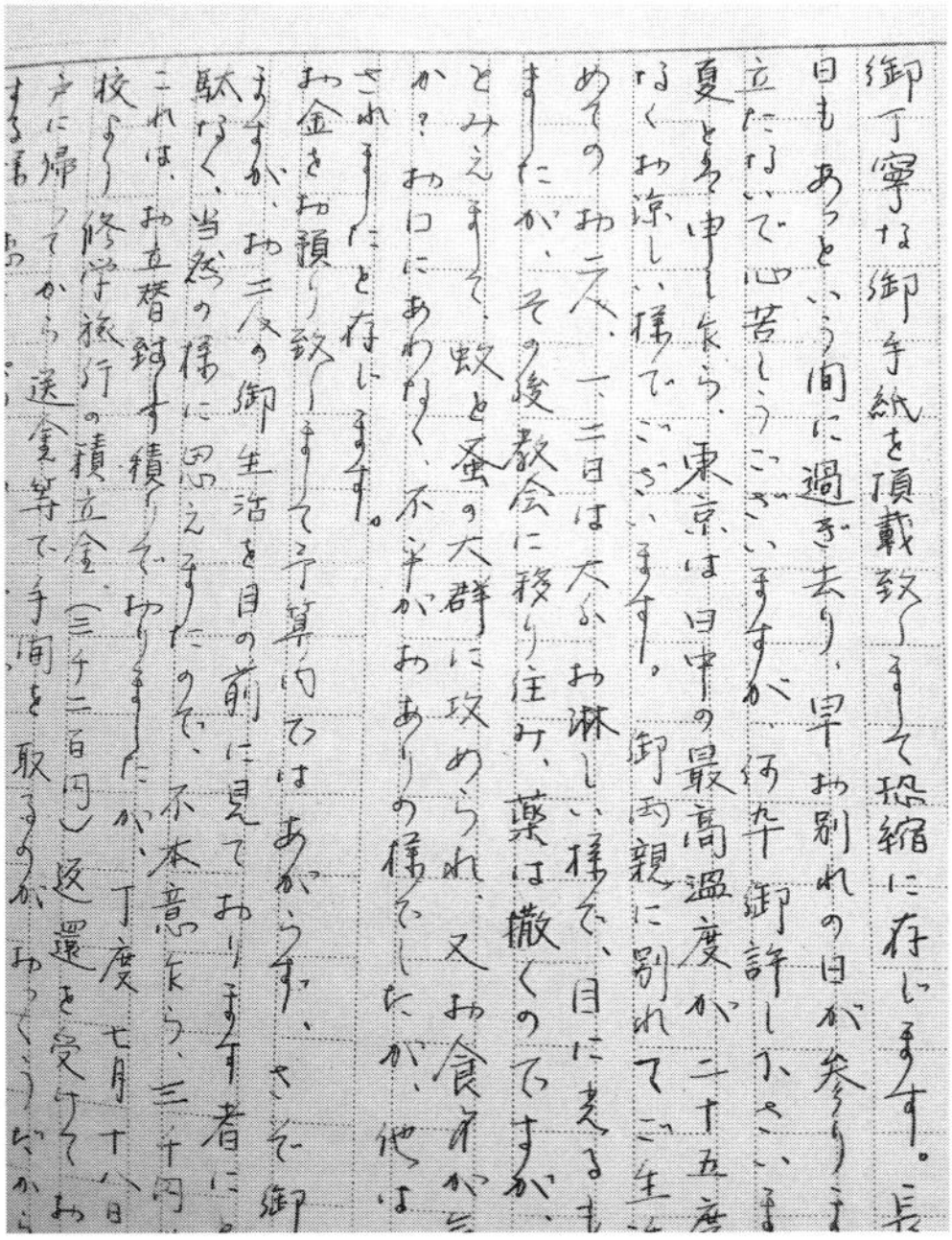
御丁寧な御手紙を頂戴致しまして恐縮に存じます。長
日もあっという間に過ぎ去り、早お別れの日が参りま
立たないで心苦しうございますが、何卆御許し下さいま
夏とは申し乍ら、東京は日中の最高温度が二十五度
なくお涼しい様でございます。御両親に別れて御生
めてのお二人、十二日は大分お淋しい様で、目に光るも
ましたが、その後教会に移り住み、薬は撒くのですが、
とみえまして、蚊と蚤の大群に攻められ、又お食事が
か？お口にあわなく、不平がおありの様でしたが、他は
されましたと存じます。
お金をお預り致しまして予算内ではありますが、さぞ御
ますが、お二人の御生活を目の前に見ております者には
駄なく、当然の様に思えますので、不本意乍ら、三千円
これは、お立替致す積りでおりましたが、丁度七月十八日
校より修学旅行の積立金（三千二百円）返還を受けてお
戸に帰ってから送金等で手間を取るのがおっくうだから
する

吉田恵子の母に宛てた怜子の手紙（自筆）

えてやってほしいと依頼している件など盛りだくさんのことが書かれていて読みごたえがある。(69)

こんな風にして、母親のように親身になって世話をした二人の出発は、松居も述べているように、(70)怜子にとって、我が子を送り出す母親の寂しさと悲しさを体験させるものだっただろう。しかし、母というのはいつも悲しみを突き抜けて愛していくものだ。この慈愛こそ、また、怜子が敬愛する聖母マリアの愛でもあるのだ。

恵子たちが出発して約一年五か月後の昭和三一年一二月六日、怜子は恵子に次のような内容の手紙を送っている。

「本日はおめでとうございます。あなた方ご一家の汗の結晶というべき大事業の完成、心からお祝い申し上げます。（中略）お手紙を頂き、そのたびごとのあなたの成長（精神的）の速さには驚いています。いつもお手紙を書こう書こうと思いながら、八月の半ばからとうとう得体の知れぬ病（漢方は相かわらず飲んでいますよ）にかかり、少し動くとすぐ九度以上の熱が出てしまい、この寒さにも、アイスクリームを食べている始末です。（うらやましい？）という訳で、今日になりましたこと、お許しくださいね。今も腰をなぜなぜ書いているのですよ。学校はどうですか？　等言っている間に、又また試験期になりましたね。（中略）

お父様、お母様にくれぐれもよろしくお伝えくださいね。冬も一日一日と近づき、待降節に入り、クリスマスももうすぐやって来ますね。学校・家と内外とも忙しくなりますね。でも天主様の御栄のため、御召しのままに動いておられる恵子ちゃん、東京にいるようなことはないでしょう。楽しく朗らかに、お母様の良い相談相手になってあげてください。

皆様がいつまでもお元気で暁光会のため（天主様のため）に全力をあげて働いてくださることが何よりの贈り物です。そのつもりでお祈りしてください。まだまだたくさん書きたいのですが、手が動かなくなってきましたから今日はここまで。勉強に夢中になって夜更かしをしては身体に毒ですよ。くれぐれもお体に気を付けて良いクリスマスを迎えてください。終わりになりましたが、バラード神父様によろしくお伝えくださいね。一二月六日　怜子」(71)

これは怜子の死の一年とちょっと前の手紙である。体の具合がだいぶ悪く、手紙の途中で疲労のために中断している。頻繁に高熱も出て、口が熱で渇いていたのだろう。アイスクリームを含んで耐えている様子がわかる。しかし、こんな時にも、怜子は都との交渉書類を作り、松居や小沢を必死になって助けていたし、少しすると、廃品回収の意義を訴えるチラシ作りにも着手する。まさにバタヤの人たちに命を懸けた最期の日々を営んでいたのだ。

バラードはその後、再生資源回収業の神戸支部を昭和三一年に作り、昭和三三年には大阪支部を創設。昭和三四年には社会福祉法人暁光会ができる。その神戸の暁光会本部はエマウスインターナショナルに加盟した。神父は北原怜子の精神をもって老人ホームや病院などを手がけていったが、経営が修道会に移されていくと、北原色は残念ながら薄くなっていった。しかし、廃品回収業にいそしんでいた人々の老人ホームは現在、北原怜子を前面に出さずとも、その精神において怜子の模範は十分生かされていると言えよう。バラードは一九八四年（昭和五九年）に旭日章受章、一九九七年（平成九年）にフランス政府からレジョンドヌール勲章を受章している。二〇〇九年（平成二一年）に死去。九四歳だった。

立ち退きの重大危機、命を懸けた祈り、そして帰天

都から立ち退き迫られる

各地のバタヤの仮小屋集落が、次々と東京都の焼き払いにあって潰されているという情報は前からあった。蟻の街の近くの集落が焼き払われてしまったのは怜子が箱根で療養している時だった。怜子が予定を変更して、わずか数か月で東京に戻って来てしまったのも、次は蟻の街ではないかという危機感が手伝ってのことだった。

昭和二九年春になると、バタヤ部落追放の動きが急を呈してきた。その証拠に「くずもの取り扱い条例」が発布され、各地のバタヤの取り締まりが本格化してきたのだ。当時、蟻の街はメディアを通して既に有名になっていたが、それでも安閑とはしておれず、蟻の街も条例への反対運動を展開していた。新しく赴任した東京都の与謝野衛生局長は蟻の街の幹部たちに「条例を強引に曲解して、蟻の街を締め出すことはしない」と約束したが、それでも、街の人々はみんな心配していた。

その年の年末になってその心配は現実のものとなってしまった。今まで噂は聞いていたが、じかに都の方から言ってくることはなかった。しかし、ついに「換地を斡旋するから立ち退いてほしい」と通告して

きたのだ。通告を受けて小沢と松居は都の部長のところに出向いた。小沢は以前から早く公園から出て適当なところに移ろうと思っていたので快く換地斡旋を承知したが、都の言う不法占拠に対しては、小沢のみならず松居も、蟻の会の設立経緯を説明し決して不法占拠には当たらぬと主張した。それどころか、立ち退かせるのであれば、立ち退き料を請求することだってできると強調した。もともと同胞援護会の建物を管理していた弁護士から依頼されて、その管理を小沢が代替して行い、蟻の会の居場所にしたという言い分だった。

一回目の交渉はそんなやり取りで終わったが、都の方からはなかなか換地が決まったと言ってはこなかった。換地云々は立ち退かせるためのおとりに使ったのではないのか。実際は換地など斡旋する気は毛頭なく、そのうちに焼き払って追い出してしまおうという作戦だったんじゃないのか。そう考えると焼き払いは時間の問題であって、一刻の猶予もないという焦りが蟻の街の幹部たちに広がっていった。

それからというもの、松居は各方面に助けを求めるための書類書きや蟻の街を守るための宣言文の作成等で夜も眠らず忙殺されていった。怜子は病気が重くなりつつあったが、松居の書類作成に加わり、これまた忙殺された。書類の多くは怜子によって作成されたという情報もある。以前、父親の書類作成を手伝ったことがあり、その時の経験が今回生かされた。当時は今と違ってすべて手書きだったので、使うエネルギーは比較ならぬほど多大なものだったろう。しかも緊張を要する命がけの作業であり、これが怜子の死を早める結果になってしまったのかもしれないと私は思っている。しかし、たとえそうだったとしても、蟻の街の人々のために死ぬ覚悟でやって来た怜子だったので本望だったに違いない。

年が明け昭和三〇年に入っていた。怜子は二五歳になっていた。松居は自分が書いて、怜子が徹夜で浄書した宣言文をしたためて、部長に直訴するため都庁に出かけた。小沢も一緒だった。彼らが出かける時、怜子は教皇ピオ一二世に祝福されたロザリオを松居に渡し、「祈っていますからね。決して興奮して口論なさらずよく話し合ってきてください」と言い含めて見送った。

都庁の部長の部屋に入ると、松居は早速その宣言文を読み始めた。

「僕らが蟻の街の換地問題に命を捨てようと決心したのは、蟻の街の人々の生活権だけの主張ではない。(中略)蟻の街は全世界の貧困問題の解決の実験台なのです。蟻の街の人々のために今すぐ命を捨ててもいいと決心している女性がいる。これがその人の本です。(中略)たった一人の命がけの愛が、いつの日か全世界の悩める人々を救う日が来ると信じているのです(中略)蟻の街を焼き払うのではなく、換地を斡旋し、蟻の街を中心として全浮浪者が自立更生できるようにしてもらいたい」(72)

松居は怜子の自著である『蟻の街の子供たち』を部長に手渡すと都庁を後にした。さほど興奮せず、うまく説明できたのは、怜子の祈りの力だと妙に納得するのだった。

その年、それから既に述べたバラード神父がやってくるのだが、蟻の街が立ち退きを迫られ危機的状況にあることは、幹部以外は誰も知らなかったし、バラードのような来客にももちろん知らせなかった。

そうこうしているうちに、都の部長がある日、突然蟻の街にやって来た。部長の来訪は吉田一家が神戸に移る前の出来事だった。部長は北原怜子の本を読んで感動して、そんなことがほんとうにここであるのだろうかと確認しにやって来たのだ。特にその本に収められている吉田恵子の作文に感動したのだという。部長はそれまで浮浪者部落の問題を、ネズミの退治とか伝染病の撲滅とか、そんな類の問題と同列に見ていたが、浮浪者の一人ひとりが吉田恵子やその家族と同じ運命を持つ生身の人たちだとすると、非道にも彼らの小屋を焼き払ったり、追放したりすることには躊躇を感じざるを得ない心境になったのだという。それで、見に来たというのであった。その時、お堂の二階からは怜子の弾くオルガンで歌う恵子たち子供らの歌声が聞こえてきて、部長は本で感じた雰囲気が本物だったのだと確認する。

「やっと心が決まりました。今度の換地問題に関しては、私は立派な役人であると同時に、立派な人間でもありたいですな」(73)と部長はしみじみと語るのだった。

もともとバタヤの仮小屋集落に集う人々のほとんどは戦争の犠牲者であった。あの愚かな戦争さえなければ、今も普通の生活をしている一般市民である。それがすべてを失ってしまったのも愚かな戦争の故であったのだから、駆除される虫けらのように扱われ追放されるのは筋違いも甚だしいということになる。

換地問題に関しては、その後も蟻の街と都の方で厳しいやり取りが続いていくが、なかなか換地候補の場所の提示がないまま時は過ぎ去り、やがて蟻の街は五回目のクリスマスを迎えた。この時は新しくできたルルドの前で執り行われたが、やはり大がかりな野外劇のようなクリスマス式典となった。街が今、追放・焼き払いの危機にあることを言動に出さず、怜子らはにこやかに楽しく振舞った。このクリスマスには怜子の両親もやって来て列席したが、短時間で帰って行った。怜子は普段からあまり両親を呼ばないようにしていたし、両親も娘のことが気にかかりながら訪問を努めて自制していた。というのは、ここは、家族関係で不遇な境遇の人が多く、ほかの人が家族の愛情に包まれ、嬉しそうにしているのを見ると辛くなってしまう人が多くいるのを怜子はいつも心配していて、父金司も母媖も同じ心境であった。そのため、たとえやって来ても、いつも短時間で帰るようにしていた。

それと、今回、両親の印象に特に残ったのは、怜子の成長した姿であった。松居に会うと、彼らは嬉しそうに、「娘は見違えるほど大人になりました」「見違えるほど元気になりました」と告げるのだった。確かに、怜子は大きな試練を経て、人間的にも霊的にも、一回りも二回りも大きく成長していた。

怜子、精神的飛翔と命がけの祈り

都との換地を巡る交渉は膠着状態が続いていた。しかし、蟻の会の幹部だけがその深刻な状況を共有し、一般の会員には知らせないまま行くという方針が継続していた。

昭和三一年に入っていた。夏には神戸に引っ越した恵子とあきらが蟻の街に遊びに来た。たった一年しかたっていないのに、怜子には彼らがずっと成長したように見えた。怜子と吉田家のやり取りは手紙の交換を通して密に続けられていた。神戸からの手紙によると、神戸のバタヤ共同体は着実に発展していたようだ。小さなバラックが総二階の大きな建物に建て替えられ、神戸の本部のほか、大阪市と武庫川にも支部ができた。

怜子はますます蟻の街の人々の心の支えとなっていた。蟻の会の幹部会のメンバーでもあったので、怜子は衛生面で、トイレとか水道の蛇口を増やすことなど、彼女の専門性から助言をしていたが、たいてい聞き入れられたという。また、会のメンバーの診療を引き受けてくれている浅草寺病院との契約など、会のマネージメント的な役割も果たしていて、会員名簿の内容はほとんど記憶していたというからすごい。

しかし、なんといっても、怜子はその微笑みや優しい言葉がけで多くの人を慰め続けていた。日常は寝たり起きたりの生活であったが、誰かが相談に来た時は喜んでその愚痴や悩みを聞いていた。嫌な顔一つせずに、静かにほほ笑みながら、「お気持ち、わかりますわ」と言って慰めていたし、相手が酒を飲んで酔っ払っていても、その愚痴に付き合っていた。彼女と蟻の街で生活を共にしていた外側志津子は後年しみじみと回想している。

「彼女は自分で選んだ人生を丁寧に充実感をもって歩んだのだと思う。常に笑顔と優しさを忘れず自分の信念を貫いた。この姿が私の心の奥に焼き付き、いつも北原さんだったらどうするかと自問自答しながら福祉ボランティアとして半世紀を歩んできた。ケアとはこういうことと思う。日常のささやかな笑顔、かけ声、励まし、思いやりであった。大切なものは目には見えないが、心の中にあって、いろんな形をとりながら表に出て、人の輪になったり、癒しになったり、助けになったり、明日の勇気になって行くのだろう」(74)

特に怜子の死の一、二年ほど前から、外側は怜子の透き通るような清らかさを感じていた。

「昭和三一、三二年頃には、私が彼女のお部屋に行くと、いつもと変わらぬ明るさと笑顔で『いらっしゃい』と迎えてくださるのですが、傍にいてもどこか、透き通るような清らかさを感じたことが再三でありました。あの微笑みは、どれほどみんなの心の支えであったのか、その時はあまり感じませんでしたが、亡くなった後ポッカリ大きな風穴があいたようでした。会全体が」(75)

そんな時、換地問題で大変なニュースが怜子の耳に飛び込んできた。昭和三二年の暮れが近づいてきた頃だった。東京都は東京湾の八号埋め立て地を換地として用意する。まずは借地という条件でいくが、契約のためには即金で二五〇〇万円を支払えというものだった。八号埋め立て地とはゴミで埋め立てた土地で臭気が酷く、そんな土地は人の住めないところじゃないか。しかし屑を集めるバタヤたちならこの屑の島がふさわしいと都は考えたようだった。それに、蟻の街がそこに移ってくれるなら、都は都内の浮浪者を次々とそこに送り込み蟻の街に世話をさせることもできるという計画もあった。

都の提案を受けて、松居や小沢、塚本ら蟻の街の幹部らは怜子も交えて連日協議した。焼き払いで追い出されるよりはゴミの埋め立て地でもましだということで、この換地を受け入れることになったが、即金で二五〇〇万円の条件はどうしても無理だった。そんなお金はどこにもなかった。窮状を聞き付けたカトリック東京大司教区や上智大学等カトリック系のミッションスクールが金を貸そうと考えたが、銀行は蟻の会が正式に登録された組織ではなく、隅田川河川敷の場所も不法占拠で法的には住所不定となっていたため、金の貸し借りはできないと言ってきた。さらに、怜子の父金司は銀行融資ができないだろうかと思案したが、八号埋め立て地がまだ登録されておらず、金融対象には適さないと言われてしまった。

「北原さん、祈ってください。これがあなたにお願いする最後の祈りです」と松居は懇願した。怜子

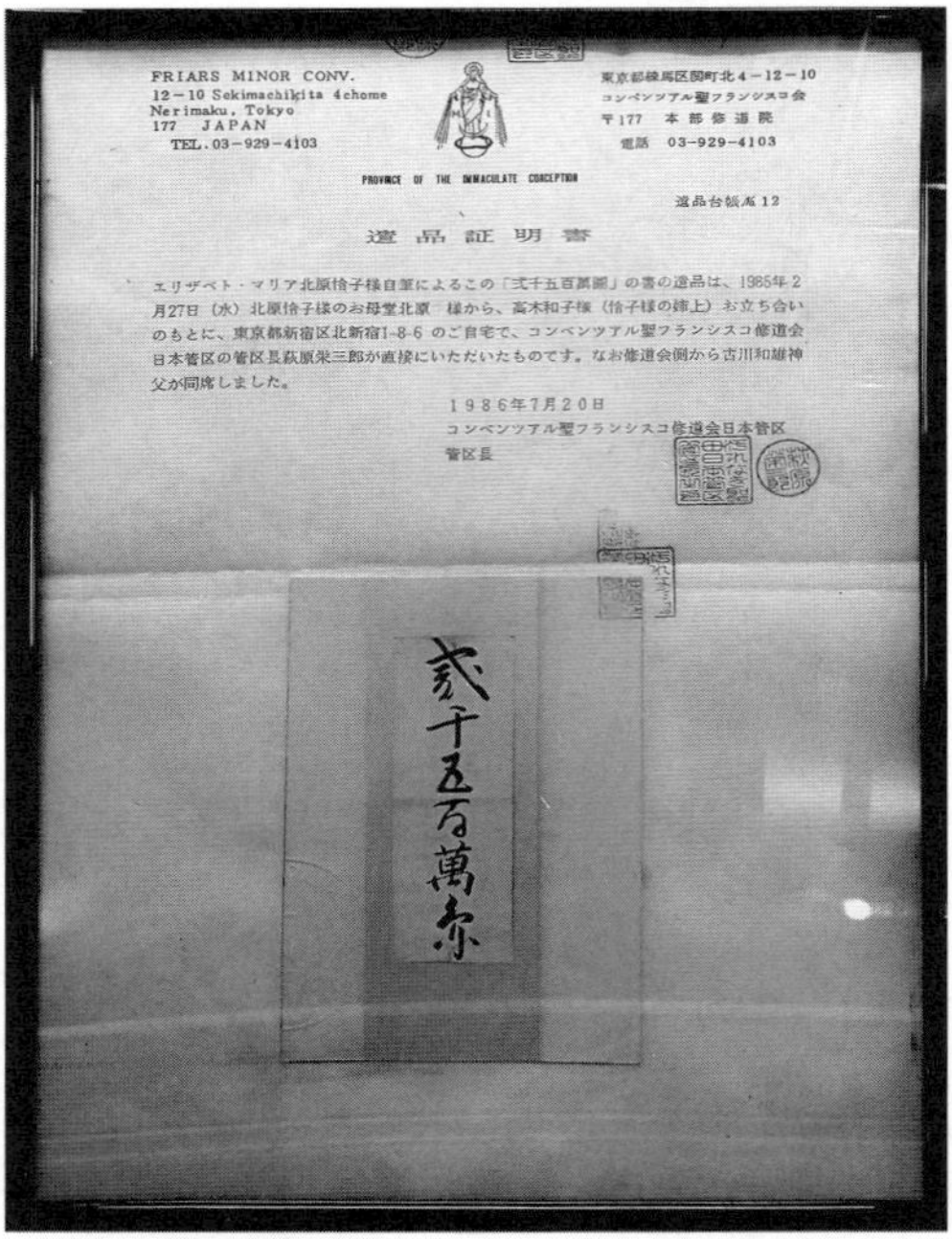

二五〇〇万円の怜子の書
(聖コルベ記念館に展示されている)

は「み旨なら、願いは叶います」と言って、「二五〇〇万円」と毛筆で書いた紙を部屋の壁に貼り付け、目覚めている限りロザリオで祈り続けることにした。それは幅一〇センチ、縦五〇センチの紙に書かれていた。怜子はこの祈りに命を捧げるつもりで目覚めている限り一心に祈った。体調はかなり悪化していたが、とにかく祈り続けた。

蟻の会が即金では払えないと知るや、都は、この際一挙に部落を潰してしまおうと考えたのか、年明けの一月に「蟻の街を焼き払う」という通告をしてきた。会はもう大騒ぎになった。幹部会はお堂で毎晩、額を突き合わせて協議を続けたが妙案は浮かばなかった。怜子はその頃、病状悪化で連日高熱に悩まされていたが、高熱を押してその幹部会に出席し続けていた。

「あゝ、もう駄目だぜ！　俺ら蟻の街が焼かれてしまったらどこに行けばいいんだ」

「都の部長がわざわざここにやって来て、『立派な役人であると同時に立派な人間でもありたい』と嬉しいことを言ってくれたので、ここだけは大丈夫だと安心していたが、あれは嘘だったんだろうか」

みんなが喧々諤々と議論し、悲痛な声を出していた時、突然怜子が、

「神様はどんな時にも助けてくださいました。きっと今度も助けてくださいますわ」と叫んで言った。

それを聞いた幹部たちは、

「北原先生は問題の深刻さを何にもわかっておられん。やっぱり、こういうのを、お嬢さんと言うんだね」と揶揄するように嫌味を言った。怜子は高熱で顔を紅潮させながら、それでもロザリオを握りしめ黙って微笑んでいた。松居は、内心イライラしながら、「こんな時に何も出て来なくてもいいのだ! 病気も悪いし、部屋で祈っていてくれるだけでいいんだ」と小さな声でつぶやいたが、そのあと、怜子の部屋に貼られている「二五〇〇万円」と書かれた張り紙を見て絶句した。彼女は絶え間なく祈ってくれていたのだ。

「北原さん、あなたは……」松居はそのあとの言葉が出てこなかった。

急展開で問題解決、そして怜子帰天

二五〇〇万円支払いの目途が立たぬうちに、年が明け昭和三三年になった。蟻の街焼き払いの恐怖が現実のものとして街全体を覆っていた。幹部以外には知るはずもない立ち退き焼き討ち問題はどことなく知られるところとなり、街全体が暗く不安に満ちた年明けとなった。

怜子の容態は悪くなる一方だった。連日の張りつめた緊張も悪化に一役買っていた。年が明けてから怜子の病床には母娭が付き添うようになっていた。三畳の狭い部屋であったが、怜子の布団の横にもう一つ布団を敷き、姨はそこに泊まった。父金司の知り合いの医師たちも往診で蟻の街を訪れていた。病状の悪化はインフルエンザがこじれて肺炎を併発したことによって生じていたようだった。

病状が非常に悪化していたものの、怜子の口元は絶えず動いていた。問題解決のために、必死にロザリオの祈りを唱えていたからだ。

「怜子、少しお祈りを休んだら？　身体に響きますよ」と姨は気遣った。

「いいえ、お母さん、この問題が解決しないと、蟻の街の人々は追い払われてしまうの。それも、この街に火を着けて焼き払われることによって。そうしたら、この寒空の下、子供たちも、大人も、おじさんも、おばさんもみんなどこに行ったらいいの？　行くところなんてありはしないわ。だから、怜子はね、問題が解決して、追い払われてしまわないようになるまで必死になって天主様におすがりしてるの。マリア様はきっと助けてくださるわ」

高熱で食欲もあまり進まなかったので、姨はもっと栄養のある口当たりの良い食べ物を親類に運ばせたかったが、怜子は断った。

「お母さん、怜子はここの人たちと同じものを食べていたいの。世の中には、食事すら満足にできない人たちがいっぱいいるのに、怜子は毎回、食事を運んでもらって幸せよ。怜子はね、蟻の街に住んでいるだけでとてもとても幸福よ」

一月二〇日がやって来た。都から一本の電話が松居にかかって来た。松居は何だろうと思って急いで出かけることにしたが、出かける前に怜子の部屋を覗くと、怜子は松居にロザリオを掲げて見せ、祈っているという意志表示をして見せた。

都庁に着き部長の部屋を開けると、部長は上機嫌で松居を迎えた。それは都の新提案の提示であった。何と二五〇〇万円を一五〇〇万円に値引きしたうえで、五年割の年賦にするが、どうかというものだった。松居は即座に承諾した。そして部長は蟻の街が八号埋め立て地に移転するまでは、決して蟻の街を焼き払わないとも約束してくれたのだ。

松居は飛び跳ねるように嬉しさをかみ殺して蟻の街に急いだ。そして真っ先に怜子の部屋に飛び込み、この嬉しいニュースを伝えるのであった。怜子の眼には涙が溢れた。

「先生、もうこれでいいのですね」

「もう大丈夫だ」

「蟻の街はもう焼き払われる心配がないのですね」

「もうない」

その日は昭和三三年（一九五八年）一月二〇日だった。蟻の街が始まってから八年が過ぎていた。

「あゝ、ずいぶん長かった」

「病気を早くよくしてください。八号地に連れて行ってあげますからね」

「いいえ。怜子はもうこれ以上何も望みません」

松居が部屋を出て行ってから、怜子は母姨に一言告げた。
「お母さん、これで怜子の使命は終わりました」

怜子の容態は二二日に急変した。姉の和子も叔母の京子も蟻の街に駆け付けてきた。その夜、怜子は姉たちに体と髪を洗ってもらった。怜子はもうすぐ召されることを知っていたのだろう。その夜姉和子に泊まっていってほしいと願ったが、姉はどうしても帰らなければならない用事があったので、帰って行った。夜中に母姨は不安でたまらなかったという。夫がこんな時いてくれたらと思ったが、夫金司は彼の著書によれば、高崎経済大学の学長として毎日忙殺されていた。

一月二三日朝、怜子は眼を覚まし一杯の水を母に頼んだ。姨が娘の額に手を当ててみると、高熱だった。怜子は水を飲むと一言「おいしい」と言って微笑みながら昏睡状態に入って行った。姨は松居に連絡し、千葉神父や医師が来室し、臨終の看取りと終油の秘跡が授けられた。和子も京子も妹の肇子も飛んで来た。会長もすっ飛んで来た。怜子を一貫して高く評価していた小沢だった。その眼には涙が溢れていた。外側志津子にも連絡がいった。

怜子は二三日朝八時一〇分、深く愛した天主のみ元に帰って行った。享年二八歳だった。あれほど望んでいた「隣人への愛のために命を捧げ尽くす生き方」を完遂して召されて行ったのだ。イエス・キリストのように富んでいたのに、自ら貧しくなって、最も見捨てられた人々の友となって、捧げ尽くした生涯だった。

父金司は怜子危篤の報を受けながら、大学学長として教授会を主宰していたため席を外すことができず、臨終の床に付きそうことは叶わなかったが、怜子帰天の報には、昭和薬科大学の役員改選日であったものの、出席ということにしておいて、怜子の部屋に駆け付けた。怜子はにこやかな死に顔で父金司を迎えてくれたと父は述べている。(76)

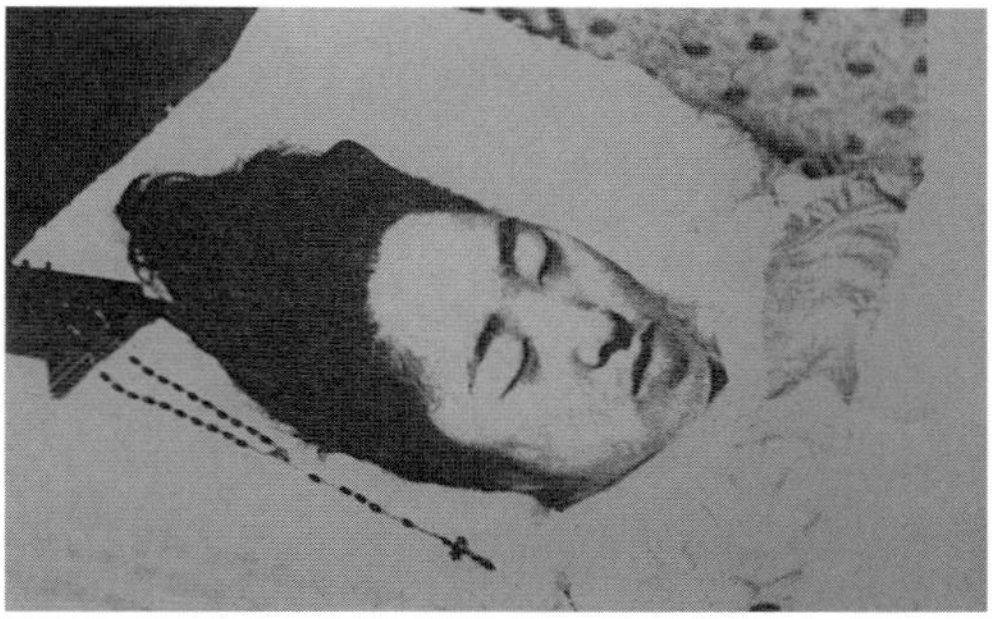
怜子の死に顔

北原怜子の葬儀ミサは蟻の会葬として一月二五日に蟻の街のルルドの前で挙行された。小沢夫人が述べたところによれば、参列者は五〇〇人から六〇〇人で、蟻の会の会員などバタヤたちが二〇〇人ほど参列したという。神戸からは吉田恵子もあきらもやって来た。

葬儀ミサで浅草教会の千葉神父は次のような話をした。

「世間の人は北原怜子の活動的な面ばかり讃えるが、病気や周囲の事情から活動したくてもできなかった時の彼女の悩み、その悩みを乗り越えて、じっとこらえていた時の彼女の努力を知らなければならない」(77)

数多くの著名人、例えば、都知事や森繁久彌氏等からの弔電が読まれる中、屑に埋もれた広場の祭壇の前で、バタヤたちがいかつい手つきであふれる涙をぬぐい続けていた。

「北原さん、ありがとう！　あんたに会えて、俺たちは幸せだったよ」

そして群集の背後で一人松居がうなだれていた。

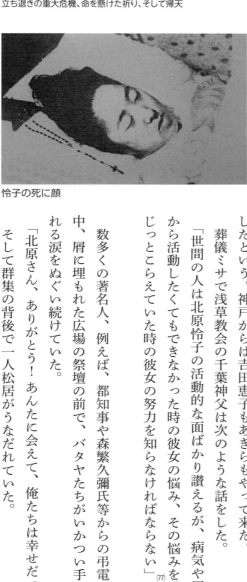

「北原さん、あなたに謝らねばならないことがたくさんあった。北原さん、ありがとう！　さようなら」

葬儀ミサ後、エリザベト・マリア北原怜子の遺体は遺族によって多摩霊園に運ばれた。そして、一二区一種二五側の北原家の墓石の横に埋葬された。横向きの怜子の墓石の傍には一輪の名もなき白い花が天に向かって咲いていた。

多磨霊園の怜子の墓〔著者撮影〕

怜子帰天後の出来事：補足として

怜子の葬儀の後、昭和三三年一月二七日には朝日新聞の天声人語が北原怜子のことを取り上げ、又浅草教会の助任司祭だった徳川神父も怜子の記事を書いた。

「北原さん、天主様はあなたの潔い魂を世の罪の償いとして、長いご病床生活の総括《そうくく》りとして病むが如くにお望みになったのでしょう。千葉神父様の代わりに御聖体をお持ちしたこと、毎木曜日、子供たちの公教要理の後で、入り口のところに腰かけて、キリストの御国の拡張について励まし合ったこと等々、今更の如く懐かしく思い出されます。（中略）世界のために天主様のお恵みを願って下さい」(78)

同年三月二日には吉田恵子が怜子の思い出を書いている。

「先生、今日無事に大阪信愛女学院高等学校を優秀な成績で卒業しましたよ。友達同士で泣きました。だって、この日が来るのを待ちに待っていたのは先生でしたでしょう。（中略）今の学校に入って卒業する今日までずっと一番でした。先生が、勉強だけ一番でなく、行いも、信者としても一番になりなさいと言われたことも守ってきました。（中略）私の晴れの門出に先生がおられないということは、大変残念ですが、み旨ならば仕方ありません。でも先生、きっときっと私を守ってくださいね」(79)

また、この年の一二月には五所平之助監督の松竹映画「蟻の街のマリア」が劇場公開されている。

さらに、一年後の昭和三四年一月二三日には北原怜子の一周忌ミサが蟻の会の主催で盛大に行われた。

その時、五所平之助監督や女優の馬渕晴子らが出席し、その際、松居は「蟻の街のマリアに捧ぐ」という小冊子を刊行し配布した。

昭和三五年（一九六〇年）、怜子帰天後二年たった時、蟻の会は江東区深川の八号埋め立て地（現潮見）に移転を果たした。松居はいったん移ったものの、残務整理があったのか、八号地を離れて、それまで小沢会長の居住していたボートハウスに移り、そこでしばらく留まっていたようである。

昭和三七年、あの十字架付きのお堂は「新蟻の街」でカトリック枝川教会（当時の八号埋め立て地は枝川と呼ばれていた）の名のもとに正真正銘の教会としてスタートした。その時蟻の街の要請を受けて初代主任司祭として着任したのは著名な粕谷甲一神父であった。この年、同時に新蟻の街には、地域の子供も含めて受け入れる「ありんこ保育園」が開設された。

粕谷神父が新蟻の街にいた時、蟻の会は大変な経済的苦境に陥っていた。東京都に借地料が払えずに、また新たな追い立てを食いそうになっていたのだ。借地料は五年年賦だったが、蟻の会は新しい建物群の建設や、廃品回収業の機械化、トラックの購入等で出費がかさんで火の車だった。その時、粕谷神父はちょうど来日していたドイツ・ケルン教区の大司教に直談判して、ケルン教区から寄付を受けることに成功した。その大口小切手が東京の大司教館に届いて、粕谷神父が小沢会長と共に受け取りに行った時、小沢は司教館のある庭のルルドの前で跪いて祈った後、粕谷神父に泣きながら、こうつぶやいたという。

「神父さんよお、神様は芸が細かいねえ！今日は怜子さんの命日だ」

移転から五年目の昭和四〇年、枝川教会に吉田善吾神父が主任司祭として赴任したが、この時から枝川教会は東京大司教区の正式な小教区（当時は巡回）として認められた。あのにわか仕立てのお堂がついにカトリックの正式な小教区になったのだ。枝川教会は蟻の街の信徒だけではなく、周辺の街の信徒たちの教会ともなっていった。むしろ蟻の街の外からの信徒の方が多かったと、当時を知る信徒の方は述べている。当時の枝川地区は、彼によれば、在日韓国人の人が多く非常に貧しかったという。その貧しさが蟻の街の貧しさと一体になって、交流も盛んで、バザーも祭りも一緒になってやったそうで、まさに蟻の街の原点に戻ったようで良かったという。

それから三年後の昭和四三年（一九六八年）、蟻の会の創設者で長く会長を務めていた小沢求が海で遊泳中に不慮の死を遂げている。七二歳だったという。既に会長職は塚本に譲っていて、自分は毎日悠々自適の日々だったというが、怜子の死去からちょうど一〇年目の夏の日のことだった。

昭和四八年には宝塚が蟻の街と怜子をテーマにした「星の降る街」を上演している。その後枝川教会にはパリミッションのコンスタン・ルイ神父が赴任したり、マザーテレサが来訪し、一時期、枝川教会に彼女の修道会の支部ができるなどしているが、いろいろな事情から短期間で終わり、マザーの会は他所に移転。また、ありんこ保育園も閉園した。

さて、北原怜子の聖徳はスペインなどでも知られるようになっていて、列福を求める声がむしろ海外から高まり、教皇庁が動いた。昭和五〇年（一九七五年）あたりから、列聖列福調査のための前準備が聖母の騎士の修道会であるコンベンツアル聖フランシスコ修道会を中心に始まり、同年の七月から九月にかけて予備的な聞き取り調査が行われた。

昭和五六年（一九八一年）には父ザカリヤ北原金司が八一歳で帰天。さらに、昭和五五年前後には母と姉の和子が教皇ヨハネ・パウロ二世にバチカンで謁見している。昭和五七年（一九八二年）四月二四日にはゼノが帰天。生年が一八九一年だとすると享年は九〇歳だった。帰天日の四月二四日はちょうどゼノが来日した日でもあった。

昭和五八年にはそれまで借地だった八号埋め立て地を都は払い下げ、蟻の会はこの時点でようやく土地を自分たちのものにすることができた。なお、この八号地の借地契約を巡っては公表されていない部分が多く、この本の著者もいろいろと聞き取りをしたり調べてみたが、なお不明な点が多かったので、ここではこれ以上述べないことにする。ただ、怜子の命を懸けた祈りによって旧蟻の街が焼き払われず全員無事に移転を果たしたことだけは事実である。

昭和五九年（一九八四年）には、列福調査のための本格的な聞き取り調査が行われている。東京大司教区がこれを担っていたが、実質的にはコンベンツアル聖フランシスコ修道会が聞き取りの重責を担った。

昭和六〇年（一九八五年）に枝川教会が地区の名称替えに伴って、カトリック潮見教会と名前を変え、小教区の巡回教会かられっきとした小教区の教会となった。翌年には新聖堂も完成し献堂式が行われている。あの貧しい蟻の街のお堂は今や、押すに押されぬ近代的建物の美しい聖堂を持つカトリックの教会となったのである。

ただし、新蟻の街の人口は減り続け、経営が成り立たなくなって昭和六三年（一九八八年）、ついに蟻の会は解散してしまった。場所が都心から遠いことや、今や屑はしっかりと都の方で管理され容易に手に入らなくなったこと、さらに、日本の驚異的経済発展で、蟻の街の人々の働き口は限りなく広がっていったのがその理由だった。しかし、北原怜子が開いた友愛と微笑みの奉仕の精神は、蟻の街が消滅してもなおも広がり、人々の心に愛の灯をともし続けている。その象徴である教会は「蟻の街のマリア教会」として、八号埋め立て地の潮見の大地にしっかりと根付き、国内のみならず、全世界からも巡礼者を招きよせているのである。あのお堂の上に建っていた粗末な木の十字架は、今潮見教会の玄関口の壁にしっかり据え付けられ、ここが今も蟻の街の教会であることを来訪者に力強く宣言している。

平成三年（一九九一年）一一月七日、母エリザベス・マリア北原媖が帰天。享年八九歳。

平成六年（一九九四年）九月二五日、松居桃樓が帰天。享年八四歳。

そして平成九年（一九九七年）には、東京教区とコンベンツアル聖フランシスコ修道会がまとめた列福調査のための聞き取り結果等をまとめた調書（Positio super virtutibus）がイタリア語訳を付けてローマの列聖省に送付された。平成二六年（二〇一四年）に、バチカンの列聖神学者委員会で北原怜子の件が扱われ、翌平成二七年（二〇一五年）に北原怜子には「尊者」の称号が与えられることになった。これは女性としてだけでなく、日本人では初めての栄誉であった。尊者は福者の前段階として殉教者以外の秀でたカトリックの信徒に与えられる称号で、あと怜子の取り次ぎによる奇跡が一つ認められたら、北原怜子はすぐに列福されることになっている。現代の人で、しかも殉教者以外で列福されたら日本人として初めての栄誉なので、なにぶんにも、彼女の取り次ぎによって奇跡の報告が待たれるところである。

長姉マリア高木和子は怜子がバチカンから「尊者」の栄誉を受けた二年後の二〇一七年の五月三日に帰天している。享年九五歳であったという。北原家の墓石の横に和子の墓石がある。

話は前後するが、二〇〇八年（平成二〇年）一月二三日には北原怜子帰天五〇周年記念行事があり、潮見教会が外側志津子氏を招いて記念講演会を開いている。

また、現在北原怜子の偉業を記憶して広めようとしている市民団体があるので最後に紹介しておきたい。二〇一七年（平成二九年）、信徒ではない一般市民によって「アリの街実行委員会」（北畠啓行代表）なる組織ができ、ゼノや北原怜子について写真展を開いたり、講演会や演劇等によって「蟻の街」の史実を広める働きをしている。東京では新聞にもよく記事が掲載されるので、関東方面の人は知っている人もおられると思う。二〇二四年（令和六年）四月二四日のゼノ修道士の命日には、実行委員会はポーランド大使館で記念行事を開催。また、同年四月二六日には、光塩女子学院中等科・高等科でアリの街実行委員会で広報係も務める岩浦さち氏が主宰する「自由の翼」が、「ポーランドから来た風の使者ゼノ」（石飛仁原作）の朗読劇を実施した。

さらに、この会は毎年一月二三日の怜子の命日には、旧蟻の街のあった現場で追悼式典を開いている。なお、この会の働きかけによって二〇二一年三月二七日には、蟻の街のあった隅田公園内の跡地に台東区役所の手によって、蟻の街を説明するプレートも建てられた。近くを通る時にはぜひ探してほしい。

第二部　自分と北原怜子

現場が秘めた記憶を辿って：花川戸の北原家跡地から蟻の街跡地へ

令和五年（二〇二三年）の三月と九月に私はこの本を書くための取材活動をして、関係者の聞き取りを実施したが、聞き取り以外にも北原怜子に関連する場所を歩いてみて、現場が秘めた記憶を辿るという体験をしてみた。たとえ、そこに当時の面影はもう残っていなかったとしても、出来事が生じ、その人が生きた現場を辿ってみることは、そこに秘められている歴史の記憶に触れることにもなるわけで、大事なことを後世に伝えていくためには欠かせぬ重要なプロセスと思っている。この二回の東京取材で、私はさまざまな場所に行ってみたが、ここでは特に重要な記憶である怜子が花川戸の自宅からどの道を歩いて蟻の街まで通っていたのか、当時を直接知る方が案内して下さる幸運に接したので、その時の体験を今から紹介してみたい。さらに九月に自分一人で再訪した時のことも付け加えてみる。

案内していただいたのは令和五年の三月であった。幸いなことに、早春の日差しが降り注ぐよく晴れた日であった。私たちは地下鉄銀座線浅草駅の松屋方面の改札口で待ち合わせをした。改札口を出た辺りは、都心の地下鉄構内にしては古ぼけてやゝ薄暗い。この辺りは案内者によれば当時のままだという。また古い地下道もあり年代を感じさせる構内であった。当時、その地下道も改札口の前の階段も、その人によれば、空襲で家を失った人たち、いわゆる浮浪者風の人たちがびっしりと座っていたという。当時、浮浪者が集まっていたのは、別にここだけではなく、ものの本によれば、上野駅の地下道他東京の主だった鉄道駅で地下道のあるところはみんなそんな風景であったという。

階段を上って地上に出ると、そこには松屋デパートの建物がでんと建っていた。東京大空襲では、三階以上は延焼したが、かろうじて外観は残り、その外観を保ったまま、現在ある建物は美しく改装されている。その松屋の横の通りが花川戸一丁目である。花川戸一丁目というと、高木商店のあった通りだ。

その浮浪者であるが、松屋の横の歩道にもいっぱいたむろしていたという。案内者によると、時々、松屋の屋上から飛び降り自殺をする人もいて、血液や体脂肪が歩道にしみ込んでいたり、時には飛び降り自殺者の遺体が転がったままで放置されていたという。当時はこんな光景が珍しくはなかったのであろう。関連本を見ても、上野公園あたりで、路上で死んだ子供の遺体が放置され、その横を大人たちが視線を向けることもなく通り過ぎていく写真が掲載されていたりする。蟻の街や北原怜子が活躍した時代はそんな時代でもあった。

その花川戸一丁目の通りは当時都電が通っていて、怜子は子供らと一緒にそこでもバタ車を引いて屑拾いをやり、近所の人から色んな陰口を叩かれていた。今はもちろん都電はなく、大きな立派な通りになっている。令和五年の花川戸一丁目通りは、近代ビルが両サイドに立ち並ぶ都心の一等地になっている。

松屋から東武線のガード下方向に一〇〇から二〇〇メートルほど行くと、かつて高木商店のあった花川戸一丁目四番地に辿り着く。現在は高木商店も北原家の建物もなく、ちょっとしたビルが建っている。北

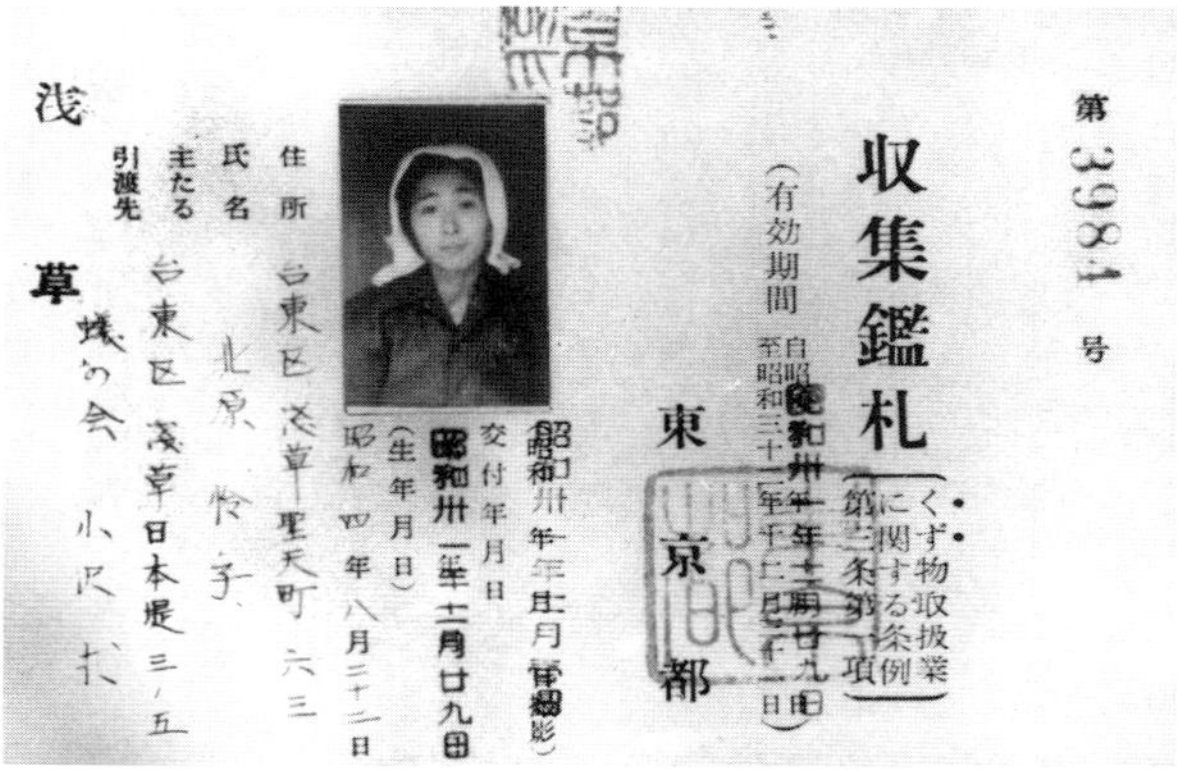

怜子のゴミ収集の鑑札書

原家の建物は高木商店の裏側、つまり隅田川を臨む方向に建てられていた。私たちは高木商店のあった地点に立ってみた。当時はその左側に下駄屋問屋が軒を連ねていて、右側（ガード方面）は靴屋の問屋街があったそうだ。だが、現在は履物の店はほとんどなく、左側の歩道を少し歩いてみたところ、小さな下駄屋が一軒見つかったのみだった。一方右側の方も、靴屋が数件見られた程度であった。

怜子が二回目にゼノの姿を見たのは、どこの窓からだったのだろうか。その時、後を追ったが見失って、家に戻って新聞記事で蟻の街の住所を調べて追いかけていくことになった。このちょっとした出来事が怜子のそれからの歩みを決する極めて重要な出来事になった。神の摂理というのは面白いものだ。ちょうどその時、怜子は何かの仕事を手伝うために高木商店の二階にいて、ふと窓の下を見ると、花川戸一丁目の歩道を歩くゼノが目に入った。ゼノは高木商店横の隅田川方向に向かう小さな道に曲がってしまったようだ。それで、見失ってしまう。

私たちも高木商店のあった横の道に入って行った。するとすぐに細長い隅田公園の入り口に着いた。公園の下は隅田川だ。案内者によると、当時はゴミの川で時々自殺した遺体も流れていたそうだ。その隅田川に沿って公園が細長く伸びている。蟻の街のあった当時、河岸は広い平地であったようだが、今は河岸工事で三層の遊歩道となっていて、当時の面影はほとんどない。ただ、一番古い欄干は案内者によれば当時のものだという。一番下と二番目の遊歩道の幅は狭く、ジョギングコースとなっているが、ところどころにベンチもあって、鉢植えの花が置かれていたりする。一番上の遊歩道は木々に囲まれ、散歩コースで一番広い。

その遊歩道を左の方向に歩いて行くと東武鉄道の鉄橋があり、さらに歩いて行くと有名な言問橋に辿り着いた。当時言問橋の下にも、バタヤたちの仮小屋集落があって、ゼノは怜子をそこにも案内している。そこだけではなく、隅田河岸にはこの種の仮小屋集落が幾つもあって、都はそんなところに火を放ち焼き払ってしまった。畑市次郎民生局長の時代であり、怜子は箱根療養中にこの話を聞いて酷く心を痛めてい

▲現在の言問橋〔著者撮影〕
▼言問橋上から旧蟻の街のあった方面を臨む〔著者撮影〕

た。蟻の街のすぐ近くの集落が焼き討ちにあった時、小沢会長は焼け出された人たちを蟻の街に受け入れてもいる。

言問橋の近くに実は蟻の街があったのだが、その話をする前に、言問橋について少し触れておこう。言うまでもなく、ここは昭和二〇年三月一〇日の東京大空襲時に一大惨劇が生じた場所である。既に東京では昭和一九年の一一月頃から頻繁な空襲があったが、三月一〇日の陸軍記念日を狙った米軍の大空襲が最も凄惨な出来事であって、東京の東半分はすっかり焼け野原になってしまった。東京は九日の前夜から猛烈な風が吹いていて、寒波も襲来していた。最初に現れたB29の二機は房総半島の方に逃げてしまったので、軍司令部はすっかり安心して警戒警報を解いたのだが、それは騙すためのおとり機であった。一〇日の深夜、米軍はB29三〇〇機でもって東京の東部を空爆した。〇時八分第一弾が深川地区に落とされたが、軍が空襲警報を発令したのはなんと〇時一五分であった。それからというもの、油断していた都民に数万発のナパーム弾を含む焼夷弾が襲い掛かってこの世の地獄を生み出した。人々はとりあえず持てるものだけリヤカーなどに積み込んで学校など公的施設に逃げたが、そこも集中的にやられたし、何よりも火の海地獄の中で、下町の人々が水を求めて逃げて行ったのは隅田川であった。殊に大きな橋である言問橋には浅草方面からも、向島方面からも人々が殺到し、身動きができなかったほどであるという。さらに橋の下には発電機に使うガソリンのドラム缶が山と積まれていたために一層火災が激しくなって、やがて言問橋はV字型に焼け落ちた。火焔を逃れるために川に飛び込んだ人々も凍てりついた川で多数が命を落とした。ここに、体験者の手記がある。

「言問橋へ向かって、急流のような人波に呑まれ、どうしようもなく流されて行ったんですね。その橋の欄干がへし曲がるのではないかと思うばかりの大群衆です。B29の爆音、焔を吸い込むような熱い空、泣き叫ぶ子供の声、身の毛のよだつような光景です。もう駄目だと思いました。私は妹の手を握りしめ、倒れている人を踏んづけたりし、はらわたのひきちぎれるような脱出行でした。妹はハダシでした。でも、命だけはとりとめましたが、言問橋の上で別れた父母、姉、弟は、ついにそれっきりです（要約）」(1)

空襲警報は三月一〇日未明の二時三七分解除されたが、火の手は収まらず、ほぼ東京の東半分を焼き尽くしてしまった。死者はデータによって差異はあるが約一〇万人と言われている。川に飛び込んで東京湾に押し流された人々もいるので行方不明者を合わせると更なる犠牲者数になると言われている。

怜子は東京大空襲の夜、杉並の自宅で東の空が真っ赤に染まるのを見て眠れぬ夜を過ごしたことだろう。

言問橋の付近には台東区の手で昭和六一年三月に東京大空襲慰霊碑が建てられ、又その近くには平成四年、言問橋の欄干を改修した際に、基礎の縁石を切り取った「言問橋の縁石」が保存展示されていて、記憶継承の重要性を訴えている。

さて、その言問橋であるが、橋の上に行ってみると、真正面に今は東京スカイツリーが大きく見える。幅は大通りと言ってよいほど広く、まさに一大大橋の様相である。言問橋の上から旧蟻の街のあった地点を見下ろしてみるが、今は当時と河岸の地形がまったく異なってしまったので、ピンとこないのだが、それでもあそこに確かに存在したのだと思うと感慨深いものがある。

東京大空襲の惨劇の場となった言問橋のたもとに蟻の街が作られていたのだ。私はこのことに深い意味を改めて見出した。戦争という憎悪が生み出した惨劇の現場近くに、すべてを失った人々が焦土の中から立ち上がり、バタヤという生業を営みながら憎悪の対極にある友愛と平等、連帯の理想的な共同体を作ろうとしていた事実の重さである。敗戦後の混乱の最中にあって、絶望、飢餓、犯罪、自殺が多発する中、それでも人間を信じて、手をつなぎ合って相互扶助に生きようとしていた戦争被害者の集団があった。そこへ、神を信じる一人の献身的女性が現われ、その理想を生きる道はさらに進展し、絶望から希望へと視界が開けて行ったのだ。当時バタヤの集落は数多くあったが、とりわけ蟻の街が注目を集めたのは、優れた指導者や北原怜子の献身の力を借りながら、戦争がもたらした惨劇の跡地で、彼らが憎悪と暴力の対極に位置する理想を生きようとしていた集団でもあったからである。

言問橋からもう少し進むと、やがて「アリの街」跡と書かれた小さなプレートが見つかる。横が六〇センチで縦が八〇から九〇センチほどのプレートであろうか。市民団体の「アリの街実行委員会」が台東区に働きかけ、台東区が令和三年（二〇二一年）三月に設置したものである。それは下の二本の遊歩道ではなく、木々のある一番上の道路の脇に設置されていて、ちょっと注意しないと見落としてしまうほど小さい。しかし、行政の手によって設置された意味は大きい。蟻の街が確かに歴史的事実として、敗戦後間もない頃、ここに一〇年間ほど存在したという公の証しにもなっているわけで、極めて重要なプレートであると思う。

その時、私を案内してくださった方は地形の変化にもかかわらず、「この辺りから板塀が始まっていましたね」とか「ルルドはこの辺でした」、「ここにトイレがあって、そこから向こう岸の桜の花がきれいに見えたんですよ」等、実感を込めて説明してくださったので、大変心に残った。

なお、そのプレートの近くに、本書で紹介した外側志津子氏の「蟻の街のマリアここに死す」のミニプレートもあるので、行かれる方はそれもぜひご覧になってほしい。

こうして、花川戸の北原家跡地から蟻の街跡地まで、怜子が歩いていたのと同じルートで歩いてみて分かったのは、北原家と蟻の街が極めて近かったという事実だ。私の足でも七分から八分くらいだから、若い人が歩けば五分くらいで行けてしまう近さである。当時頻繁に子供たちが怜子の

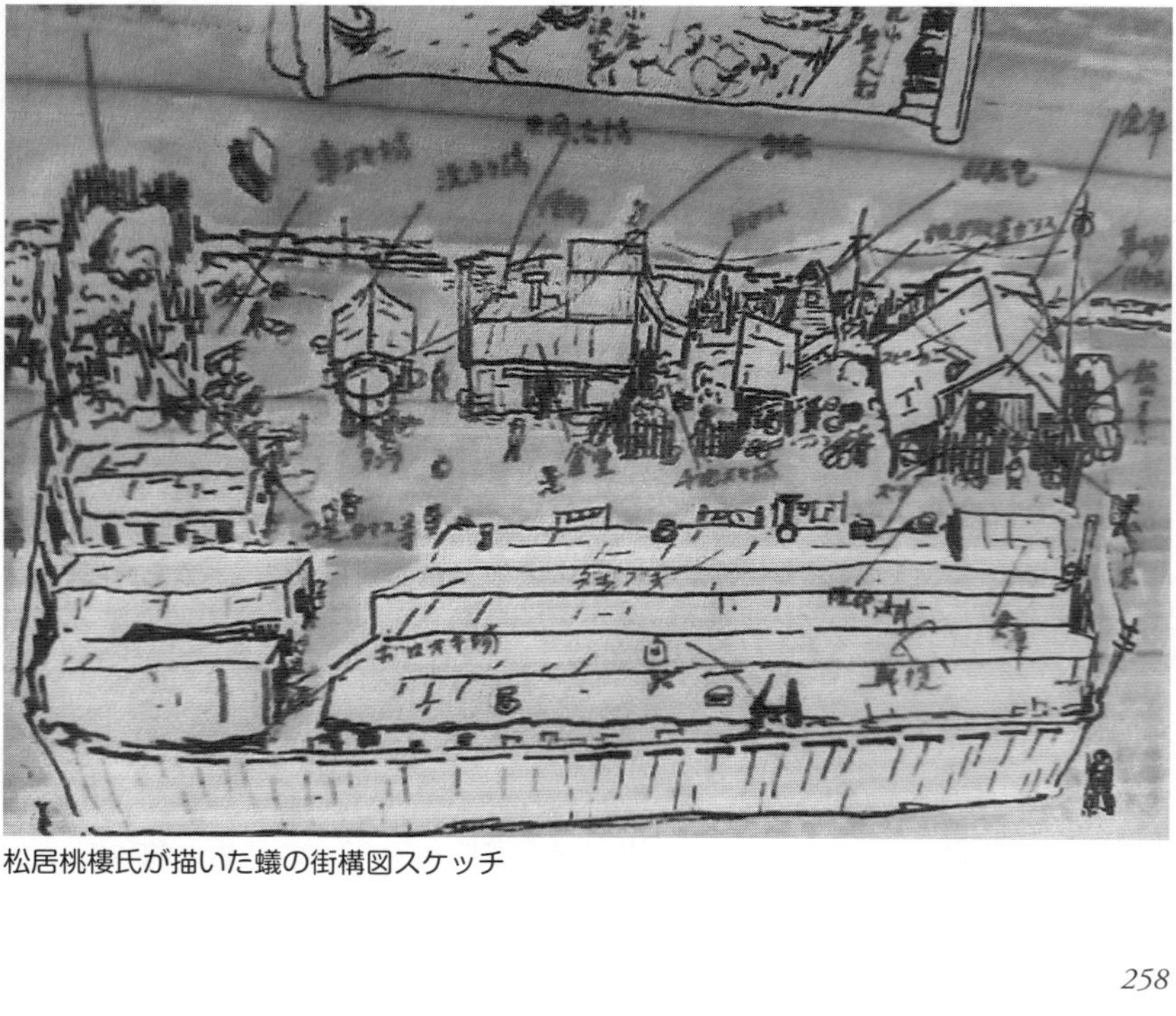

松居桃楼氏が描いた蟻の街構図スケッチ

家に来たのも、この近さ故であっただろうし、怜子が夜遅く、子供が同伴してくれたものの、帰宅できたのもこの近さの故であっただろう。こうしてみると、怜子の家と蟻の街が極めて近距離であったことは記憶に留めておくべき大事なことのように思われる。

さて、ここからは令和五年九月に私が一人で足を延ばしたボートハウスについて触れてみよう。怜子がゼノを追って最初に訪問したのは、蟻の街というよりもそのボートハウスの小沢会長の自宅であった。迷いながらも怜子はいったん蟻の街に辿り着くが、白い髭を生やした神父様はどこに行かれたかと尋ねて会長宅を指差された。それからさらに迷って交番の手を借りながらボートハウスの小沢宅に辿り着いたのであるが、私は前からぜひそのボートハウスを訪ねてみたいと思っていた。蟻の街からごく近くの山谷堀というところにそれはあったのだが、いざ行ってみると、既にそこは埋め立てられていて公園になっていた。したがって今戸橋も埋め立てられていて、地形はここでも一変していた。その公園の一角に「竹屋の渡し」と記された記念碑が建っていたが、そこから昔は渡し船が出ていたということなので、小沢会長のボートハウスもその近くにあったに違いない。怜子が苦労して辿り着いたボートハウスでその夜ゼノとの実質的な出会いがあり、それがその後の怜

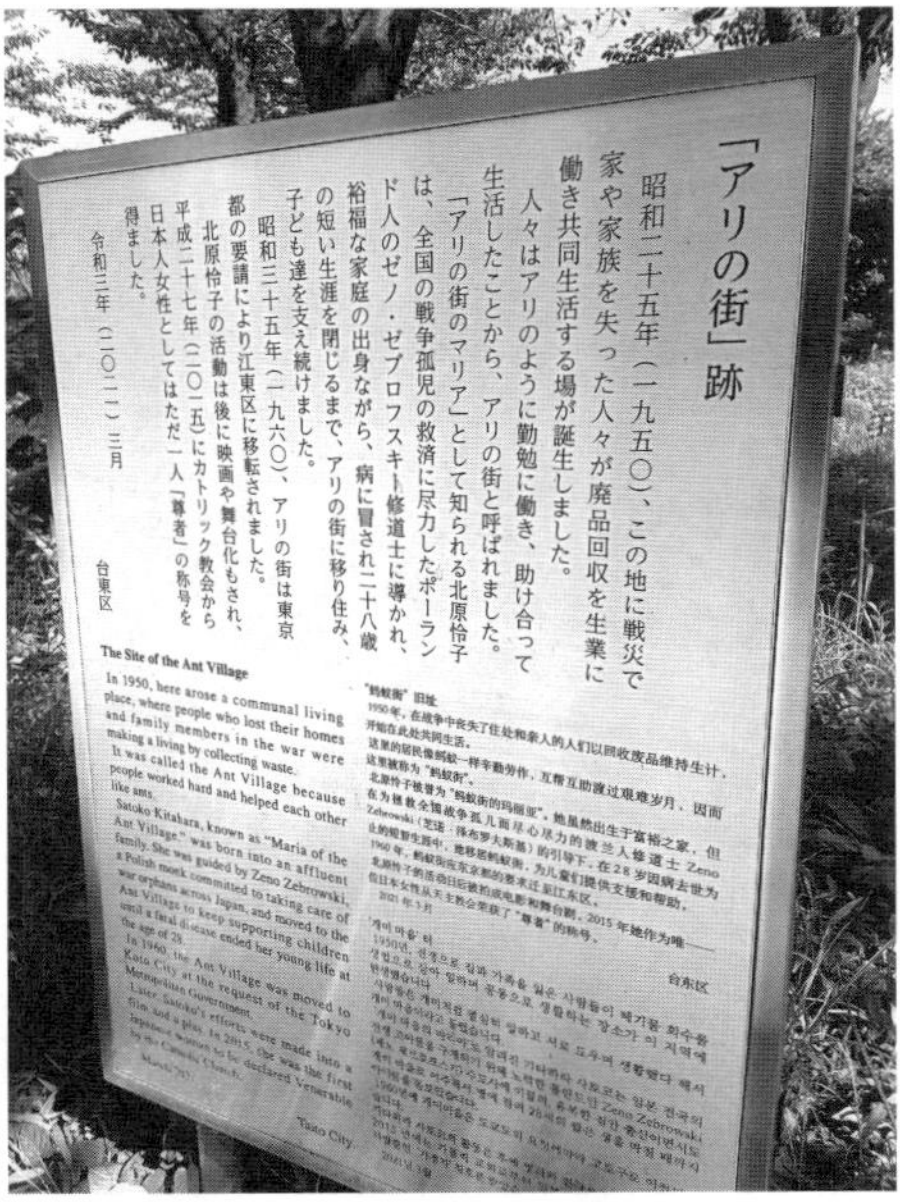

旧蟻の街跡地に建つ「アリの街」跡の説明版〔著者撮影〕

子の人生を一変させるほどの力を持ってしまったわけだから、今は痕跡を留めていなくても、埋め立てられ小公園になった山谷堀のボートハウスの跡地が秘めた現場の記憶は極めて重要なものだと私は考えている。

嘗てボートハウスがあった場所（今は埋め立てられている。この中に小沢会長の自宅があった。怜子がゼノを追いかけて最初に辿り着いたのは、蟻の街と言うより、この小沢会長の家であった。）〔著者撮影〕

北原怜子は自分にどう見えたのか：主な聞き取り結果から

これまで、私はこの本を書くために今を生きる方々から聞き取りをしてきた。第二部ではその中からある方々を選び、談話で直接、北原怜子に触れている部分を抜粋し、カトリック教会によって日本人で初めて「尊者」の称号を得た北原怜子の生き方をどう見ているのか、以下に紹介してみたい。聞き取りの対象は修道女、カトリック信徒、信徒ではない一般市民、カトリック司祭など色々である。なお、ここに紹介する内容はすべてご本人たちから承諾を得たうえで掲載するものであって、また、発言者の氏名についても、匿名か否かはご本人の希望に沿った。本文中のカッコ内はこの本の著者の質問や発言である。

ベリス・メルセス宣教修道女会修道女の皆さんの談話から

令和五年（二〇二三年）九月一一日、私は東京杉並の高円寺にあるベリス・メルセス宣教修道女会の本部修道院を訪ねた。聞き取りのためである。よく晴れた日だったが、異常に暑かった夏の名残で、その日も東京は朝から猛暑にうだっていた。本書でもたびたび触れてきたように、メルセス会は北原怜子をキリスト教に導いた修道会であって、その第四誓願の精神によって生き方に深い影響を与え、怜子自身が入会を強く望んだ修道会でもある。「北原怜子の本を書くなら、メルセス会への取材は欠かせないですよ」と、私はある方からアドバイスを受けていた。

到着すると、応接間で四人のシスターが待っていてくださった。おいしいお菓子や飲み物が運ばれ、楽しい雰囲気の中で聞き取りは始まった。この四人の中では誰も生前の怜子に会った人はいないが、全員がマドレ・アンヘレスをよく知っておられたのと、親類のお嬢さんと光塩でずっと同級生だった方も含まれていた。聞き取りでは、萩光塩学院の成り立ちやメルセス宣教修道女会の創立者であるマドレ・マルガリタの来日と光塩女子学院創立のプロセス、さらに初期に来日したスペイン人のシスター方、とりわけマドレ・アンヘレス関連の話など貴重な話が聞かれたが、その中からここでは、直接北原怜子について語った二人のシスターの談話を紹介したい。

シスターA「母が奈良の弟宅に住むようになりました。その時の教会が奈良の登美ヶ丘教会で、そこの司祭がグリン神父様で北原怜子について大変評価されていました。私も北原怜子さんについては大好きでよく本を読んでいました。しかし、マドレ・アンヘレスが影響を与えていたという点を知らなかったものですから、ある日、そのことを神父様に申し上げました。すると神父様は私に『え、そうなんですか。もしアンヘレスがいなかったら北原怜子は生まれていませんでしたよ』と語っていたのが印象的でした。北原怜子さんを特集した『カトリック生活』をずっと持っていますよ」

シスターB「北原さんへのカトリック要理はマドレ・アンヘレスがなさったと思います。当時光塩にはスペイン人のシスターが数名いました。彼女たちが北原さんに会っているのでは？ マドレ・アンヘレスは多摩全生園にも行っているし、ゼノさんに会っています」

シスターA「北原さんの自筆の手紙のコピーも持っていますし、北原さんを特集した新聞記事のコピーも持っています」

（北原さんの印象について聞かせてください）

シスターA「北原怜子さんは、困難に遭遇している人々を見ると、自分の中から湧いてくる人として当たり前のことをしたいという気持ちの人だったと思います。そういう人を前にして、黙ってはいられない。その思いを実現した人だと思いますね。だから、私は尊敬しています。つまり、当時から既に目覚めていた。それは内側から出てくる思いであったと思います。すごいですね。神様から貰ったのです。貧しい人を見て、ほっておけない思いというのが大切だと思うのです」

シスターB「子供たちに紹介する時、模範になる人として北原さんを紹介していました。はじめは普通のボランティアでした。誰でもできますよね。しかし途中で、自分は偽善者ではないかと思うようになった。イエス様が私たちのところに降りてきてくださった。そのあり方を歩んだ人だったと思います。最終的にはバタヤ部落に戻って、そこが自分の住所になったでしょう。子供たちに紹介する時、怜子さんはイエス様の生き方を生きた人だったのね、と言っています。イエス様のように降りてきてくださった怜子さん。すべてを捨てて降りて行った人でした。そういう風に子供たちに紹介しています。北原怜子は光塩が生んだ人です」

シスターA「私はとにかく北原さんが好きなんですよ。あの時代、彼女は一石を投じた人ですよね。カトリック信者だからというのではなく、彼女のしたことやその思いは腹の底から湧き出したものでしょ。殺伐とした暗い世の中ですよね。今戦争の準備ばかりしている。日本の軍事主義があるでしょう。そんな時代に澤田さんが北原さんの本を書く。応援しますよ。そして祈ります」

シスターB「怜子さんは今を生きた人だと思います。怜子さんがこの時代に生きていたらどうしてたかなあ！　何かね、彼女の中の葛藤ということを考えると、いじけることもないし、入れなかったメルセス会を恨んでもいませんよね。自分の置かれた場で咲いた人でしたよね。信じていたものが崩れ去った時、それによってどういう光を与えられるかが大切ですよね。とにかく、自分の目の前で助けを求めた人のために生きた人でしたよ。比べられませんが、今も人に知られないところで立派に生きている人がいっぱいいる。新聞には出ないけど、コツコツとやっている人。そういう人ね、これでいいなあと！」

以上、談話は多岐にわたって二時間ほど続いた。私はさわやかな気持ちに包まれてメルセスの門を出た。猛暑をもたらした太陽は西に傾きかけていた。

最後にメールで聞き取りをさせて頂いたメルセスのもう一人のシスターがおられるので、そのコメントをお伝えしておこう。

シスターC「北原さんについてですか。私も同じように現場行動をしているからわかるような気がするのですが、『個人の証し』が信仰に基づく地味な行動の中に積み重ねられたものだから感動があると思うのです。シスターアンヘレスとの出会いの中でキリストの愛に触れ、修道者にはなれなかったけど、ゼノ修道士に出会い、貧しい人たちに導かれ、蟻の会と出会い、自分が神の道に生きるための場を見つけて、そこに生涯を懸けた。『固有な召命』を生きた。その神への愛の忠実さが怜子さんのすばらしさだと私は思っています。私はマザー・テレサにも同じことを思っていますが、本人の神への忠実さの『行動だ』と捉えています。私はゼノさんとはお会いしていますが、怜子さん本人とお会いしたことはありませんから残念さを感じていますが、怜子さんは多分葛藤も多かったと思います。しかし、蟻の会での触れ合いは楽しかったのではないか？　嬉しかったのではないか？　なんて想像しています。神様に出会って生き方を全うできた。『私を実現できる信仰』を生きた方なのではないでしょうか。尊敬していますし、私もそう生きられたらいいなと思います」

今井湧一氏（潮見教会元教会委員長）の談話から

次に紹介したいのは今井湧一さん。蟻の会が八号埋め立て地の新蟻の街に移って、隅田河畔にあった例の十字架のお堂が、新蟻の街で新たに東京教区の正式なカトリック教会として発足したのであるが、そこが枝川教会と名乗っていた頃にその教会にやって来て、長年枝川改め潮見教会の教会委員長として働いてきた方の談話である。

考えてみれば不思議な話だ。例の十字架のお堂は、そもそも松居氏による宣伝用の作話から発したものだが、東京都の焼き討ちを逃れるために、とにかく十字架を付けてしまえと、急遽作り上げてしまった建物である。もちろん、怜子によって祈りの部屋としても使用されたが、実際は子供の勉強部屋とか集会室とか来客用の部屋として多目的に使われ、およそ教会と呼べるものではなかった。しかし、北原怜子の模範によって蟻の街の人々が多数洗礼を受けていくにつれ、街全体に祈りがこだまする稀有なバタヤ共同体になっていった。そして怜子の死後、八号埋め立て地に移り、新蟻の街がスタートした時、その十字架のお堂はついに正式なカトリックの教会として公認されるものになった。言わば見せかけだけの教会から本物の教会になってしまったのである。八号地の名称変更によって枝川教会から潮見教会になったその教会は別名「蟻の街のマリア」教会とも呼称される。これぞ神の御業ではないか。

現在、新蟻の街は既に閉じられて存在しないが、蟻の街の記憶を一身に包含する潮見教会は今やマンションの林立する八号地に厳然と建っている。その潮見教会の横には日本カトリックの中心地を印す中央協議会と日本カトリック会館の建物が軒を連ねている。戦後間もない頃のみすぼらしいバタヤスラムの十字架のお堂は、今や日本カトリックの中心地を象徴する建物に軒を連ねて聳え立つ。これぞ神の御業ではないか。

令和五年（二〇二三年）三月一二日、私は今井氏から聞き取りをするために潮見教会を訪れた。今井氏自身は既に他教会に転籍されていたが、聞き取りの場として私たちは潮見教会でお会いすることにしていた。その日は日曜日でもあったので潮見の聖堂で私はまずミサに与った。聖堂の玄関口には蟻の街のお堂に建っていた粗末な木の十字架が壁に固定され、来る人たちを出迎えてくれる。またその玄関には北原怜子の写真と、蟻の街と潮見教会の歴史に関する手作りの史料が展示されていて、なかなかの配慮を感じさせた。

ミサ後、今井氏には潮見教会の信徒会館の一室で聞き取りをさせていただくことになった。ここで紹介するのは、潮見教会の歴史や北原怜子に直接関連する部分のみである。

（今井さんはいつこの教会に来られたのですか）

今井氏「枝川教会と呼ばれていた時代で、第二代目主任の吉田善吾神父様の時に来ました。ありんこ保育園ができた頃で、色々なボランティアも来ていました。今名古屋教区の松浦司教様も神学生時代ここでボランティアをして、子供たちにオルガンを弾いていましたね」

（当時の教会はどんな雰囲気だったのですか）

今井氏「ここはほとんど周辺の人たちの教会でしたね。蟻の会の

現在の潮見教会外観〔著者撮影〕

人は数名しかいなかった。全体でも信者数が二〇名ほどの小さな教会でした。でも蟻の街の雰囲気が濃密に漂う教会でしたね。この周辺は韓国の人が多かったんですよ。この地区はね、埋め立て地でしょ。雨が降るとね、一週間くらい水が引かなくてね。いつも長靴を履いて通っていました。周りの地区の人たちというのは家庭的には恵まれていなかったんじゃないかなと思うんですよ。で、古着なんかを持ってきて、バザーで安く売ったりすると、人々が殺到しましたね。地域との交流も盛んでした。町内のお祭りの日におみこしが教会に来ていましたし、盆踊りやクリスマスも交流が盛んで、極めて蟻の街の姿勢を体現していましたね。

それとずっと前でしたが、ここにマザーテレサが来られたんですよ。で、この近くにも路上生活者がいましたので、インドに行きたいという若い人に、マザーはまずそういう人たちのために頑張ってくださいと言われたんですね。また、私の手を握って、よろしく頼みますともおっしゃった。その影響で、私、今は別の教会にいますが、路上生活者のためのボランティアもしているんです」

（北原さんについてお尋ねしますが、今井さんは北原さんのどんな点に惹かれたのですか）

今井氏「世の中を見てもわかるように、誰からも無視されているような人とか、そういう人を見た時にね、やっぱりみんなで助け合っていこうとか、ほんとうに一番なのは、聖書に忠実に北原さんが生きたということですね。彼女が福音に忠実に生きようとしたことに私は一番惹かれますね。蟻の街に出会う前は、普通のお嬢さんだったんですよね。

教会というのは、建物とかに投資をするけど、今一番苦しんでいる人にもう少し手を差し伸べるというのが欠けているんじゃないかな、とそんな気がするんですね。例えば終戦当時ね、建物の再建は一生懸命やったけど、困ってる人たちにどれだけ手を差し伸べたんだろう。そんな姿勢がね、なかったような気がするんですね。現在を見てもそうですよ。まだまだ教会の中に目を覆いたくなるような現象がいっぱいあるんでしょ。そんなのを見て、北原さんみたいな運動を起こす人がいて、盛り上がって行けばいいかなあと思うんです。

教皇様が色々と言っておられますが、教会の中で信徒に伝わっていないんですよね。『お祈りしましょう』は出るけど、じゃ、具体的に何をするのかという話になるとね、何も出てこない。寂しいなあと思うんですよ。実際に手を汚す。そんな行動に移すということが重要じゃないかなあと思います。それを北原怜子さんがやっていたということなんですね。今ね、自分の近くにいる人たちに自分は身を投げ出すというような気持ちや精神が足りないんじゃないかと思いますね。

でもね、最近、希望も見えるんです。北原さんの人気ってすごいんですよ。先日、ガリラヤ勉強会で北原さんのことを話したんですよ。事前にフェイスブックで宣伝したんですね。そしたらね、いろんなところから問い合わせが殺到したんですが、事前にフェイスブックで宣伝したんですよ。また、高幡教会の五〇周年記念でね、北原さんについて語った時も事前のフェイスブックで宣伝したら、問い合わせがすごかった。それとね、ある教会の神父様は北原さんをとても尊敬していて、先日の主日の説教なんか全部北原さんについてでした。何か、広がっているという感じがしますね、今。そこへもってきて、澤田さんが北原さんの本を書くでしょ」

（はい、そうですね。頑張ります。それと、北原さんやゼノさんについて広めようと運動している蟻の街

実行委員会という市民団体がありますでしょ）

今井氏「私、その会に入ってるんですよ。あの人たち、誰も信者がいない。でもゼノさんや北原さんのやったことを評価していて、一生懸命広めようと頑張っています。私、第二回目の写真展を台東区役所でやった時に行ったんですね。その時、信者でない人たちがこんなに頑張っている、すごいことだと感激して私もメンバーにしていただきました」

（私も今回、取材に当たって、その会の北畠代表から今井さん始めいろんな方をご紹介いただきずいぶん助けてもらいました。「私たちは全員仏教徒です」ともおっしゃってみえましたが。やはり、まだ北原さんを知らない人が大多数です。列福調査も済みましたし、ぜひ、北原さんに関心を抱く人々が彼女と蟻の街の記憶を残していかなければと思いますね）

今井氏「そうですね。私ね、北原怜子の資料館をぜひ作りたいと思ってるんですよ。彼女の手紙とか、日記とか、持ち物などいろんな資料をぜひ後世に残したいですね。せっかく、蟻の街実行委員会の人たちが、手弁当で北原さんたちのことを一生懸命伝えていこうとしているでしょ。それに私たちも協力していかなければと願ってるんです。で、一緒になって資料館を作っていけたらいいなあと。

最近、隅田公園の蟻の街の跡地にプレートが建ったんですよ。蟻の街実行委員会が働きかけ、台東区役所が建てました。そういう運動も実行委員会はやっているわけです。で、市民の方が聞くんですね。『これなんですか』と。そこで説明すると、『あゝ、そういうことがあったんですか』と。そこで、ゼノさんや北原さんの写真を置いて『平和を』と訴える。そういう姿を見ていてね、えらいなあと思うわけです」

（ぜひ、北原怜子の資料館を作ってください。私も協力しますよ）

今井氏「ぜひ、よろしくお願いします」

インタビューは一二時半から始まって午後二頃終わった。今日は新蟻の街の教会の生き字引のような人の話を聞くことができ、まことにラッキーだった。

潮見教会信徒の談話から

令和五年（二〇二三年）四月二〇日、潮見教会所属の信徒の方に電話でインタビューをさせていただいた。以下、その方の談話を北原怜子に関連する部分を中心に紹介したい。

（北原さんをどう知ったのですか）

信徒の方「潮見に来て三〇年になりますが、一〇年ほどは北原さんのことに全く関心がなかったのです。今から二〇年ほど前にいらした神父様が、北原さんのことを少しわかるようにしたいということで、資料や写真を展示されたのです。私が『もう少しわかりやすいといいですね』と申し上げたところ、『じゃあ、あなたがやりなさい』と言われて、それから関連の本を読んで怜子さんや蟻の街のことを勉強したんです。これが北原さんとの出会いですね。読んだ本は松居桃樓『アリの町のマリア／北原怜子』一九七三、北原怜子『蟻の街の子供たち』一九八九、パウロ・グリン『蟻の街の微笑み』一九九五、粕谷甲一『出会いとふれあい』一九九三、潮見教会献堂記念誌『下町における隅石とならん』一九八六、ルイ神父を支える会『寄留の他国人として』一九八八、大原猛『下町の神父』一九九八、ほかにカトリック新聞記事の一九九三年六月二七日付等です」

（それで、現在潮見教の玄関口に展示されているものを作られたわけですね。とても分かりやすくよくまとまっていると思いました。そういうことで北原さんと出会われたわけですが、北原さんのどんな点に心を動かされたのですか）

信徒の方「『ゴミ拾いなんて誰でもできることなので、大したことをしたわけではない』と言う人もいましたが、上流階級の女性がバタヤ集団の中に入って来て、立場を共有して生活したということは、北原怜子さんに聖霊の力が働いたのではないかと思うんですよね。私はそういうところに心を動かされました。立場や自分のものを投げ出すことなんて、私にはとてもできないことだからです。

それと、本を読んでいて思ったのは、怜子さんはとっても悩んでいますよね。『蟻の街のマリア』とマスコミにもてはやされた時期に、自分は本当に子供たちのためにやっているのだろうかと、ずいぶん悩んでいたことが書かれてありました。そういうところは普通の二〇代のお嬢さんだったんですよね。自問自答しながら自らを神様に委ねていくところが素晴らしいなと思いました。

後になって、立ち退きの危機が迫り、借地料の件で松居さんが東京都と交渉しています。彼の下書きを彼が寝ている間に怜子さんが浄書して、松居さんに叱られますが、怜子さんは『ごめんなさい』としか言わない。病に冒されながらも微笑みを絶やさない怜子さんが、だんだん透明になっていくのを感じました。怜子さん、ゼノ修道士、小沢さん、松居さんの出会いも神様の計らいではなかったのでしょうか？」

（潮見教会というのは、蟻の街の教会として大変有名な教会です。その一員であるということに関してどう感じておられますか）

信徒の方「潮見教会の信徒はあまり深く考えていないと思います。怜子さんの思いでもありますが、クリスチャンはイエス様の生き方を見倣って生きていくというのがあるべき姿だと思います。小さくされた人とか貧しい人たちに寄り添うというのが本来のあり方なのでしょうが、現代ではそれができていない。潮見教会の一員ではあるけれど、私ごときに何ができるのでしょう。怜子さんの生き方を見て私が感じたことは伝えていく。ささやかなことですが、それをしていきたいですね。

伝える前にもっと知らなければとも思いますが、あんまり掘り起こし過ぎてもいけない気もします。蟻の会は後に解散してしまいますが、そのことは怜子さんには関係ないと思っています。二〇一五年に尊者になられるまで、皆で一生懸命お祈りしました。怜子さんの行いが語り継がれていくように、これからもお祈りを続けたいと思っています」

（広報活動も大事ですよね）

信徒の方「潮見教会でも私が一〇年も関心がなかったように、怜子さんのことをよく知らない人はいっぱいいると思うんですよね。実は怜子さんの大きな写真を聖堂入り口に掲げたのも最近のことなんですよ。

ある神父様が教皇様と菊池大司教様の写真を飾ったので、ここに我らが怜子さんの写真も一緒に飾ろう！ということになったのです。『あの人は何をした人ですか？』写真を見ながら、そんな会話が始まればいいなと思っています。

自分のことを思い返してみると、見ているようで見ていないとか、聞いているようで聞いていないことがありました。それぞれ人には『気づく時』があるのではないかと思うのです。だから今でなくても、いつか聞こえる時が来ると思って、伝え続けていくことが大事だと思っています」

（別の質問ですが、怜子さんは今の日本の教会や社会でどういう役割を果たせると思いますか）

信徒の方「難しいことはわかりませんが、イエス様に倣って生きるのがクリスチャンですよね。怜子さんの生き方を見聞きしているとそこに気づかされます。それと、社会活動家としての北原怜子さんをしらべているうちに、この潮見教会に辿り着いたという人もいます。神様は怜子さんを通して、いろいろな角度からアプローチしているのかもしれませんね」

（最後に何か、おっしゃりたいことがあれば）

信徒の方「潮見教会だけでなく、ほかの教会の信徒さんたちとも北原怜子さんのことを共有していけたらいいなと思っています。もちろん信徒に限らず、様々な人たちとも分かち合っていけたらいいですね。潮見教会にまだ蟻の会があった頃、粕谷神父様、吉田神父様、ルイ神父様に支えられてきた教会。一粒の麦は地に落ちることによって無数の実を結ぶと説いたキリストの言葉に倣った北原怜子さん。私たち潮見教会の信者は、初心を今一度思い起こす時なのかもしれません」

インタビューは一時間ちょっと続いて終わった。潮見の信徒の方の話が聞けてほんとうによかったと実感した。

岩浦さちさん（「アリの街実行委員会」広報係、「エンターテイメントユニット自由の翼」主宰）の談話から

岩浦さんは本職がダンサーだが、歌も歌い、役者もこなし、脚本も書く。まことに多芸の方で「エンターテイメントユニット自由の翼」を主宰する。それと同時に市民団体「アリの街実行委員会」代表の北畠啓行氏を補佐して広報係も務める。最近は自ら脚本を書き北原怜子やゼノ修道士のミュージカル風の演劇「アリの街のマリアとゼノさん」を浅草で公演、メディアにも取り上げられていて多くの注目を集めている。この方に私は令和五年四月一九日に電話で聞き取りをさせていただいた。カトリックの信徒ではないが、北原さんやゼノさんについて世の中に広める活動もなさっていて、ぜひお話を聞きたいと思ったからである。以下は特に北原怜子に触れている部分を紹介する。

（岩浦さんは、どんなところで北原怜子を知られたのですか）

岩浦さん「上京して住んだのが上野の北畠さんのアパートでした。ある日、北畠さんが、酒井友身さんの『アリの街のマリア』という本を持ってきて、『これすごくいい本だから演劇の脚本書きに使えるん

じゃないの』とおっしゃって、読み始めたんです。それで読んで怜子さんのことを知りました。で、私、上野に住んでいたので、ここから近い浅草にそういう人が住んでおられたのだなあと関心を持ったんですね。当時、浅草公会堂の舞台に立つことが多かったもので、浅草でこの方を舞台にしたら面白いなあと思いました。

それから数年後の二〇一七年に北畠さんが『アリの街実行委員会』を立ち上げられ、私も広報係としてイベントの発信に努めてきました。怜子さんに関しては、さらに怜子さんご自身が書かれた『蟻の街の子供たち』も読んでもう少し知識を増やし、二〇一八年に私の主催する『自由の翼』というユニットで『アリの街のマリアとゼノさん』というミュージカル風の演劇の初演をさせていただきました。アリの街実行委員会との共催でしたが。その時、ポーランド大使館の職員の方とか、カトリック系の団体の皆様も来られて、大変評判がよかったのですよ」

（北原怜子さんについてはどのように思われていますか）

岩浦さん「そうですね。誰に対しても分け隔てなく、常に慈愛の精神を持ち合わせていたということと共に、第二の蟻の街のマリアが現れた時の感情など、ちょっと人間らしい一面もあるなあと！　尊者として尊敬されていらっしゃる方ではあるけど、同じ人間なんだなあと親近感を覚えますね。

それと、子供たちに対してもすごく慈愛の精神で向き合っていたし、蟻の街の大人たちも、最初、育ちのいい怜子さんのことを嫌っていたというところがあったんですけど、それでも、逃げずに通い続けて、社会奉仕活動家として立派に活躍されました。そして、あそこに住んで亡くなられたんですね。精神レベルの高さと言いますか、真似はできないなあと思いながらも、怜子さんのことをどこか真似したいなあと思う自分もいて、怜子さんのようにね、私はカトリックではないですけど、でも、宗教を超えて怜子さんは人を愛したわけで、私もそういう風にたくさん人を愛したいなあと思わせる存在ですね。

ですが、そうなりたいとは思いつつも、朝から晩まで働き詰めで、すごく広い心と強い精神がないと、むつかしいよねと現実的には思います。私は怜子さんみたいにたくさんの人に手を広げられるということはむつかしいかもしれないけど、せめて、私の近くにいる、身の回りにいる方々に対しては、怜子さんのような、そういう姿でありたいなとは思いますね。

ぜひ、今後はね、カトリックの方も一緒に盛り上げてくれると嬉しいですね。いつか、教会での公演もぜひやりたいと思っているのですが、そこはカトリックの方がいないとむつかしいんで」

（教会での公演ですか。なるほど！ みんな知らないですね、アリの街実行委員会や岩浦さんのような活動があるということを。多分、知らない人がほとんどだと思います。伝えていくことが必要ですね。最後に重なるかもしれませんが、北原怜子は今の日本社会にどんな光を与えてくれると思いますか）

岩浦さん「怜子さんのあの時代、戦後の大変な時代で暗かったですよね。でも今もウクライナ戦争があって、再び戦争がもたらすものを考えたりとかしていますよね。現代に生きている私たちが何かを追い求めたりする時、それを怜子さんや蟻の街というのは、道しるべとなるヒントを示してくれるんじゃないかなと思います」

（例えば、どんな道しるべですか）

岩浦氏「それこそ、マイノリティーの人とか、弱い人たちを差別したりとか今あるじゃないですか。でも、怜子さんは老若男女どんな人たちでも絶対差別をせず、常に温かい心で一緒に共同生活を送り、社会奉仕活動をしていました。今やっぱりウクライナ戦争でもそうですけど、弱い者虐めとか、人種差別とか、そういうのって、絶対あってはいけないと思うんですよ。で、蟻の街と怜子さんは、それをわからせてくれるテーマだと思ってるんですね。そこが、彼女が社会に与える光としては一番大きいかなあと！

後は、お金が無かったとしても、それでもみんなが笑顔でいられる。蟻の街はそういう街だった。それを作ったのは怜子さんだった。そこを今の私たちは絶対見習うべきじゃないかとずっと思っています」

（最後ですが、演劇や歌を通してのアピールって、今の若い人たちに受けますよね）

岩浦さん「演劇をご覧にならない方にも、特にエンターテイメント性のある舞台というのはすぐ入りやすいです。去年（二〇二二年）の第三回目の公演では生演奏を舞台に組み込んだので、ライブ感覚でも楽しむことができるんですね。耳でも楽しい、目でも楽しいというのをお客様の感想を聞いて実感したんで、私はこれから自分が舞台を作る時は、歌と踊りと生演奏というのは欠かさずにやりたいと思っています。カトリックの方とも一緒に手を組んでやれたらいいと思いますね」

（今日はありがとうございました）

全体で五〇分ほどのインタビューだったが、カトリックの私は岩浦さんからいろんなことを学ぶことができた。信徒ではないが、しっかりと本質を捉えておられることに感心した。

谷崎新一郎神父(コンベンツアル聖フランシスコ修道会日本管区長、北原怜子の列福調査に関わる)の談話から

令和五年三月一一日、私はコンベンツアル聖フランシスコ修道会の谷崎新一郎師に聞き取りをするために練馬区関町の本部修道院を訪問した。谷崎師は北原怜子列福調査の中心人物の一人で、亡くなられたゼノ修道士と同じ会の司祭、今は会の日本管区管区長をしておられる。以下、北原怜子に関する部分で重要と思われる談話を紹介したい。

(神父様、北原怜子があれほど愛した蟻の街を去る決断をした時が彼女にとって最も辛い時期でしたよね)

谷崎師「確かにそこは重要なポイントの一つだと思うんですね。北原さんの生涯の中で。その時、すべてを手放したイエス様のような生き方により深く招かれたということなんだろうと思います。北原さんは蟻の街の方々との触れ合いの中で、徐々に色んなものを手放していかれたと思うんですけど、ここに来て、ほんとうに自分が大事だと思っていたものも、手放すようにという招きを感じ取ったようです。それは、キリスト者としての生き方として最も重要な部分に触れている。キリスト者というのは、イエス様のように生きること、イエス様の心を生きることだと思うんですけど、やはりその思いは最終的には、イエス様の十字架という、十字架上で命をお捧げするということで、そこまでして、みんなにあたたかい心と赦し

を届けるというイエス様の生き方がある。そこのところまで北原さんは、生きるように招かれたんだと思います。

私たちも大なり小なり、人生でいろんなものを手放していくということをずっとして来ているんですが、最終的には、イエス様のようなあたたかな心や赦しを分かち合うために喜んで自分の中の大切なものをお捧げできるかどうかということにかかって来るんだと思います。

もちろん、北原さんご自身はそうしなければいけないということはわかっていてもですね、辛かったと思うんですよ」

（松居さんには色んな評価がありますが、彼の厳しい眼差しとか言葉があって、北原さんはあそこまで深く大きくなれたんじゃないかという評価もあります。彼は神様のみ旨の中で神のご意志の手先として使われたように感じますが、どう思われますか）

谷崎師「あ、それはあると思います。それは別に、松居さんが特別な存在だったからと言うことではなくて、神様はどのようなものを通してもそれを手段としてご自分の心にもっと深く招かれるということがあるんですよね。それは必ずしも心地よい物ばかりではなく、むしろ非常に難しいこととか、傷ついたことか、そういうことを通しても、神様は深く招かれたりするので、松居さんはそのような役割を北原さんに対して持ったのは確かですね。

北原さんは、その後、蟻の街の方々が再びいらっしゃいと呼んでくださって蟻の街に戻りましたね。神様のみ旨は蟻の街に戻って、そこで命を捧げるということでしたね」

（質問は変わりますが、北原さんが現代の教会や社会に与える光とはどんなものだと思われますか。それと、もし列福されたら素晴らしいですよね）

谷崎師「先ほどのお話とも関係しますが、神様のあたたかな心を分かち合うために、時には自分の大切なものも手放すというところはとても大事なことだと思うんですね。なぜかと言うと、これは人間が長い歴史の中で得た知恵だと思うんですけど、どうしてもやられたらやり返す。それ以上求めませんという関係だったり、損得勘定とか、相互互恵とか、いい意味ではいいのですが、優しくされたので私もあなたには優しくしますよという、普通にあるこうした関係を超えた生き方と言うんでしょうかね、何かそういうものを、北原さんは示してくれてると思うんですよね。

具体的には、日本の教会にとっては、殉教者でない人が聖人になる可能性があるということ、しかも一般信徒で女性がね。ま、そういう意味では、司祭とか修道者でなくても、世間で生きながらイエス様のお心を深く生きることはできますよって、何かそういう道のしるしになると思うんですよね。

本当に最後の頃は、『蟻の街のマリア』という称号と関係なく、とても地味な生活でしたよね。蟻の街の一部屋で過ごす時間が多くなったと思うんですが、何かそれもとてもいい側面だと私は思っているんです。決して華々しい生活をしなくても、イエス様の心は生きられるし、人々にあたたかい心を届けることができるということを示してくれてると思うんですね。世の中では、力のある人、つまりお金のある人とか、成功した人とかがどうしても尊敬されがちですが、そういうことじゃなくても全然大丈夫という、そういう希望も示してくれてるんじゃないかなあとも思っています」

（福者になられると、今の日本の教会に与えるインパクトはとても大きいと思うのですが、そのあたりをもっと続けてください）

谷崎師「第二バチカン公会議以後ですね。教会が生き生きとするための核になるというものは、やっぱり、イエス様のように生きること、イエス様の心に生かされていくこと、そういう部分があると思うんですね。しかし、これはなかなかカトリック教会でも、みんながみんなそれほど意識はしてないような感じが私はしているのです。やっぱりね、伝統的にこれ守りましょうとかね、そういうカトリック教会の習慣に習っていくという思いが強いと思うんですね。それは悪くはないのですが、深い意味で私たちの心を生かすのは、神様だと思うし、イエス様の心だと思うんですよね。で、北原さんはそこら辺をね、人生の大事な時に示してくれるんですよね。

だから北原さんの生きた当時はね、まだまだ福音の味わい方の豊かさとか、あんまり文字化されてなかった時代だと思うのですが、北原さんは、そういう神学を修めた方ではなかったけど、何か、イエス様の心に深く生かされていくということを強く意識していますよね。だから列福されたら、やっぱりこの生き方がほんとうは一番大事だということを広く示してくれると思います。良い習慣とかそういうのはもちろんいいんだけど、それは派生的なものと言うか、根っこに繋がる枝葉のような感じで、場合によっては、そういうものも変えていかなければいけない場合も出てくると思いますね。

ま、その根っこの部分を示してくれるということでね、列福されたらみなさんにとっては、刺激になるんじゃないかなと思います。だから、私も北原さんについてお話しする時に、ここ数年はイエス様の心を福音のことばと照らし合わせながら、北原さんの人生を見ていくというのがスタイルになっています。北原さんのその根っこにある一番大事なものを意識してもらいたいというのがあります」

（今日はどうもありがとうございました）

インタビューは午後一四時から一時間ほど行われた。谷崎師からは重要な話を伺えた上に、北原怜子関連の貴重な遺品も見せていただき豊かな時間を過ごすことができた。私は幸福感に浸って最寄りの武蔵関の駅に向かった。お話の内容は平易であって、とても重い。私がここであれこれと解説などを加えぬ方が良いと思われる。ほかの方の談話にも言えるが、読者のみなさんが読んで心に響く部分を大切にしていただきたいと願う。

「列福調査報告書」(Positio super virtutibus)からの証言抜粋

最後に、カトリック東京大司教区とコンベンツアル聖フランシスコ修道会日本管区が一九九七年(平成九年)にローマの列聖省に送付した「北原怜子列福調査報告書」(Positio super virtutibus、以下 Positio と略す)にある北原怜子に関する証言の内、一部をここに紹介することにしよう。なお、本体の調査報告書は一般の人は触れることができないので、ここでは、コンベンツアル聖フランシスコ修道会の神学生が論文(2)の中で引用している部分を使用させていただく形にする。

マドレ・アンヘレスの証言「怜子さんは、キリスト教の心を感じていました。キリスト教の本質、つまり愛が本質であることを把握していたからです。それは、キリストの愛であり、兄弟たちへの愛です。私はこのことを断言できます」(Positio, p.379)

松居桃樓の証言「私に最も強い印象を与えたのは、彼女が『自分は蟻の街の役に立つものである』と決して考えたことがないという点です。短い言葉で言うなら、『み旨が私に実現しますように』という彼女の言葉が当てはまります。(中略)彼女は『み旨に従って』というモットーを心に抱いて蟻の街に入りました」(Positio, p.131)

エバンヘリスタ神父の証言「私が怜子さんのうちに唯一感じ取ったのは霊的な動きでした。(中略)怜子さんはキリストと出会った衝撃を体験して、霊的に深く熱心な時期において、蟻の街に行きました。私の考えを言わせてもらえば、その行動は決して感傷から生じたものではありません。というのも、とりわけ怜子さんは感傷的な人ではないからです。既に申し上げたとおり、怜子さんは強く濃密な個性を持った人として映っていましたが、感情をあらわにするような人ではありませんでした。怜子さんはロマンチストでも感傷的な人でもありませんでした。蟻の街に行ったのは、愛徳の心、つまり苦しんで助けを非常に必要としている貧しい人たちを助ける心につき動かされたのです。このような形で、キリストに身を捧げたのです」(Positio, pp.290-291)

モンテンルパ刑務所戦犯死刑囚の助命運動

母北原媖の証言「堀池氏というモンテンルパにいた戦犯の一人は、桔梗の種を送り、自分の番(死刑)がやって来たことを伝えました。彼女は教会に行き、みなと共に祈り、署名を集めました。この堀池氏は死刑を免れ、突然日本に帰国しました」(Positio, p.42)

松居桃樓の証言「私たちは大統領夫人に書簡を送りました。本来ならばすべての日本人が罪に定められるべきです。すべての日本人の犯罪だからです。怜子は書簡の中でこう記しました。『代表として個人が殺されるのであれば、その身代わりとして自分自身をお捧げします』と。残念ながら書簡を翻訳した人は亡くなりました。この人は泣きながら書簡を翻訳しました。返事は私たちのところにはありません」(Positio, p.126)

姉高木和子の証言「彼女は、『私のおかげではなく、すべて主のみ業であると申しておりました』。可能であれば、この方の身代わりになって、自分自身を捧げるつもりであることを書いていましたが、後に傲慢なことを書いてしまったと申しておりました」(Positio, p.92)

塚本慶子の証言「死刑囚には何度も手紙が送られ、その囚人のためにミサが行われました」(Positio, p.66)

千葉大樹神父の証言「モンテンルパに関する出来事について、北原さんが彼らのためにミサをお願いし、私がミサを捧げました(浅草だったと思います)。北原さんは、自分が出した書簡に対する返事も受け取りました。実際、彼らは解放されました。北原さんは彼らに何の罪もないと思っていたので行動したと思います」(Positio, pp.211-212)

蟻の街における北原怜子の姿

塚本慎三の証言「彼女は神を愛していたと思います。神に対して限りない信頼を置いていました。子供たちも友人たちも愛していましたが、主がすべての人を愛しておられるので、愛していたのだと思います」(Positio, p.53)

松居桃樓の証言「マリア(怜子)が自分の家族のもとを離れて蟻の街で生活するために出て行った理由は、コリントの信徒への第2の手紙8章から9章に記されています。彼女よりも前に生きた人々には、貧しい人たちや社会の善のために働き、マリア(怜子)よりももっと多くのことを行った聖人、福者がいて、貧しい人たちの中でも最も貧しい者となるための手がかりを福音から得ました」(Positio, p.341)

アルベルト・ボルト神父の証言「彼女が行ったことを実行するのは、『英雄的』という言葉を使いたくありませんが、実に強い意志力が必要です。それは神の望みに応えるために、人間関係にあまりとらわれない意志力です。日本における状況では、実に『英雄的』と呼ぶことができると思います。日本では集団と異なるのは非常に困難です」(Positio, p.275)

ロベール・バラード神父の証言「(蟻の街に住んだことは)人としての生き方の面でも非常に正しいことです。彼女がこうしたことについて考えていたかどうかはわかりません。しかし彼女は人としての純粋さを超えて(蟻の街に住むことが)神の望みであると考えていました」(Positio, p.304)

エバンヘリスタ神父の証言「彼女は愛の殉教者です」(Positio, p.294)

なお、調査報告書からの証言ではないが、怜子を蟻の街に導いたゼノ修道士が怜子の死後、彼女についてどんな証言をしているか最後に付け加えておこう。

「北原さん、どんなに偉い娘だったか。私、一番、よう知っています。私、あなたの知らないこと、どっさり知っています。あの嬢ちゃん、神父様が一〇人かかってもできないこと、してくれました」(3)

「尊者エリザベト・マリア北原怜子の取り次ぎを求める祈り」

「主よ、あなたは尊者エリザベト・マリア北原怜子に多くの恵みをお与えになりました。とりわけ東京で戦争の犠牲になり、顧みられなかった貧しい人々に喜びをもって自らを与え、輝く証しのうちに信仰生活を送る力を与えてくださいました。またけがれなきみ母マリアのご保護のもとに、小さな人々の育成と援助に愛をもって生涯を捧げる恵みをもお与えくださいました。わたしたちは彼女をとおして示されたあなたの業に心から感謝いたします。

主よ、エリザベト・マリア北原怜子の取り次ぎによって、あなたに真心をもって祈るわたしたちに、言葉と行いの一致の内に、信仰を証ししていく力を与え、あなたを求めるすべての人に信仰の光を与えてください。また、いま信頼をもって祈るわたしたちの願いを聞きいれてください。

わたしたちの主イエス・キリストによって、アーメン」

（続いて、「主の祈り」「アヴェ・マリアの祈り」「栄唱」を各一回唱える）

（以上、一九八六年四月一八日 東京大司教認可）

尊者北原怜子が今後、福者、聖人とされるためには、彼女の取り次ぎによって奇跡の生じたことが認められる必要があります。この取り次ぎを求める祈りによって、素晴らしい恵みの経験があったら、コンベンツアル聖フランシスコ修道会（〒177-0051 東京都練馬区関町 4-12-10 tel.03-3929-4103 Fax.03-3929-4954）まで連絡してください。

▲蟻の街の朝の祈り／▼小沢、ゼノ、怜子のロザリオの祈り

エピローグ：怜子の香り漂う教会に佇んで

北原怜子に関する語りを私は今終えようとしている。彼女の誕生から始まって、作品のこの終局に至るまで、私は筆を進める中で、絶えず怜子と心の中で語り合い、黙想し、祈りつつ歩んで来た。その願いとは可能な限り事実に近い、しかも怜子の心情にかなったストーリーを展開したいということだった。要するに、北原怜子という現代を生きた一人の傑出した女性で聖女とも称される女性の醸し出す香りに私の書いた作品が包まれることを切望しながら筆を進めてきたということなのだ。その願いが成就しているか否かは読者の皆様にお任せする以外にないと思っている。

「北原怜子には一種の香りを感じるんです」と言ったのは私の友人だ。その香りがどこから出ているのかと言うと、怜子が大きな試練を経て自分への承認欲求を抜け出し、ひたすら光を求めて完全な脱自に至ったところから出ていると言う。つまり、福音書が示すイエスの歩まれた道を徹底して歩み、その生き方を可能な限り模倣したところより出ているのだと彼女は言う。神であるのに、その地位に甘んずることなく、へりくだって貧しい人間となり、惨めで苦労の多い人生を歩み、命を捨てるまでの愛を生きたイエス、その彼に習うことが怜子の受洗後の人生のすべてとなったのである。

この本を書くために東京に取材に行った時、私は三度潮見教会を訪ねてみた。今は近代的な美しい教会となったその建物は、怜子が病床で命を懸けて祈った八号地に今も厳然と建っている。

見てきたように、新蟻の街は時代の流れに逆らえず、昭和六三年に閉鎖した。会のあった当時は雨が降れば田んぼのように泥地になったというその広大な敷地には、今やマンション群が林立する。さらに周辺は当時、在日韓国人の多い貧困地区となっていて、それ故、貧しい教会との交流も多く、まことに蟻の街の精神を体現していたと当時を知る人は語っていた。それが、今やホテルが建つなど、周辺地区はスマートな街並みに変貌している。

潮見教会の聖堂内部〔著者撮影〕

しかし既に蟻の街はなくても、また周辺の風景がどんなに変わろうと、蟻の街の記憶をすべて集めて、蟻の街の教会は潮見教会として八号埋め立て地に今も確かに建っている。「蟻の街のマリア」教会とも称されている所以だ。

私は、取材の一日目に、その美しい聖堂の玄関に入って行った。するとそこには、既述したように、あの隅田河畔のバタヤ部落のお堂に建っていた貧しい木の十字架が壁に据え付けられ、訪問者を迎えてくれた。そこは紛れもなく怜子の香りが漂う空間であった。思えば、あの十字架の下のお堂の二階で、怜子や子供たちはどれほど祈り、歌を歌い、勉強し、討論したことだろう。また、追い立てや焼き討ちの危機にあった時、蟻の会の幹部たちは、そこでどれほど悲壮な面持ちで話し合ったことだろう。

　蟻の街の象徴ともなった貧しい木の十字架は、いつも街の人々の営みを見つめていた。その悲しみや喜び、怒り、絶望と希望、そのすべてを十字架の光が包んでいた。そう、繰り返しになるが、ここは紛れもない蟻の街の教会なのだ。聖堂に入って、私はしばし目を閉じ黙想した。あの時、あの街で、「虫けら同然」と蔑まれていた人々の姿や声が浮かぶようだった。しかしそこは、同時に、一人の女性の命がけの愛によって屑に埋もれた楽園となったのではなかったか。

潮見教会の聖堂入り口に展示されている蟻の街の木製の十字架〔著者撮影〕

　教会の庭に出て散策してみた。中庭には松谷謙司作の怜子の銅像が置かれていて、来訪者を優しく包み込んでいる。その台座には「われは主のつかいめなり。仰せの如く我になれかし」という怜子が生きる糧にした聖書の言葉が刻み込まれていた。私は庭を歩きながら、改めてその言葉で自分を見つめ直した。

　怜子が命を懸けて祈った八号地に建つ「蟻の街のマリア」潮見教会。過去の記憶をすべて集めて現在を生き続けるその教会を、さわやかな三月の風が怜子の香りを運んで吹き抜けていった。

註

第一部〈第一章〉

(1) 北原金司『マリア怜子を偲びて―その愛は永遠』二五四―二五五頁、八重岳書房、一九七一年

(2) 同、二五六―二五七頁

(3) ホロコースト（holocaust）とは、直接的にはナチ・ドイツによるユダヤ人大虐殺を意味するが、元の意味は動物を丸焼きにして神に捧げるという旧約聖書から取られた言葉である。一九三〇年代初め、ナチ政権が実権を握ると、反ユダヤ主義思想によってドイツ国内のユダヤ人への差別が酷くなっていくが、一九三八年、一一月九日から一〇日にかけて、ドイツ国内で「水晶の夜」事件が起こる。この時よりユダヤ人への虐殺を伴った迫害が本格化していった。なお、「水晶の夜」事件とは、ドイツ国内のユダヤ人商店やシナゴーグ（ユダヤ教礼拝堂）がナチによって一斉に破壊され放火された事件をいうが、割られた窓ガラスの破片が放火の火によって夜空にキラキラと輝いて見えたところより、その名が付いた。ホロコーストについては、澤田愛子『夜の記憶―日本人が聴いたホロコースト生還者の証言』、創元社、二〇〇五年等が参考になる。

(4) 早乙女勝元『図説 東京大空襲』一五頁、河出書房新社、二〇〇三年

(5) 同、一九―二〇頁

(6)　北原金司：前掲書、二六六頁

(7)　同、二七一頁

(8)　早乙女勝元：前掲書、七二―七三頁

(9)　北原金司：前掲書、二七五頁

(10)　近現代史編纂会編『写説 占領下の日本―敗戦で得たもの、失ったもの』一三四頁、ビジネス社、二〇〇六年

(11)　同、一〇三頁　食糧メーデーでは、あるプラカードの内容が天皇に対する不敬を示しているということで、後に裁判沙汰になったが、GHQ（連合国最高司令官総司令部）は「不敬罪」ではなく「名誉棄損」で訴えるように指示したという。結局、後に無罪となる。

(12)　同、七九頁　一九四九年（昭和二四年）二月、日本のハイパーインフレ等経済政策是正のため、米国からドッジが来日。九原則の「経済安定計画」を提唱し、昭和二四年度の新予算から実施させた。つまり、均衡財政、一ドル＝三六〇円の固定為替レートが設定された。これをドッジラインという。その後、インフレは徐々に収まっていった。

(13)　この証言は、杉並区公式情報サイト「すぎなみ学倶楽部―suginamigaku.org」（二〇一六年五月九日）の「北原怜子さん」の頁に掲載されていたものである。

(14)　怜子の時代は色んな女子修道会が非常に荘厳な修道服を着ていた。しかし、第二バチカン公会議で修道会の現代への適応が言われると、その荘厳な修道服はしだいに簡素な服となり、主に活動修道会では、ついに私服までが現れるようになった。一見、一般人との区別もつきにくくなっていて、私服に対して

は、現在賛否両論がある。

(15) マドレ・アンヘレスのマドレという呼称について少し説明する。当時、役職などをしている修道女に対して付けた尊称で、スペイン語で「母様」という意味。フランス語ならメール、英語はマザーである。当時はマドレ以外の修道女は、スペイン語ではエルマナ、フランス語ではスール、英語ではシスターと呼ばれた。しかし、現在では一律にシスターとかフランス語圏ではスールなどと呼ばれることが多い。

(16) 第二バチカン公会議は、教会の現代化を図るために、ヨハネ二三世教皇によって一九六二年に召集され一九六五年まで続いた。公会議の結果は『現代世界憲章』や『教会憲章』等にまとめられた。これによって、教会はそれまでのあり方が大きく変わって、積極的に出かけて行って貧しい人たちのために奉仕したり、他宗教の価値を認め積極的に対話したりと、今に続く教会の姿勢につながる大きな変貌を遂げた。また、修道生活の刷新も行われた。

(17) パウロ・グリン神父はマリスト修道会の司祭で、オーストラリア生まれ。一九五三年司祭に叙階、一九五五年来日、奈良などで司牧した。北原怜子を高く評価して、奈良に滞在中、怜子に関する記事を定期的に刊行した。それをもとに英語原文から日本人の手によって翻訳刊行されたものが『蟻の街の微笑み』（大和幸子編、聖母の騎士社、二〇一六年）である。

(18) ハンガリーの聖女エリザベト（一二〇七年―一二三一年）は、ハンガリーの王女として生まれ後に結婚。よき母、良き妻として献身したが、夫の死後、宮廷から退き、聖フランシスコの第三会に入り、貧しい人々のところに行って住み、持っている財産で病院を建て、そこで貧しい人々への奉仕に尽くした。それから四年後に二四歳で生涯を閉じた。北原怜子の霊名の聖人である。

(19) 北原金司：前掲書、二九四頁

(20) メルセス会の第四誓願は、宣教生活を養い、兄弟姉妹の苦しみと希望に同伴し、分かち合うことを促し、日常的な献身を支えている（メルセス会のＨＰより）。なお、第四誓願文は第一章で紹介しておいた。

(21) 北原金司：前掲書、二九四頁

(22) 詳細は萩光塩学院のＨＰを参考のこと。

第一部〈第二章〉

(23) 北原怜子『蟻の街の子供たち』二二頁、聖母の騎士社、二〇一二年

(24) 石飛仁『風の使者ゼノ』四五頁、自然食通信社、一九九八年

(25) 澤田愛子『夜の記憶―日本人が聴いたホロコースト生還者の証言』一九八―一九九頁、創元社、二〇〇五年

(26) 松居桃樓『アリの町のマリア―北原怜子』（増補版）二一〇頁、春秋社、一九七三年

(27) 同胞援護会というのは、戦時中は軍人援護会という名で軍人の家族や遺族の生活を援護する目的で組織された。敗戦後は軍人を削除して同胞と改め、広く戦災に遭った人や引き揚げ者の救済事業を行っていた。

(28) 松居桃樓：前掲書、二三七頁

(29) 松居桃樓『蟻の街の奇跡―バタヤ部落の生活記録』二七―二九頁、国土社、一九五三年

(30) 同、三七頁

(31) 塩見鮮一郎『戦後の貧民』六八頁、文芸春秋、二〇一五年

(32) 松居桃樓：前掲書、四八頁

(33) 「カトリック聖歌集」一二五番「グロリア」は当時怜子たちが使っていた古い聖歌集による番号である。現在の「カトリック聖歌集」では一二一番となっていて、メロディーは同じだが、歌詞が現代風に改まって若干異なっている。

第一部〈第三章〉

(34) 北原怜子：前掲書、七四頁

(35) 同、八三頁

(36) 「けがれなき聖母の騎士会」とは、一九一七年にコルベ神父によって創設され、カトリック教会が公認する信心会である。現在、全世界で四〇〇万人を超える信徒・聖職者が加入している。日本の活動拠点はコンベンツアル聖フランシスコ修道会の奉仕する教会などである。この信心会の会員の条件は、カトリック信者であること、汚れなき聖母に自分を完全に捧げること、無原罪の聖マリアに自分を捧げると同時に、自分とすべての人の回心と成聖のために働くことが求められている。怜子はこの信心会の会員であった。

(37) 怜子の時代には、日本のカトリック信徒は通常「神」を「天主」と呼んでいた。それは、日本では神道でも神と呼んでおり、その神道の神と区別するために「天主」と呼んでいたのだが、第二バチカン公会議後に「天主」をやめて「神」と呼称するようになった。

(38) 北原怜子：前掲書、一〇一—一〇二頁
(39) 同、一〇九頁
(40) 松居桃楼『蟻の街の奇跡—バタヤ部落の生活記録』一〇三頁
(41) 戸川志津子『北原怜子』七四—七九頁、大空社、二〇一〇年
(42) 松居桃楼『アリの町のマリア 北原怜子』（増補版）一二一－一二二頁
(43) 北原怜子：前掲書、二〇五頁
(44) 同、二〇七頁
(45) 同、一九四—一九五頁
(46) 同、二八三—二八七頁
(47) 同、二四六頁
(48) 同、二五五頁
(49) 同、二五八頁
(50) 松居桃楼：前掲書、一三一頁
(51) 同、一三二頁

第一部〈第四章〉

(52) 松居桃楼『蟻の街の奇跡—バタヤ部落の生活記録』二三〇—二三一頁
(53) 同、二三九頁

(54) 同、二五二頁
(55) 松居桃楼『アリの街のマリア』二二四―二二六頁、知性社、一九五八年
(56) ここで怜子が書いている「お父様」は、おそらく天主様という意味だろう。天の父を意味していたものと、文面から読み取れる。
(57) 北原怜子：前掲書、二七五頁
(58) 同、二七六頁
(59) 同、二七七頁
(60) 松居桃樓『アリの町のマリア 北原怜子』（増補版）一四四頁
(61) 北原怜子：前掲書、二八〇―二八二頁
(62) これらの言葉は外側（戸川）志津子氏が平成三〇年（二〇一八年）三月一八日に東上野区民会館で「アリの街に六年間暮らして」と題して講演をされた時の講演ＤＶＤから引用させていただいたものである。
(63) 同講演より
(64) 戸川志津子：前掲書、六〇頁
(65) 同、五八頁
(66) 外側氏の同講演より
(67) 外側志津子：「蟻の街のマリア＝北原怜子の思い出」三四五―三四九頁、論文（研究代表者・松田純著「生命ケアの比較文化論的研究とその成果に基づく情報の集積と発信」（平成一五―一七年度科学研

究費補助金（基盤研究B）の第三部臨床学的アプローチ）に収録、二〇一八年三月
(68) 北原金司：前掲書、二九六頁
(69) これは北原怜子が、吉田恵子たちが神戸に出発する朝、持たせた恵子の母親への自筆手紙のコピーである。これを私は知人から預かった。この手紙には日付がないが、昭和三〇年七月末であると思われる。
(70) 松居桃樓：前掲書、一七八―一八〇頁
(71) これは北原怜子の吉田恵子への手紙（昭和三一年一二月六日付）の内容である。私は自筆手紙のコピーを知人から託された。
(72) 松居桃樓：前掲書、一六四―一六五頁
(73) 同、一七一頁
(74) 外側志津子：前掲論文、三四九頁
(75) 戸川志津子：前掲書、六〇頁
(76) 北原金司：前掲書、二九七―二九八頁
(77) 松居桃樓『アリの街のマリア』二二七頁、知性社、一九五八年
(78) 同、二三〇頁
(79) 同、二三一頁

第二部

(1) 早乙女勝元『東京大空襲』一〇二―一〇六、岩波書店、一九七一年

(2) ペトロ峯勇太神学生「蟻の街での生活に見る北原怜子の霊性」、コンベンツアル聖フランシスコ修道会日本管区のHP、神学生のページより

(3) 松居桃楼『アリの街のマリア』二二五頁、知性社、一九五八年

参考文献（註で直接触れなかったが参考にした文献をまとめる）

〈参考書籍〉
（1）パウロ・グリン（大和幸子編）『アリの街の微笑み』、聖母の騎士社、二〇一六年
（2）酒井友身『北原怜子の生涯―アリの街のマリア』、女子パウロ会、二〇一四年
（3）やなぎけいこ『アリの町のマリア―愛の使者北原怜子』、ドン・ボスコ社、二〇〇二年
（4）女子パウロ会『アリの町のクリスマス』、女子パウロ会、二〇二〇年
（5）松居桃樓『ゼノ死ぬひまない―〈アリの町の神父〉の人生遍歴』、春秋社、一九六六年
（6）中村光博『「駅の子」の闘い』、幻冬舎、二〇二〇年
（7）石井光太『浮浪児 1945―戦争が生んだ子供達』、新潮社、二〇一七年
（8）岩田正美『貧困の戦後史―貧困の「かたち」はどう変わったのか』、筑摩書房、二〇一七年
（9）日本社会福祉大観編纂委員会委員長佐藤信一『厚生省監修 日本福祉大観』全国社会福祉協議会連合会、一九五三年
（10）半藤一利『あの戦争と日本人』、文芸春秋、二〇一三年
（11）加藤陽子『それでも日本人は「戦争」を選んだ』、新潮社、二〇一六年
（12）東京メルセス会『かわきに答えて―ベリス・メルセス宣教修道女会の母マドレ・マルガリタ・マリ

ア・マトゥラナの生涯』、メルセス会修道院、一九六一年
(13)水浦征男『教皇ヨハネ・パウロ物語』、聖母の騎士社、二〇一三年
(14)水浦征男『この人』、聖母の騎士社、二〇一二年
(15)笹本恒子『100歳の幸福論』、講談社、二〇一四年
(16)島村菜津、三浦暁子、引間徹、高林香子『10人の聖なる人々』、学習研究社、二〇〇〇年
(17)小崎登明『ながさきのコルベ神父』、聖母の騎士社、一九八八年
(18)小崎登明『身代わりの愛』、聖母の騎士社、一九九四年
(19)東京都民生局『昭和30年度都民生活実態調査』、一九五六年

〈雑誌、各種記事、その他〉

(1)水浦征男:「北原怜子さんの命日に寄せて」、聖母の騎士、一月号、二〇一九年
(2)水浦征男:「尊者エリザベト北原怜子さんの逝去から64年、コロナ禍からの解放のお恵みをお祈りください」、聖母の騎士、二月号、二〇二二年
(3)新庄れい麻:「蟻の町のマリア北原怜子さん、尊者に」、クリスチャントゥデイ、二〇一五年
(4)大原猛:「日本人が失った『蟻の街』の教え」、月刊MOKU、一九九七年
(5)粕谷甲一:「ウソから出たマコト―ニセの十字架が本物に」、東京教区ニュース一〇九号
(6)谷崎新一郎:「あたたかく寄り添うキリストの心に生かされて―尊者エリザベト・マリア北原怜子に学ぶ」、二〇二二年一月二三日カトリック潮見教会講演録

（7）岡田武夫大司教：「尊者エリザベト・マリア北原怜子記念ミサ説教録」、二〇一六年
（8）ダミアン・パトラシュク（コンベンツアル聖フランシスコ修道会列聖列福担当者）：「尊者エリザベト・マリア北原怜子の列福及び列聖」、長崎での講演録、二〇一九年
（9）アンジェロ・パレーリ（コンベンツアル聖フランシスコ修道会列聖列福担当者）：「北原怜子について」（原文イタリア語）、コンベンツアル聖フランシスコ修道会ＨＰ
（10）カトリック潮見教会：「下町における隅の親石とならん」、一九八六年六月一日（新聖堂献堂式に際して発刊された記念誌）
（11）松居桃樓：「生きているマリア」、カトリック生活四月号、一九六五年
（12）三浦暁子：「北原怜子に『出会えて』よかった」、カトリック生活九月号、二〇一五年
（13）岡田武夫：「尊者エリザベト・マリア北原怜子、言葉と行いの一致の内に」、同雑誌
（14）谷崎新一郎：「すべてを手放し全てを受ける—北原怜子の生き方」、同雑誌
（15）「カトリック生活」編集部：「俵肇子さんに聞く—姉北原怜子と蟻の街」、同雑誌
（16）中井俊巳：「蟻の街のマリアの生涯」、同雑誌

〈新聞記事〉（著者が入手したもの）

一九四七年—四八年（昭和二二年—二三年）

・東京新聞：四七年一月八日付：「上野駅で六名凍死、浮浪者二千、死の寒波に曝さる、地下道の死者今年で一一名、死体を帝大病院で解剖」

・西日本新聞：四七年一月九日付：「魔の上野地下道、またも犠牲者二名、待たぬ寒波にテント建設遅々」
四七年一月一〇日付：「魔の上野地下道、続く犠牲者三名。浮浪者の一掃を開始、トラックで養育院等へ。二〇日過ぎには全部一掃。凍死と断定できぬ。死因の大半は環境と栄養失調」
四七年八月二三日付：「駅の孤児たちを慈しむ。少年の町の資金集めのゼノ神父」
四七年九月一四日付：『孤児たちは救われた』ゼノ神父から本社へ便り」
・東京新聞：一九四八年一二月一五日付：「上野付近の小屋焼き払い。浮浪者をいっせいに収容。焼け跡にたたずむ置き去られた群」

一九五〇年代（昭和二五年―三四年）
・朝日新聞：五〇年一一月一四日付（夕刊）：「神父さんが一役、蟻の街に教会建てる」
五三年二月七日付（東京本社）：「ゼノ神父贈り物」
五七年一一月二六日付（東京本社）：ゼノ神父関連
五八年一月二七日付：「天声人語」で北原怜子を紹介
五九年一月二〇日付（東京本社）：「よみがえるマリア、『蟻の街』に北原さんの像」

一九六二年（昭和三七年）
・朝日新聞：六二年一月二三日付：「北原怜子さんしのぶ集い」
同年一一月二三日付（東京本社）：「ゼノ少年牧場，寄付殺到」

一九七〇年代（昭和四五年―昭和五四年）

・朝日新聞：一九七五年六月一日付（東京本社）：「蟻の町に老人の家」
一九七七年一二月一九日付（東京本社）：「アリの町ただ今一三人」
一九七九年四月一〇日付（夕刊）：「ゼノ神父に吉川文化章」

一九八〇年代（昭和五五年―平成元年）

・朝日新聞：一九八三年八月四日付（東京本社）：「北原さんを福者聖人に」
一九八三年八月一六日付（東京本社）：「人欄：北原さんの列福調査を支えた古川和雄神父」

二〇〇〇年代（平成一二年―　）

・読売新聞：二〇〇七年一二月一七日付：「蟻の街のマリア―孤児ら支えた奉仕の心。二八年の生涯、受け継がれた『祈り』」
・東京新聞：二〇一七年七月二一日付（したまち版）：「幻の『アリの街』語り継ぐ」
・朝日新聞：同年七月一七日付（東京版）：「焼け野原の献身伝えたい。戦災者助けたポーランド人修道士と日本人女性、有志が台東で写真展」
・東京新聞：二〇一八年一月一九日付（したまち版）：「『アリの街』の新たな素顔、胸像、肖像画、映画。明日から台東の隅田公園で」
二〇一八年一月二三日付：「一月二二日、隅田公園リバーサイドギャラリーでゼノさん講演会」
二〇一八年六月一八日付（したまち版）：「戦後、共同で生き抜く。台東区に実在した『アリの街』の舞台化」
・朝日新聞：二〇一八年六月一八日付（東京四域版）：「『アリの街』の救済、舞台から紹介」
・東京新聞：二〇一九年一月二四日付（したまち版）：「『アリの街のマリア』、讃美歌で追悼。北原怜子さん、地域有志、四月に写真展」
二〇一九年四月一三日付（したまち版）：「『アリの町』で慈善活動に光。修道士ゼノさんの生涯、明日台東で写真展」

二〇一九年一〇月三〇日（したまち版）：「教皇フランシスコ来日前に、ジョージ・オダネルの写真『焼き場に立つ少年』（ＮＨＫスペシャル）上映会」

二〇二一年一一月一一日付（都心版）：「『アリの街』児童書で伝えて。有志らが台東区に一四〇冊贈呈。小学校等に。平和伝え、人道にも理解を」

年表

一九二〇年代

〈北原怜子関連〉

・一八九九(明治32)年：父北原金司誕生（北海道北見にて）。

・一九〇二(明治35)年：母松村媖、北海道北見で誕生。

・一九二二(大正11)年：金司、媖と結婚。結婚前に父親の反対を押し切って東北帝国大学農科大学（現在の北海道大学農学部）入学。結婚後に農学博士号を取る。東京に引っ越すまでに夫婦に和子、悦子、哲彦誕生。

・一九二八(昭和3)年：金司法学博士に。また、この年、金司東京帝大経済学部入学。それと同時に北原家は東京に引っ越す。

・一九二九(昭和4)年
八月二二日：三女怜子誕生。当時の教会暦で、この日は聖マリアの汚れなきみ心の祝日だった。住所は東京都豊多摩郡杉並町馬橋一五五。

〈国内・世界〉

・一九二三(大正12)年：関東大震災、ミュンヘン一揆。

・一九二五(大正14)年：ヒトラー『我が闘争（第一巻）』を獄中で出版。

・一九二七(昭和2)年：昭和金融恐慌。

一九三〇年代

〈北原怜子関連〉

・一九三〇（昭和5）年　四月二四日：コルベ神父、ゼノ修道士ら来日。

・一九三一（昭和6）年：金司、経済学博士に。この年、怜子の次姉悦子が七歳で病死。

・一九三五（昭和10）年　四月：北原家、杉並区松ノ木町一一八五番地に引っ越し。お花屋敷と呼ばれた家に住む。同年、怜子（六歳）は杉並区立第六国民学校に入学。家庭教師に漢字習い、小谷祖堂門下生となり書を学ぶ。

・一九三六（昭和11）年：コルベ神父ポーランドに帰国。

・一九三九（昭和14）年：怜子（一〇歳）、林憲男氏についてピアノ学ぶ。

〈国内・世界〉

・一九三一（昭和6）年：満州事変勃発。

・一九三三（昭和8）年：日本、国際連盟脱退。ヒトラー、ドイツ首相に。三四年：ヒンデンブルグ大統領死去でヒトラー、ドイツ総統に。

・一九三五（昭和10）年　三月：ドイツ再軍備宣言、九月：ニュルンベルグ法制定。

・一九三六（昭和11）年　七月：スペイン内戦始まる。同年八月：ベルリン五輪、

・一九三六（昭和11）年：二・二六事件。

・一九三七（昭和12）年：日独伊防共協定。

・一九三八（昭和13）年：ドイツ、オーストリア併合。九月：ミュンヘン協定。一一月：水晶の夜、三万人

のユダヤ人が収容所に連行される。
・一九三八(昭和13)年：日本は国家総動員令で戦時色一色に。「贅沢は敵」の空気。
・一九三九(昭和14)年　三月：ピオ一二世就任。八月：独ソ不可侵条約。九月：ドイツ、ポーランド侵攻
で第二次大戦始まる。
・一九三九(昭和14)年：日本国内、警防団制定。また防空法制定で空襲時の避難を禁じる。

一九四〇年—一九四五年

〈北原怜子関連〉
・一九三五(昭和10)年から一九四一年三月：怜子、国民学校の六年間を無欠席で皆勤賞を受賞。
・一九四一(昭和16)年　四月：怜子（一二歳）、桜蔭高等女学校に進学。
・一九四二(昭和17)年：妹肇子誕生。
・一九四四(昭和19)年　五月：怜子（一五歳）、中島飛行機工場に学徒動員。昼夜三交代で旋盤工として勤
務する。同年一二月三日：米機の機銃掃射を受けるが、危機一髪で助かる。
・一九四五(昭和20)年　九月：怜子（一六歳）学業復帰。一〇月：兄哲彦が二〇歳で病死。

〈国内・世界〉
・一九四〇(昭和15)年：日本、大政翼賛会結成。九月：日独伊三国同盟。また「贅沢は敵」と立看板。
・一九四〇(昭和15)年：ドイツ軍がパリに無血入場。四月：アウシュヴィッツ強制収容所設置。
・一九四一(昭和16)年　八月一四日：コルベ神父、アウシュヴィッツ強制収容所で殉教。

・一九四一(昭和16)年　一二月八日：日本、真珠湾攻撃。翌日、米、日本に宣戦布告。
・一九四二(昭和17)年：この年から日本、防空演習始まる。バケツリレー、火叩きなどの訓練を隣組などで行う。灯火管制も始まる。
・一九四二(昭和17)年　一月二〇日：ヴァンゼー会議で「ユダヤ人問題の最終解決」が討議される。
・一九四三(昭和18)年：日本、学徒出陣始まる。
・一九四三(昭和18)年　七月：ムッソリーニ失脚。九月八日：イタリア無条件降伏。
・一九四四(昭和19)年：学徒・女性の勤労動員、学童疎開始まる。
・一九四四(昭和19)年　八月二四日：パリ解放。
・一九四五(昭和20)年　一月一七日：ワルシャワ解放。一月二七日：ソ連軍アウシュヴィッツ収容所解放。二月：ヤルタ会談。四月三〇日：ヒトラー自殺。五月七日：ドイツ西側連合国に無条件降伏。五月九日：ドイツ、ソ連に無条件降伏。
・一九四五(昭和20)年　三月一〇日：東京大空襲。以後日本全土が激しい空襲を受ける。
・一九四五(昭和20)年　八月六日：広島に原爆投下。九日：長崎に原爆投下。
・一九四五(昭和20)年　八月一五日：敗戦の玉音放送。
・一九四五(昭和20)年　九月二日：ミズーリ艦上で無条件降伏文書に調印。
・一九四五(昭和20)年　九月二四日：日本国内財閥解体。
・一九四五(昭和20)年　一〇月四日：特高追放。一二月二五日：国家神道廃止。

一九四六年―一九四九年

〈北原怜子関連〉

・一九四六(昭和21)年　三月：怜子(一六歳)桜蔭高等女学校卒業。四月：昭和女子薬学専門学校入学。

・一九四九(昭和24)年　三月：怜子(一九歳)、昭和女子薬学専門学校卒業。四月：妹肇子、東京の光塩女子学院初等科に入学、それに伴い怜子も付き添って光塩に通うようになる。七月から：怜子、メルセス会のマドレ・アンヘレスから公教要理を学び始める。

・一九四九(昭和24)年　一〇月三〇日：怜子(二〇歳)メルセス会で、神言会のアルベルト・ボルト師からカトリックの洗礼を受ける。霊名はエリザベト。一一月一日：カトリックの堅信を受ける。霊名はマリア。

・一九四九(昭和24)年　一〇月：父金司、火鉢使用による一酸化炭素中毒で意識を喪失、河北病院に救急搬送され、意識が覚醒するが、長女和子から花川戸の高木家の横に引っ越して来ないかと提案される。

〈国内・世界〉

・一九四六(昭和21)年　一月から：日本は各界の公職追放が始まる。二月：ハイパーインフレのために、新円への切り替えが始まる。五月一九日：食糧メーデーで皇居前に三〇万人集まる。当時は食料不足が酷かった。

・一九四六(昭和21)年　一〇月一日から：日本に救援物資のララ物資が入る。

・一九四六(昭和21)年　一一月三日：日本国憲法の交付。同じく五月：勅令で七〇〇〇人の教職追放。九

・一九四七（昭和22）年　月：生活保護法制定。なお、四六年末までに五〇〇万人が引き揚げてくる。

・一九四七（昭和22）年　三月三一日：教育基本法交付。なお、この年、労働基準法、児童福祉法も制定される。

・一九四七（昭和22）年　四月一日：六・三・三制及び男女共学始まる。給食も始まる。

・一九四八（昭和23）年　五月三日：日本国憲法が施行される。

・一九四八（昭和23）年　一月九日：教育勅語廃止。九月頃から：食料危機脱出

・一九四八（昭和23）年　五月一四日：イスラエル建国宣言。なお、この年、ベルリン封鎖が始まる。

・一九四八（昭和23）年　九月から：ガリオア・エロワ経済支援が始まる。

・一九四九（昭和24）年　二月：ドッジ来日で経済安定九原則立案（ドッジライン）。一ドル三六〇円の単一為替レート決定。

・一九四九（昭和24）年　八月から九月にかけて：キティ台風が首都圏を襲う。

一九五〇年

〈北原怜子関連〉

・一九五〇（昭和25）年　九月：北原家、花川戸の高木商店（長姉宅）の裏に一軒新築して引っ越す。住所は台東区浅草花川戸二丁目四番地。

・一九五〇（昭和25）年　一一月から一二月の初め：怜子（二一歳）、店を訪ねたゼノ修道士と出会う。聖母マリアのご絵を渡され、貧しい人のための祈りを依頼される。それから間もな

・一九五〇（昭和25）年　くして、高木商店の下の歩道を歩くゼノを見つけ、追いかけボートハウスの小沢会長宅にいたゼノに改めて会う。帰路、ゼノから当時の仮小屋集落の暮らしを案内され衝撃を受ける。その後、クリスマスの手伝いを松居とゼノから依頼されて、蟻の街に通う。
一二月二四日：怜子、蟻の街の最初のクリスマスを成功させる。以後、小沢会長から子供たちの世話を依頼され、引き続き蟻の街に通う。同時に、ゼノのヘルパーとして貧民集落を訪問し、調査の手伝いもする。

〈国内・世界〉
・一九五〇（昭和25）年　五月：生活保護法改定
・一九五〇（昭和25）年　六月二五日：朝鮮戦争勃発。一九五二年まで朝鮮戦争特需で景気がよくなる。
・一九五〇（昭和25）年　八月一〇日：警察予備隊発足。
・一九五〇（昭和25）年　一一月：全国未亡人団体協議会発足。
・一九五〇（昭和25）年：この年の間にレッドパージ始まる。ヤミ米姿を消す。インフレ収まりつつあったが、庶民の生活は厳しかった。

〈一九五一年〉
〈北原怜子関連〉
・一九五一（昭和26）年　四月：怜子、蟻の街の専従となる。試練の復活祭を終え病に伏す。五月：病が快復、コリント後書（第二コリント書）の聖句に光を得て、怜子、初めてバタ車を押す。その後、父金司にバタヤになると宣言。

・一九五一（昭和26）年　五月一三日：蟻の街に十字架建つ。聖霊降臨の祭日だった。この後、怜子、蟻の街に通い続け、子供たちの世話を中心に大忙しの日々を過ごす。

・一九五一（昭和26）年　八月一一日—一四日：怜子、子供たちと箱根旅行。メディアに大きく取り上げられる。

・一九五一（昭和26）年　八月三一日：怜子（二二歳）子供たちの箱根旅行を素材にお堂の二階で夏休みの宿題展示会を開く。その後、小沢会長の協力依頼もあって、蟻の街の親の理解と協力も徐々に得られ、子供たちと様々な活動をする。

・一九五一（昭和26）年　秋から：怜子徐々に体調崩し、病に再び伏す。松居から箱根での療養を勧められる。

・一九五一（昭和26）年　一二月二五日：自宅で療養中の怜子、失意の中で二回目のクリスマスを迎える。訪問した松居から厳しい言葉を投げかけられ衝撃を受けるが、すぐ自分のうぬぼれを反省。

・一九五一（昭和26）年　一二月二七日：蟻の街の二回目のクリスマスに花を捧げるために蟻の街に行くが、いたたまれない気持ちですぐに帰る。帰路、心情を吐露してゼノに慰められる。

〈国内・世界〉

・一九五一（昭和26）年　五月：生活保護法再改定。五月：児童憲章。

・一九五一（昭和26）年　九月八日：サンフランシスコ講和会議で日本平和条約調印。

一九五二年

〈北原怜子関連〉

・一九五二（昭和27）年　一月：怜子自宅療養中も、子供たちが自主的に社会活動。怜子、松居から報告受け、慰められる。

・一九五二（昭和27）年　一月中旬から：怜子、モンテンルパの戦犯死刑囚からの手紙を契機に、死刑囚たちとの交流と助命運動を始める。一月二七日、戦犯死刑囚堀池氏の家族を招き、蟻の街を案内。

・一九五二（昭和27）年　一月二八日：浅草教会で堀池氏らの助命嘆願ミサ。

・一九五二（昭和27）年　一月末から二月：怜子、堀池氏らの助命が叶うなら自分が身代わりになって命を捧げてもよいとする手紙を書き、松居と共に、浅草教会七〇名の信徒の助命嘆願署名も添えて前大統領のロハス未亡人に送る。

・一九五二（昭和27）年　三月一日：怜子、松居の真の心がわかり、箱根療養に出発。

・一九五二（昭和27）年　五月二二日：モンテンルパから怜子の健康回復を祈っているという手紙が届き慰められる。

・一九五二（昭和27）年　六月末から七月末の間：怜子、浅草に戻る。佐野慶子が自分の代わりに来ていて悩むが、松居との話し合いで、一介のバタヤになる道を選ぶと宣言。

・一九五二（昭和27）年　八月一六日：マドレ・アンヘレスへ手紙を書き、み旨に従って生きたいと決意を述べる。
・一九五二（昭和27）年　九月頃：高木夫妻の千葉への転地療養に伴って、北原家も花川戸から引っ越し、一時的に上野の寺に仮住まい。
・一九五二（昭和27）年　九月：怜子（二三歳）、北原家の引っ越しの日、これこそ家を出る日が来たと、バタヤになるために蟻の街に引っ越す。しかし、佐野慶子と塚本慎三の結婚が事実であることを知り、蟻の街を永久に去る決意をする。蟻の街の人々の受洗を見て、また佐野らの結婚式に出席した後に蟻の街を去ることにした。
・一九五二（昭和27）年　一〇月中旬：佐野慶子と塚本慎三が浅草教会で結婚式を挙げる。
・一九五二（昭和27）年　一〇月二〇日：松居受洗。さらに一〇月末までに小沢会長夫妻他蟻の会の人たち一〇名受洗。

〈国内・世界〉

・一九五二（昭和27）年　四月二八日：サンフランシスコ講和条約発効。日本独立。各種追放令解除。
・一九五二（昭和27）年：米が人類初の水爆実験実施。東西冷戦へ。さらにこの年、国内で血のメーデーも生じている。

〈一九五三年〉

〈北原怜子関連〉

・一九五二（昭和27）年　一〇月下旬から一九五三年（昭和28年）二月の間：怜子、修道女になる可能性を

・一九五三（昭和28）年　考えて、萩のメルセス会修道院に出発しようとした朝、高熱で倒れて重病の床に伏し、生死の間をさまよう。
・一九五三（昭和28）年　三月：怜子、自著の『蟻の街の子供たち』を出版。
・一九五三（昭和28）年　八月：モンテンルパから堀池氏を含む恩赦された戦犯が帰国。
・一九五三（昭和28）年　八月：大学生外側志津子が蟻の街に住み込み、主に、事務的な仕事をする内勤者となる。
・一九五三（昭和28）年　秋：怜子（二四歳）、蟻の街の人たちに請われて、療養から戻り、永住のために蟻の街に住み込む。無理のきかない体だったので、主に小沢と松居の秘書的な仕事に従事。追い立てを図る都の交渉のための書類づくりに精を出す。

〈国内・世界〉
・一九五三（昭和28）年　六月二日：朝鮮戦争休戦。
・一九五三（昭和28）年：奄美群島が日本に復帰。また、この年、テレビの本放送が開始。エリザベス二世の戴冠式。

一九五四年

〈北原怜子関連〉
・一九五四（昭和29）年　七月：怜子の『蟻の街の子供たち』が一冊皇太子に献上される。
・一九五四（昭和29）年　八月二九日：蟻の街にルルドができ、祝別式が挙行される。
・一九五四（昭和29）年　一二月末から：換地を斡旋するので、立ち退いてほしいと都から指示を受ける。

松居の宣言文を怜子が浄書。それを持って、松居が都の部長室に行き、読み上げ、怜子の自著を読んでほしいと手渡す。以後、焼き討ちの恐怖におびえながら、小沢、松居、怜子らは都と交渉を続ける。怜子、莫大な量の書類づくりに協力する。

〈国内・世界〉

・一九五四(昭和29)年 一月：二重橋事件
・一九五四(昭和29)年 七月一日：防衛庁、自衛隊が発足。
・一九五四(昭和29)年 一二月：第五福竜丸がビキニ環礁の水爆実験で被爆。

一九五五年

〈北原怜子関連〉

・一九五五(昭和30)年：東京都との交渉続く。幹部以外の会員には知らせないようにしていた。
・一九五五(昭和30)年 三月：バラード神父第一回目蟻の街来訪。関西に蟻の街を作りたいとの希望を述べる。
・一九五五(昭和30)年 四月：バラード神父、バタヤの実習するために蟻の街再訪。しばらく滞在。神戸に蟻の街を作りたいとの希望で、小沢会長、吉田家族をバラード神父のもとに派遣することを約束。
・一九五五(昭和30)年 六月末：吉田夫妻と長男が神戸に引っ越す。七月末に怜子が親しくしていた吉田

・一九五五(昭和30)年　恵子とあきらも神戸に行く。二人が行くまでの約一か月、怜子は親代わりのように面倒を見る。
一二月二四日：蟻の街の五回目のクリスマス。怜子（二六歳）の両親も短時間参加。

〈国内・世界〉
・一九五五(昭和30)年：砂川闘争始まる。自由民主党結成。
・一九五五(昭和30)年：アジア・アフリカ会議開催。
・一九五五(昭和30)年　五月一四日：ワルシャワ条約機構結成。

一九五六年

〈北原怜子関連〉
・一九五六(昭和31)年　八月：神戸の吉田恵子とあきらが蟻の街に遊びに来る。

〈国内・世界〉
・一九五六(昭和31)年　一〇月：ハンガリー動乱始まる。
・一九五六(昭和31)年　一〇月：第二次中東戦争始まる。
・一九五六(昭和31)年　一二月一二日：日ソ復交批准書交換。

一九五七年

〈北原怜子関連〉

・一九五七（昭和32）年：怜子、「屑を生かす」のチラシを作り、配布してもらう。

・一九五七（昭和32）年：年末近く、都は急に換地として東京湾の八号埋め立て地を斡旋すると言ってきたが即金で二五〇〇万円払えと要望。蟻の会には呑めない条件だった。怜子は壁に「二五〇〇万円」と書いて、命を懸けて達成を祈った。

・一九五七（昭和32）年一二月：それから間もなく、都から翌年の一月に蟻の街を焼き払うという通告があった。「私たちは打ちのめされた」と外側は記している。

・一九五七（昭和32）年：年末から新年にかけて怜子の病状重くなり、母嬢が付き添うようになる。

〈国内・世界〉

・一九五七（昭和32）年一〇月一〇日：ソ連、世界初の人工衛星打ち上げ成功。

一九五八年

〈北原怜子関連〉

・一九五八（昭和33）年一月二〇日：都から電話があり、松居出向く。都は一五〇〇万円に減額したうえで五年年賦という新提案を出してきた。松居は即座に承諾を言い、喜び勇んで怜子に報告。怜子は安心して、「これで私の使命は終わりました」と母嬢に告げる。

・一九五八（昭和33）年一月二二日：叔母の京子、姉の和子もやって来た。怜子は姉たちに髪と体を洗ってもらった。怜子は姉に泊まって行ってほしいと願ったが、帰らねばならない用

・一九五八（昭和33）年
事で和子はその夜帰った。
一月二三日：怜子は朝、母娸から一杯の水を貰って飲んで昏睡状態に陥った。八時一〇分怜子、蟻の街で帰天。享年は二八歳だった。父金司は亡くなってから駆け付けた。
・一九五八（昭和33）年
一月二五日：蟻の街で葬儀、その後、多磨霊園の北原家の墓石の横に怜子は埋葬された。

怜子の死後：北原怜子関連の出来事のみ記す

・一九五八（昭和33）年　一二月：松竹映画「アリの街のマリア」上映（五所平之助監督）。
・一九五九（昭和33）年　一月二三日：一周忌ミサ、および胸像除幕式。
・一九六〇（昭和35）年：蟻の会、江東区深川八号埋め立て地（現潮見）に移転。
・一九六二（昭和37）年：蟻の街のお堂が八号地で枝川教会（小教区巡回教会）となる。
・一九六八（昭和43）年：小沢求帰天。享年七二歳。
・一九七三（昭和48）年：「星の降る街」（宝塚）上演。
・一九七五（昭和50）年：列聖列福調査のための前準備完成。七月―九月：聴き取り一回目。
・一九八〇（昭和55）年前後：母娸と姉和子、教皇ヨハネ・パウロ二世に謁見。
・一九八一（昭和56）年：父ザカリヤ北原金司帰天。享年八一歳。
・一九八二（昭和57）年　四月二四日：ゼノ修道士、東京で帰天。享年は九〇歳。

・一九八三（昭和58）年：都より八号地がようやく払い下げられる。
・一九八四（昭和59）年：列福調査のための聞き取り二回目。
・一九八五（昭和60）年：枝川教会が小教区の潮見教会と改称。
・一九八六（昭和61）年：新聖堂献堂式。
・一九八八（昭和63）年：蟻の会解散。
・一九九一（平成３）年　一一月七日：母エリザベス・マリア北原媖帰天。享年八九歳。
・一九九四（平成６）年　九月二五日：松居桃樓帰天。
・一九九七（平成９）年：列聖省にコンベンツアル聖フランシスコ修道会と東京教区は北原怜子の列福調査報告書（Positio super virtutibus）を提出。
・二〇一四（平成26）年　六月一二日：バチカンの列聖神学者委員会で北原怜子が扱われる。
・二〇一五（平成27）年　一月二二日：教皇フランシスコより北原怜子、「尊者」の称号を受ける。
・二〇一七（平成29）年：信徒ではない市民によって「アリの街実行委員会」（代表：北畠啓行）が結成され、毎年、北原怜子やゼノ修道士関連の講演会、写真展を開催。また北原怜子の命日には旧蟻の街の跡地で追悼式典を開催。
・二〇一七（平成29）年　五月三日：怜子の姉マリア高木和子帰天。享年九五歳。
・二〇二一（令和３）年　三月二七日：台東区はアリの街実行委員会の働きかけで、旧蟻の街の存在した場所に小さな説明版を設置。

あとがき

北原怜子の本を書こうと思ってから執筆に至るまで四年を要した。その間、資料を可能な限り集めて読み込み、ノートを作り、取材活動もした。もちろん、北原怜子の本は幾冊か出てはいる。しかし、私は、日本の敗戦後のカオスの時代を生きたこの稀有で聖なる女性の人となりやその生き方を自分の手でぜひ表現してみたかったのだ。大学の定年退職後であったことも幸いした。結構時間もあって、その時間を誰からも縛られることなく、又、職にあった時のように、研究業績を上げなければという切迫感からも解放され、私は非常に尊敬する女性に接近する高揚感と幸福感に日々包まれながら歩んできた。

執筆に入り書き進めていくと、怜子の苦悩や喜び、息遣いのようなものが私の中に染み込んできて、共に落ち込んだり、ハラハラしたり、喜んだり、安堵したり、時にはいつの間にか祈りに導かれたこともしばしばであった。特に、生涯の最後の頃を執筆していた時には、しばしば泣いている自分を発見した。

丁度この四年間は世界と日本がかつてないパンデミックの恐怖に覆われた時期とも重なる。社会は激変し、不安が私たちの暮らしを打ちのめした。感染の恐怖からちょっとした外出にも怯えて家に閉じこもる日々が続いたが、そんな時、怜子のメッセージがどれほど力を与えてくれたことだろう。このような時、怜子ならどう考えるだろう、どう乗り越えるのだろうと、常に心の中で彼女と対話した。

事実に沿って、彼女の気持ちと願望を書き進めようとしているうちに、気が付けば、少し分厚い書物になってしまった。削除しなければならなかった部分もあるが、北原怜子が放つ重要なメッセージは本書でほぼ網羅できたと確信する。今の日本社会や教会が抱える難題への解決の鍵も、そのメッセージの中に隠されているものと希望する。

とりわけ、本書では、尊者北原怜子の放つ信仰上のメッセージを丁寧に伝えるように努力したつもりである。日本人で唯一「尊者」になった彼女は、今その取り次ぎによって「奇跡」が教会で一つ認められたらすぐにでも列福されるという段階に来ている。遠い昔の殉教福者や殉教聖人らの模範も素晴らしいが、現代という時代に生き、殉教者でもなく、聖職者でもなく、一信徒にすぎなかった女性が福者になるということは、二一世紀の日本の教会とクリスチャンらにどれほどの励ましと勇気を与えることになるだろう。本書を書こうと思った動機の一つに、実は、北原怜子の列福への願望と気運を少しでも広めたいという私の願いもあったのである。そのために、他書では触れられていない詳細な部分や新情報もかなり挿入した。どうか、本書の第二部で紹介した「尊者エリザベト・マリア北原怜子の取り次ぎを求める祈り」を唱えられ、恵みを願って良い報告をたくさん送っていただけるようにと願っている。

本書を閉じるに当たって、何よりも、出版不況の中、快く出版をお引き受けくださった聖母の騎士社編集長で、コンベンツアル聖フランシスコ修道会の山口雅稔神父様と同会日本管区長の谷崎新一郎神父様に御礼を申し上げたい。また、側面から著者の取材や執筆を祈りと励ましで支えてくださり、この原稿が完成した二〇二四年四月一〇日に天に召された同会の故水浦征男神父様に、ご冥福を祈りつつ心より感謝致します。

さらに、著者の聞き取りに協力してくださったすべての方々にお礼を申し上げたい。頁の都合上、すべての方をご紹介できなかったが、本書が現代の「北原怜子本」になったのは、その方々のおかげでもある。また、ご多忙のところ、著者の取材に同伴し、貴重なアドバイスをくださった北原怜子のお妹さんの俵肇子様、さらに記録作家の石飛仁氏に厚く御礼を申し上げる。加えて、アリの街実行委員会の北畠啓行代表には貴重な資料の提供など何から何までお世話になった。氏の力添えでどれほど非力な自分が助けられたか言葉を超える。感謝のみである。また、貴重なデータを提供してくださったベリス・メルセス宣教修道女会の皆さんや、文献検索や古い新聞記事の入手などで助けて下さった福岡県立図書館の梶谷聡美様にも厚く御礼を申し上げたい。

そして最後に、祈りと励ましで常に支えてくださったすべての友人に感謝いたします。

二〇二四年四月一一日　光と緑の復活節に

澤田 愛子

《著　者》

澤田愛子（さわだ・あいこ）

名古屋市生まれ。

早稲田大学第一文学部卒業、上智大学大学院哲学研究科博士前期課程修了、千葉大学大学院看護学研究科修士課程修了、信州大学医学博士(Ph.D)、富山医科薬科大学医学部教授、山梨大学大学院医学工学総合研究部教授、県立長崎シーボルト大学教授等を歴任。

現在：フリーの生命倫理及びホロコースト研究者。
専門領域：生命倫理学、ホロコースト生還者及び原爆被爆者の心理的研究、終末期ケア学等。
所属学会(2024年現在)：ESPMH(European Society of Philosophy of Medicine and Health Care)、日本生命倫理学会、日本宗教学会、上智人間学会等。

主著書：『末期医療から見たいのち』(朱鷺書房)、『今問い直す脳死と臓器移植』(東信堂)、『夜の記憶―日本人が聴いたホロコースト生還者の証言』(創元社)、『原爆被爆者三世代の証言』(創元社)、Encyclopedia of Global Bioethics, Springer, 2015(共同執筆者)他多数。

主論文：Surviving Hiroshima and Nagasaki :Experiences and Psychosocial Meanings, Psychiatry 67(1), Spring, 2004 他多数。

言問橋の星の下で 北原怜子と蟻の街

澤田愛子 著

2024年10月7日　発行

発 行 者：谷崎新一郎
発 行 所：聖母の騎士社
〒850-0012 長崎市本河内 2-2-1
TEL 095-824-2080/FAX 095-823-5340
E-mail: info@seibonokishi-sha.or.jp
http://www.seibonokishi-sha.or.jp/
編集・組版：聖母の騎士社
印刷・製本：大日本法令印刷(株)

Printed in Japan
落丁本・乱丁本は小社あてにお送りください。送料は小社負担にてお取り替えします。

ISBN978-4-88216-387-9 C0016

※訂正とお詫び：本文中に「多摩霊園」という記述がありますが、正しくは「多磨霊園」です。